학문에
관하여

왕원우 엮음

학문에
관하여

이영섭 옮김

공부하는 삶에 관한
동양의 지혜

에쎄

일러두기

1. 이 책은 『중국 고금 치학 방법中國古今治學方法』에 소개된 학문·공부·앎에 대한 동양 고전 속 원문을 우리말에 어울리게 의역한 것이다.

2. 인명은 본명을 표기하는 것을 원칙으로 삼았다. 예를 들어 왕수인王守仁은 그의 호 왕양명王陽明이 더 유명하지만 일괄적으로 왕수인이라 표기했다. 공자, 맹자, 자사와 같이 선진先秦 시대 인물 가운데 '자子'를 붙인 존칭이 익숙한 인물은 본명이 아닌 익숙한 칭호를 붙였다.(원문에 본명을 사용한 경우는 제외.)

3. 인용문의 출전 표기에서 맨 앞의 인명이 그 뒤 책의 지은이가 아닌 경우도 있다. 특히 『송원학안宋元學案』과 『명유학안明儒學案』의 경우가 그렇다. 주희와 여조겸이 엮은 『근사록』 역시 마찬가지인데, 예를 들어 『근사록』에서 정이의 말을 인용했다면 "정이, 『근사록』"과 같이 표기했다. 이는 원저를 따른 것이다. 해당 구절을 말한 사람과 그 구절이 실린 책이 일치하지 않을 경우 구분을 위해 인명 앞에 *표를 더해 표시했다.

4. 인용문의 적지 않은 오자는 최대한 원문을 찾아 수정했다. 하지만 가독성을 높이기 위해 일일이 표시하진 않았다.
   예) 鉤元提要 → 鉤玄提要처럼 피휘 역시 일괄적으로 환원했다.
   예) 劉彦和所謂"拾其芳草" → 劉彦和所謂"拾其香草"의 경우 방芳을 향香으로 수정했는데, 인용된 원문 자체가 오류인 경우로 『문심조룡』 원문에 의거하여 수정했다.

5. 신해혁명 이후에 주로 활동한 학자는 이름을 중국어 독음으로 표기했고, 이전에 주로 활동한 학자는 한국어 독음으로 표기했다.

6. 인물이나 책·편명에 병기되는 한문은 독서의 편리를 해치지 않는 한 나올 때마다 중복하여 표기했다.

7. 근대 이후의 글 가운데 일부는 원문을 생략했다.

옮긴이 서문

천하의 훌륭한 선비들과 벗하는 것으로도 흡족하지 않다면,
시간을 거슬러 올라가 옛사람을 논하게 된다.
(…) 이 까닭에 옛사람의 세상까지 논하는 것을
"시간을 거슬러 올라가 옛사람과 벗하는 것"이라고 하는 것이다.
以友天下之善士, 爲未足,
又尙論古之人.
(…) 是以論其世也,
是尙友也.
『맹자孟子』「만장 하萬章下」

1.

이 책은 중국의 저명한 학자이자 출판인인 왕윈우王雲五 선생의 『중
국 고금 치학 방법中國古今治學方法』(초판 1971년, POD판 2012년)을 번역한
것이다. 왕윈우 선생은 20세기 초중반의 중요한 지식 공구서들과 사전
을 기획·편찬하는 등 출판 쪽 활약이 더 두드러졌지만, 학자로서도 주
목할 만한 저술을 남겨놓았다. 그중 하나가 바로 이 책의「서문」에서
스스로 『중국교학사상사中國敎學思想史』라 칭했던 책이다. 실제로 출판된
이 시리즈의 개별 서명은 아래와 같다.

① 『선진 시기의 교학사상先秦敎學思想』

② 『한당 시기의 교학사상漢唐教學思想』

③ 『송원 시기의 교학사상宋元教學思想』

④ 『명청 시기의 교학사상明淸教學思想』

⑤ 『혁신 시기의 교학사상革新時代教學思想』

⑥ 『중국 역대 교학사상의 종합적 연구中國歷代教學思想綜合硏究』(상·하)

여기서 '교학教學'은 우리말의 '교육'에 해당하고, '혁신 시기'란 청말淸
末에서 민국民國 초까지를 아우르는 근대를 가리킨다. 1~5권까지는 인
물 중심으로 교육 사상을 다뤘고, 상·하로 나뉜 마지막 6권에 이르러
다시 앞선 모든 내용을 교육학의 주제인 공부 목표, 공부 방법, 스승과
벗, 교육 목표, 교육 방법 등 주제별로 나누어 정리한 것이다. 그리고
이 책은 이중에서도 '공부 방법'의 장절을 뽑아 따로 책을 만들어 출간
한 것이다.

2.

다시 말해 중국 선진 시기부터 근대에 이르기까지 역대 학자들의 공
부 방법에 대한 언급들을 두루 살핀 뒤, 그 정수만을 추려 뽑은 것이
바로 이 책이다. 하지만 이런 장황한 소개에 지레 겁먹고 책을 덮을 필
요는 없다. 직접 읽어보면 너무나 평이하며 살갑고, 어찌 보면 너무나

상식적인 언급이 이어지기 때문이다. 하지만 이러한 평범해 보이는 언급들을 곱씹다보면, 부지불식간에 선인들의 학문에 대한 열정과 심득心得에 공명共鳴하는 자신을 발견할 수 있을 것이다. 이는 시대를 관통하고, 지역을 초월하는 농익은 성찰이 이 안에 담겨 있음을 뜻한다.

이 책에 실린 왕원우 자신을 포함한 근대 지식인들의 언급을 살펴보면, 서구 문명의 침략에 대응해 계몽을 통한 구국救國의 열망이 역력하다. 고대古代 학자들의 인용문은 길이가 짧은 데 반해, 몇몇 근대 학자들이 다양한 독서법과 그 중요성을 강조하는 부분은 너무 길고 집요해 독자들이 지루함을 느낄 수도 있다. 하지만 걱정할 필요는 없다. 편하게 읽히는 데까지 끊어 읽으며 이어가도 되고, 긴 호흡으로 읽기를 몇 번 반복해도 되며, 읽기가 마뜩치 않은 부분이 나오면 건너뛰어도 된다. 일종의 격언집格言集 읽듯이, 눈에 들어오는 구절들을 편하게 읽을 수 있다. 내키는 대로 읽기만 하면 된다. 어떻게 읽든지, 글 속의 옛사람과 만나기만 하면 되는 것이다. 이러한 편안한 읽기에 보탬이 되고자, 옮긴이도 전문적인 개념어까지 최대한 쉬운 우리말로 풀어서 옮겼다.

3.

이른바 학문과 공부에 관한 중국 옛 학자들의 깨달음을 모아둔 이 '고전古典'을 읽는 데 필요한 것은 오로지 고리타분할 거라는 선입견을 뿌리칠 수 있는 열린 마음과 읽은 뒤 스스로 곱씹어볼 여유뿐이다. 그 것만 갖췄다면, 이 책을 펼친 이는 학문으로 치열한 삶을 살았던 옛사 람들을 만나 공감하고 교류하면서, 그 시대로 지금의 시대를 비춰보고, 자신의 깨달음을 그 사람의 깨달음에 견주어 볼 수 있을 것이다. 이것 이야말로 맹자가 말한 "시간을 거슬러 올라가 옛사람과 벗하는 것"이 아니겠는가!

4.

이 책은 원래 「서문」 「자료와 평어評語」 「결론」 이렇게 세 부분으로 나 뉜다. 한 가지 아쉬운 것은 책의 본문 격인 「자료와 평어」 중 평어에 해 당하는 왕원우의 평론 부분을 번역 과정에서 모두 삭제했다는 점이다. 이유는 평어의 내용이 왕원우 자신의 평론이 아니라, 인용된 원문을 거의 동어반복적으로 기술하고 있기 때문이다. 인용 부분과 평어 부분 을 한꺼번에 한국어로 옮기다보니 같은 구절이 두 번씩 반복되는 꼴이 되어버렸다. 그래서 고심 끝에 평어 부분을 제외하게 되었다. 그렇다고 이 책의 가치가 깎이는 것은 결코 아니다. 이 책의 진수는 왕원우가 심 혈을 기울여 간추려 뽑은 옛사람들의 언급에 있기 때문이다.

왕원우가 구상한 짜임새를 순서대로 따라 읽어도 좋고, 그냥 직접 마음 내키는 곳을 펼쳐 자유롭게 옛사람을 만나도 무방하다. 심지어

「서문」과 「결론」을 무시하고 본문만 쪼개 읽는 것도 가능하다.

하다보니 역시 잔소리다. 그저 일독一讀과 반추反芻를 권할 뿐이다.

2020년 2월

이영섭 삼가 씀

서문

1968년 가을에서 1971년 겨울까지 3년에 걸쳐『중국정치사상사中國政治思想史』7권과『중국교학사상사中國教學思想史』6권을 썼다.『중국정치사상사』는 이미 전권이 출간됐으며,『중국교학사상사』는 제5권까지 출간됐고 마지막 1권에서 종합적인 연구를 다루고 있다. 두 책 모두 인물을 중심으로 서술하여, 한 사람당 한 장을 할애하는 것을 원칙으로 삼았다. 앞의 책은 정치사상가 93명을, 뒤의 책은 교육사상가 81명을 다뤘다. 그리고『중국정치사상사』제7권의 뒷부분에 주제를 단위로 다시 세분한 뒤, 상고시기부터 오늘날에 이르기까지 12장으로 분류해서 주제별로 기술했다.[1]『중국교학사상사』는 주제 단위로 개편하고 10장으로 세분하여 주제별로 기술했다. 이 책『학문에 관하여』는『중국교학사상사』제6권 제2장의 내용을 따로 독립시켜 펴낸 것이다. 예부터 지금까지 여러 학자의 공부법을 집중적으로 다뤘다. 전문적으로 기술한 일가一家의 주장들을 가져와 이 책에서 종횡으로 뒤섞어놓았다고 할 수 있다. 선학들의 공부법에 대해서 그 전모를 엿볼 수 있을 것이다.

원래『중국교학사상사』제6권은 '공부 목표'(제1장), '공부법'(제2장),

1『중국정치사상사中國政治思想史』의「후편後編」인「중국정치사상적종합연구中國政治思想的綜合研究」를 가리킨다. 이「후편」은 제1장「사람의 기원原民」, 제2장「임금의 기원原君」, 제3장「신하의 기원原臣」, 제4장「법치法治」, 제5장「인치人治」, 제6장「예치禮治」, 제7장「덕치德治」, 제8장「정치의 법칙政理」, 제9장「재정관리財用」, 제10장「군사軍事」, 제11장「토지문제土地問題」, 제12장「사회문제社會問題」등 총 12장으로 구성되었다.

'스승과 벗'(제3장), '교육 목표'(제4장), '교육법'(제5장), '교육 과목'(제6장), '학교제도'(제7장), '도덕적인 교육과 도덕'(제8장), '지적인 교육과 지혜'(제9장), '인재와 인재 선발'(제10장)로 구성되었다. 항목에 따라 각 장의 세부 표제를 달아뒀는데, 항목이 가장 많은 장이 제2장 '공부법'으로 180항이며, 항목이 가장 적은 것은 제10장 '인재와 인재선발'로 33항이다. 10개의 장에 실린 항목을 합치면 700여 개에 이른다. 그러나 한 항목에 담긴 자료 역시 종종 한 가지만 있는 것이 아니라서, 자료의 숫자로 따지면 그 수가 1000종이 넘는다.

각 항목을 배열하는 데는 모두 졸저 『사각호마검자법四角號碼檢字法』의 순서를 예외 없이 적용했다.(본문 269쪽 각주 참조) 각 장마다 맨 앞에 항목표를 달아 모든 항목 앞에 배열 번호를 매겨뒀으니, 이에 근거해 자료를 검색하면 이에 관해 전혀 어려울 것이 없을 듯하다. 한 항목에 한 가지 이상의 자료가 담겨 있을 땐, 자료가 만들어진 시대의 선후先後, 즉 사상가들의 연대 선후를 순서로 삼아서 그 연원과 변천을 더욱더 명확하게 드러내 보였다.

마지막으로 본문 뒤에 필자가 총괄 요약한 결론을 붙여뒀다. 이 짧은 결론이 2500여 년간 중국의 교육방법에 대한 옛 철인哲人의 주장의 요점을 귀납한 것으로 받아들여져, 많은 이의 참고 자료가 되길 바란다.

이 책은 맨 처음 『중산학술문화집간中山學術文化集刊』 제8집에 실려 간행됐다.[1] 그 뒤 보급판으로 인인문고본人人文庫本으로 고쳐 간행하면서 아울러 위와 같은 사정을 적어둔다.

1977년 10월 1일

왕윈우王雲五 씀

---

1 당초『중산학술문화집간』제8집(1971)에는「2500여 년 이래 중국 치학 방법의 종합 연구二千五百餘年來中國治學方法的綜合硏究」라는 이름으로 실렸었다.

차례

主一
마음을
하나로 모으기

육징陸澄이 물었다. "마음을 하나로 모으는 공부에서, 독서할 땐 독서에 온 마음을 두고 손님을 접대할 땐 접대하는 데 온 마음을 둔다면, 마음을 하나로 모았다고 할 수 있겠습니까?"

왕수인王守仁 선생께서 이렇게 답하셨다. "여색女色을 좋아할 땐 여색을 좋아하는 데 온 마음을 두고, 재물을 좋아할 땐 재물을 좋아하는 데 온 마음을 두는 것을 가리켜 마음을 하나로 모은다고 할 수 있겠는가? 이는 이른바 외물外物을 좇는 것이지 마음을 하나로 모으는 것이 아니다. 마음을 하나로 모은다는 것은 오로지 천리天理 하나에만 집중한다는 것이다."

陸澄問: 主一之功, 如讀書, 則一心在讀書上. 接客, 則一心在接客上. 可以爲主一乎? 先生曰: 好色則一心在好色上, 好貨則一心在好貨上. 可以爲主一乎? 是所謂逐物, 非主一也. 主一是專主一箇天理.

__왕수인王守仁, 『전습록傳習錄』 상

主觀客觀
주관과 객관

옛사람들은 옛 성현의 말씀과 행실을 많이 알아서 그 덕을 자기 안에 축적했다. 그러나 요즘 사람은 마음과 성정에 통달하는 것을 학문이라 여긴다. 그래서 견문 넓히기를 거의 포기하고, 편협하면서도 스스로를 확충하려 하지 않으니 이는 덕의 병폐病弊인 것이다.

古人多識前言往行, 以蓄其德, 近世以心通性達爲學, 而見聞幾廢, 狹而不充, 爲德之病.

___ *섭적葉適, 『송원학안宋元學案』 「수심학안水心學案 하·제주자실소록題周子實所錄」

主靜察用
고요함에 집중하며
쓰임을 살피기

학문을 잘하는 자는 고요함靜에 집중하며 움직임動의 근본을 파악하고, 쓰임用을 살펴서 몸체體의 존재를 파악한다.

善學者主於靜, 以觀動之所本; 察於用, 以觀體之所存.

__ *진헌장陳獻章,『명유학안明儒學案』「백사학안白沙學案·어록語錄」

立主宰
주재하는 바를
확립하기

담약수湛若水 선생께서 이렇게 물으셨다. "고요히 생각에 골똘할 때, 스스로 천리天理의 경지가 되고 무아無我의 경지가 되며 천지만물과 하나인 경지가 된다. 솔개가 날고 물고기가 솟구치듯 자연과 하나 가 되고, 생기발랄하게 스스로 흔쾌한 경지에 이른다고 여기는 사람이 있었다. 그런데 그가 말하려고 움직이는 순간 갑자기 그런 경지에 다다른 느낌이 아니었다. 어째서 이렇게 되었을까?"

이에 대해 주충周衝은 이렇게 답했다. "움직이는 배에 비유해보겠습니다. 만약 이 배가 바람이 멈추고 파도가 고요할 때는 그럭저럭 나아갈 수도 있을 것입니다. 그러나 만약 사나운 바람에 쉴 새 없이 몰아치는 파도를 만난다면 나아갈 수 없습니다. 가려 한다면 반드시 키를 손에 쥐고 있어야만 합니다. 그래서 학문에는 주재主宰하는 바를 확립하기보다 앞서는 것이 없습니다. 만약 주재하는 바가 없다면 비록 가슴 속에 아무런 잡된 생각이 없다 해도 그저 맑고 고요한 기상氣象을 얻을 수 있을 뿐이거늘, 어찌 천리의 경지가 될 수 있겠습니까? 어찌 이를 두고 솔개가 날고 물고기가 솟구치듯 자연과 하나 된 경지라고 말할 수 있겠습니까? 정호程顥 선생께서도 이렇게 말씀하신 적이 있습니다. '솔개가 하늘로 치솟고 물고기가 연못 위로 뛰어오르듯 자연과 하나 된 경지[1]

---

1 『시경詩經』「대아大雅·한록旱麓」

란 시도하는 바가 있더라도 미리 결과가 있기를 바라지는 말라[1]는 말과 그 의미가 같다.' 옛날 주희朱熹 선생 같이 총명하신 분조차 만년에 이르러서야 비로소 정호 선생의 이 말씀에 담긴 뜻을 깨달으셨습니다. 그런데 저는 여기서 '시도하는 바가 있다'란 말이 무슨 뜻인지를 아직도 모르겠습니다."

담약수 선생께서 이렇게 답하셨다. "천리란 보기 어렵지 않으면서도 동시에 쉬이 볼 수도 없기에, 온몸으로 절실하게 시도하는 바가 있더라도 미리 결과가 있기를 바라지는 않는 공부를 다 해야만 진정으로 볼 수 있을 것이다. 이렇게 되면 모두가 솔개가 치솟고 물고기가 뛰어오르듯 자연과 하나 된 경지이며, 이렇게 되지 않으면 그저 말뿐인 것이다."

주충이 말했다. "처음 학문을 시작한 선비는 정좌靜坐하여 잡된 생각을 그치게 하고, 차근차근 배워나가며 뜻을 세우고, 천리를 체득하며 나쁜 습성을 없애고, 아울러 점진적으로 실제로 겪는 일을 통해 수련하게끔 합니다. 저는 일찍이 차근차근 이런 방법으로 남을 이끌었는데 대부분 효력이 있음을 알 수 있었습니다. 고요함과 움직임動靜이란 본래부터 하나로 합쳐서 힘써야만 하지만, 고요함 속에서 노력하는 것이 비교적 쉽습니다. 사람의 타고난 자질이 서로 다르고, 각자 닦은 조예造詣의

---

1 『맹자孟子』「공손추公孫丑 상」제2장

수준 역시 서로 다르기 마련입니다. 반드시 각자 가진 재주에 따라 성취하고, 각자 맞닥뜨린 때에 따라 변화하니, 정해진 한 가지 방법만을 고집해서는 안 됩니다. 그러나 온갖 방법을 두루 쓴다고 하더라도, 늘 천리에 귀착歸着되기란 쉽지 않습니다. 이는 마치 암탉이 알을 품듯이, 내 정신을 다른 이의 정신과 하나로 만들어야만 비로소 가능한 일입니다. 이는 어째서입니까?"

담약수 선생께서 이렇게 답하셨다. "정좌란 정호程顥, 정이程頤 형제의 문하에서 전수되는 바다. 정이 선생은 어떤 사람이 정좌해 있는 것을 보시고는 그 사람이 학문에 능하다고 감탄하셨다. 그러나 이는 상리常理는 아니다. 해가 뜨고 지고 달이 차고 기울며 날씨가 추워졌다 더워지는 것은 모두가 자연에 담긴 상리의 운행이니, 어찌 움직임과 고요함이나 쉽고 어려움을 따로 구분하겠는가? 만약 천리를 살피지 않는다면, 남을 따라 방에 틀어박혀 3년을 정좌하고 9년을 정좌한들, 그것이 천리와 무슨 상관이 있단 말인가? 만약 천리를 보면, 밭을 갈고 우물을 파는 것이나 몸의 각 장기와 천지만물이나 엄청난 수의 병사 등도 그저 자연스러운 천리의 운행일 뿐이다. 공자의 가르침이란 거처함에 공손하고, 일을 맡음에 공경스러우며, 남과 사귐에는 충실해야 한다는 것이다.[1] 황문급사중黃門給事中 벼슬을 지낸 모헌毛憲 선생은 '이 구절은 삶의 곳곳에서 천리를 체득한다는 말이다'라고 했는데, 요점을 매우 잘

포착한 지적이다. 아무 일이 없을 때는 거처함에 공손하지 않을 수 없으니, 이것이 바로 정좌다. 일을 맡거나 남과 사귈 때 어떻게 정좌만 하고 있을 수 있겠는가? 정좌만 강조하는 이러한 가르침이 크게 행해진다면, 천하 사람들은 모두 정좌만 할 것이니 가당키나 하겠는가? 정호 선생은 종일토록 진흙인형마냥 단정히 앉아 계시다가, 사람을 접대할 때는 완연히 화기애애하게 하셨으니 이 얼마나 자연스러운 경지였던가?"

或有認思慮凝靜時爲天理, 爲無我, 爲天地萬物一體, 爲鳶飛魚躍, 爲活潑潑地自以爲灑然者. 因言遇動輒不同, 何也? 衝應之曰: 譬之行舟, 若這個舟風恬浪靜時, 或將就行得, 若遇狂風迭浪, 便去不得也. 要去, 須得柂柄在手, 故學莫先於立主宰. 若無主宰, 便能胸中無他閑思雜想, 亦只討得個淸虛一大氣象, 安得爲天理? 安可便說鳶飛魚躍? 程明道先生嘗言: 鳶飛戾天, 魚躍於淵 與必有事焉而勿正意同. 昔聰明如文公, 直到晩年纔認得明道此意. 未知道必有事焉是何事? 先生曰: 天理亦不難見, 亦不易見, 要須切己實用必有事焉而勿正功夫乃可眞見. 都是鳶飛魚躍, 不然亦只是說也. 衝謂: 初學之士, 還須令靜坐息思慮, 漸敎以立志, 體認天理, 煎銷習心, 及漸令事上磨煉. 衝嘗歷歷以此接引人, 多見其益. 動靜固宜合一用工, 但靜中爲力較易. 蓋人資質不同, 及其功

1 『논어論語』 「자로子路」 제19장

用純雜亦異. 須是因才成就, 隨時點化, 不可拘執一方也. 然雖千方百計, 總是引歸天理上來, 此則不可易. 正猶母雞抱卵, 須是我底精神合併他底精神一例用, 方得. 如何? 先生曰: 靜坐, 程門有此傳授, 伊川見人靜坐, 便歎其善學. 然此不是常理. 日往月來, 一寒一暑, 都是自然常理流行, 豈分動靜難易. 若不察見天理, 隨他入關入定, 三年九年, 與天理何干? 若見得天理, 則耕田鑿井, 百官萬物, 金革百萬之衆, 也只是自然天理流行. 孔門之敎, 居處恭, 執事敬, 與人忠. 黃門毛式之云: 此是隨處體認天理. 甚看得好. 無事時不得不居處恭, 卽是靜坐也. 執事與人時, 如何只要靜坐. 使此敎大行, 則天下皆靜坐, 如之何其可也? 明道終日端坐如泥塑人, 及其接人, 渾是一團和氣, 何等自然?

___ *담약수湛若水, 『명유학안明儒學案』 「감천학안甘泉學案 1·어록語錄」

立定脚跟
착실하게 밟고
똑바로 서기

반시거潘時擧가 말했다. "학문에 뜻을 두는 것과 자신을 확립하는 것에 대해 여쭙고자 합니다." 주희 선생께서 이렇게 답하셨다. "학문에 뜻을 둔다고 할 때 뜻이란 도를 추구하는 것이니, 여전히 자신과 도가 서로 다른 사물이다. 자신을 확립한 때는 바로 자신의 발 아래 이미 도를 밟고 서 있는 것이다."

問志學與立. 曰: 志是要求個道, 猶是兩件物事. 到立時 便是脚下已踏着了也.

__주희朱熹,『주자어류朱子語類』권23,「논어論語」5

立志
뜻을 확고히
세우기

비록 하려는 바에 어울릴 만한 재주가 있다고 해도 그 일을 하려는 뜻이 없다면, 이 역시 효과를 볼 수는 없다. 뜻이란 학문에서 스승 노릇을 하고, 재주는 학문에서 제자 노릇을 한다. 학자는 재주가 넉넉하지 못함이 아니라 뜻이 확고히 서질 않았음을 걱정한다. 이렇기에 학문하려는 자는 수없이 많지만, 결국 학문을 이루는 자는 거의 없다. 그래서 군자는 반드시 그 뜻을 확고하게 세워야만 한다.

雖有其才, 而無其志, 亦不能興其功也. 志者, 學之師也, 才者, 學之徒也. 學者不患才之不贍, 而患志之不立. 是以爲之者億兆, 而成之者無幾. 故君子必立其志.

___ 서간徐幹, 『중론中論』「치학治學」

육징陸澄이 뜻을 확고히 세우는 것에 대해 여쭈었다. 왕수인 선생께서 이렇게 답하셨다. "그저 모든 생각마다 천리를 보존하는 것이 바로 뜻을 확고히 세우는 것이다. 이 점을 잊지 않고 오래도록 지킬 수만 있다면 자연스레 마음속에 뜻이 응집된다. 이는 마치 도교에서 말한 환골탈태換骨奪胎와 같은 것이다. 이러한 천리에 대한 생각이 마음에 늘 보존되면 맹자가 말했던 아름답고 위대하며 성스럽고 신묘한 경지[1]에 다다르는데, 이 역시 그저 바로 한 생각을 잘 보존하며 키워서 확충한 것일 따름이다."

問立志. 先生曰: 只念念要存天理, 即是立志. 能不忘乎此, 久則自然心中凝聚. 猶道家所謂結聖胎也. 此天理之念常存, 馴至於美大聖神, 亦只從此一念存養擴充去耳.

__ 왕수인, 『전습록』상

"이옹李顒 선생께서는 '학문을 하는 데 있어 반드시 뜻을 확고히 세우는 것을 우선해야 한다'고 하셨는데, 그렇다면 저희가 뜻을 확고히 세우려면 어찌해야 하겠습니까?" 이옹 선생께서는 이렇게 답하셨다. "뜻을 확고히 세우는 것을 응당 천지간의 으뜸가는 일로 삼고, 천지간의 으뜸가는 사람으로 삼고, 예부터 지금까지 힘써 짊어져야 할 책임으로 삼아야 한다. 스스로 분발하여 힘쓰면 몸이 구석진 곳에 있다 해도 생각은 그 구석진 곳을 초월하며, 몸을 천하에 두고 있다 해도 생각은 천하를 초월할 것이다. 오늘날까지 학술은 오래도록 침체돼왔고 사람들은 진실한 마음을 상실해왔다. 이를 다시 밝히고 조금의 느슨해짐도 용납하지 않아야 한다. 응당 몇몇 사람과 한마음이 되어 함께 이 일을 맡아 널리 선

---

1 『맹자』「진심盡心 하」 24장에 다음과 같은 표현이 있다. "선함을 가득 채울 수 있는 것을 아름답다고 하고, 선함을 가득 채워 광채를 내는 것을 위대하다고 하고, 위대하여 사람들을 교화하는 것을 성스럽다고 하고, 성스러우면서 그것이 무엇인지 알 수 없는 것을 신묘하다고 한다充實之謂美, 充實而有光輝之謂大, 大而化之之謂聖, 聖而不可知之之謂神."

양하고 빛내서, 천지간 우리의 진정한 가르침을 펼쳐야 한다. 인심人心을 구제하려는 노력은 천고千古부터 있었는데, 그 공적功績은 태산만큼이나 높다. 그래서 천지만물이 각자 제 위치에서 잘 자라도록 참여하고 돕는 사업은 응당 구차한 권세에 의지하지 말고 수립해야 한다."

先生云: 爲學必先立志. 請問吾人立志當何如? 先生曰: 立志當做天地間第一項事, 當做天地間第一等人, 當爲前古後今着力擔當這一條大擔子. 自奮自力, 在一方, 思超出一方. 在天下, 思超出天下. 今學術久晦, 人失其心. 闡而明之, 不容少緩. 當與一二同心, 共肩斯事, 闡揚光大, 衍斯脈於天壤. 救得人心千古在, 勳名直與泰山高, 則位育參贊事業, 當不藉區區權勢而立矣.

__이옹李顒, 『이곡집二曲集』 권6, 「전심록傳心錄」

첫째로 뜻을 확고히 세워야 한다. 『예기』에서는 이렇게 말했다. "무릇 학문하는 선비는 먼저 뜻을 세워야 한다."『맹자』에서는 이렇게 말했다. "왕자잠王子墊이 '선비는 무슨 일을 합니까?'라고 묻자 맹자께서 '선비는 뜻을 숭상합니다'라고 답하셨다." 주희는 이렇게 말했다. "익숙하지 않은 책은 숙독하면 기억할 수 있고, 정심하지 않은 의리는 세심하게 궁리하면 정심해진다. 단지 뜻을 확고히 세우지 않으면 천하에 할 수 있는 일이라곤 없을 것이다." 또 이렇게도 말했다. "학문하는 자가 뜻을 확고히 세우지 않으면 모든 것이 뒤집어진다." 지금 그대들은 삼가며 유자儒者의 의복을 걸치고 선왕先王의 말씀을 독송하건만, 나라는 어찌하여 위축돼가고 사람들은 어찌하여 나약해져가며, 성현聖賢의 가르침은 어찌하여 쇠미해져만 가는가를 생각해보라! 이것이 누구의 잘못이겠는가? 나라의 백성 가운데 스스로 나서서 이를 바로잡기 위한 임무를 맡으려는 이가 없기에 세상이 이 꼴이 된 것이니, 우리가 어찌 하릴 없이 임무를 맡지 않는다고 남들을 비난만 하고 있을 수 있단 말인가? 내가 어찌 그 임무를 맡지 않을 수 있겠는가?" "내가 확실히 서려면 남을 세워주고, 내가 도달하고 싶다면 남을 도달시켜주며"[1] "천하에 도가 제대로 펼쳐져 있었다면, 나 공구孔丘는 천하를 바꾸려는 시도를 하지 않았을 것"[2]이라는 주장은 공자의 뜻이었다. "천하 백성을 생각건대, 어느 한 사내나 아낙이라도 요순 이래 베풀어진 은택恩澤을 받지 못하고 있다면 내가 그들을 도랑에 밀어 빠트렸다고 여긴 것"[3]은 이윤伊尹의 뜻이었다. "하늘이 천하를 평안케 하고자 한다면 이를 실현할 이가 지금 세상에 나 말고 누가 있으랴!"[4]라는 주장은 맹자의 뜻이었다. 아직 벼슬

---

1 『논어』 「옹야雍也」 제30장
2 『논어』 「미자微子」 제6장
3 『맹자』 「만장萬章 상」 제7장
4 『맹자』 「공손추 하」 제13장

에도 오르지 못하는 수재秀才가 되었을 때 진작 천하의 일을 자신의 소임으로 삼은 것은 범중엄范仲淹의 뜻이었다. "천하의 흥망은 비천한 필부까지도 모두 책임이 있다"는 주장은 고염무顧炎武의 뜻이었다. 학문하는 자가 진실로 이런 뜻이 없다면 비록 스스로 몸가짐을 삼가며 허물을 최대한 줄인다고 해도, 그저 시골에서 자중하는 보잘것없는 유생에 불과할 뿐이며, 비록 1만 권을 책을 읽었다 해도 그저 자질구레한 풀이에만 집착하며 난처함을 피해가는 겉만 번지르르한 선비일 뿐이다. 이는 결코 훌륭한 관리나 재야의 군자가 그대들에게 바라는 바가 아니다. 주희는 또 이렇게 말했다. "뜻을 확고히 세우는 것은 마치 땅에 씨를 뿌리는 것과 같다. 보잘것없는 돌피의 씨를 뿌리고도 알찬 밀보리를 수확할 수 있는 경우는 없다." 과거시험에 급제하거나 의식주를 해결하고자 하는 욕망은 가장 쉬이 사람을 옭아매고 만다. 학문하는 자가 만약 과거 급제에 뜻을 두었다면 고리타분한 서당 선생을 따라 배우길 바란다. 만약 의식주를 해결하는 데 뜻을 두었다면 빠트 장사치의 법도를 따르길 바란다. 이 둘 중 한 가지에라도 뜻을 두고 있다면 가르칠 수가 없으니, 바라건대 이 두 가지를 모두 경계하라. 먼저 마음이라는 큰 틀을 확립시켜놓으면, 눈과 귀 같은 자잘한 감각이 이를 흔들지 못한다. 이래야 대인배가 되는 것이다.[1] 뜻을 확고히 세우는 공부에는 다음과 같은 몇 갈래의 실마리가 있다. 반드시 식견을 넓혀야 한다. 날로 식견이 커지면 뜻한 바도 동시에 날로 커지게 마련이다. 그래서 육구연陸九淵은 이렇게 말했다. "요즘 사람들은 어찌하여 뜻을 버리는가? 그건 분명 알음알이가 있으면서 그리 되기 시작하는 것이다."[2] 이것이 실마리가 된다. 뜻이 이미 확고하게 섰으면 반드시 잘 키워서 작아지거나 쇠약해지지 않도록 해야 한다. 마치 오왕吳王 부차夫差가 자신의 아버지를 죽인 월왕越王 구천句踐에게 복수하려 준비할 때, 사람을 시켜 날마다 부차의 옆에서 "그대는 월나라 사람이 그대의 아비를 죽인 사실을 잊었는가?"라고 외치게 한 것처럼 말이다. 학문하는 자가 뜻을 확고하게 세웠으면 응당 이와 같아야 한다. 그 시작은 늘 스스로를 일깨우고 자나 깨나 뜻한 바를 염두에 두는 것에 있다. 이 역시 실마리가 된다. 뜻이 이미 확정된 후에 반드시 학문을 추구하여 그 뜻을 펼쳐내야 한다. 그렇지 않으면 뜻한 바는 모두 빈말이 돼버리고, 그 뜻한 바를 오래 유지하더라도 반드시 타락하고 만다. 이 역시 실마리가 된다.

一曰立志.『記』曰: 凡學士先志.『孟子』曰: 士何事? 曰尙志. 朱子曰: 書不熟, 熟讀可記. 義不精, 細思可精. 惟志不立, 天下無可爲之事. 又曰: 學者志不立, 則一齊放倒了. 今二三子儼然服儒者之服, 誦先王之言. 當思國何以蹙, 種何以弱, 敎何以微, 誰之咎歟? 四萬萬人, 莫或自任, 是

1 『맹자』 「고자告子 상」 제15장
2 『육구연집陸九淵集』 권35 「어록語錄 하」

以及此, 我徒責人之不任. 我則盡任之矣? 己欲立而立人, 己欲達而達人. 天下有道, 丘不與易. 孔子之志也. 思天下之民, 匹夫匹婦, 不被堯舜之澤者, 若己推而納之溝中. 伊尹之志也. 如欲平治天下, 當今之世, 舍我其誰? 孟子之志也. 做秀才時, 便以天下爲己任. 范文正之志也. 天下興亡, 匹夫之賤, 與有責焉. 顧亭林之志也. 學者苟無此志, 則雖束身寡過, 不過鄉黨自好之小儒, 雖讀書萬卷, 祇成碎義逃難之華士, 此必非良有司與鄉先生之所望於二三子也. 朱子又曰: 立志如下種子, 未有播黃秬之種, 而能獲來牟之實者. 科第衣食, 最易累人. 學者若志在科第, 則請從學究以遊. 若志在衣食, 則請由市儈之道. 有一於此, 不可敎誨. 願共戒之. 先立乎其大者, 則其小者不能奪也. 此爲大人而已矣. 立志之功課, 有數端. 必須廣其識見. 所見日大, 則所志亦日大. 陸子所謂今人如何便解有志, 須先有智識始得. 此一端也. 志旣立, 必養之使勿少衰, 如吳王將復讎, 使人日聒其側. 曰: 而忘越人之殺而父乎? 學者立志, 亦當如此, 其下手處, 在時時提醒, 念茲在茲. 此又一端也. 志旣定之後, 必求學問以敷之, 否則皆成虛語, 久之亦必墮落也. 此又一端也.

___ 량치차오梁啓超, 『음빙실문집飮冰室文集 2』 「호남시무학당학약湖南時務學堂學約」
(1896)

立志知本
뜻을 세우고
근본을 알기

무릇 학문은 뜻을 확고히 세우는 것이 우선이고, 근본을 아는 것이 요체다. 근본을 모르면서 뜻을 확고히 세울 수 있는 사람은 이제껏 없었다. 뜻을 확고히 세우면서 근본을 모르는 사람은 있긴 하지만, 그런 사람이 확고히 세운 것은 진정한 뜻이 아니다.

뜻을 확고히 세우고 근본을 안다면 성현의 학문에 있어서 깨닫는 바가 많을 것이다. 무릇 배우고 물으며 생각하고 따지는 것이 근본을 아는 것이다. 근본을 알면 뜻이 확고히 서고, 뜻이 확고하게 서면 마음을 잃지 않을 것이다. 마음을 잃지 않으면 참된 본성을 회복할 수 있고, 참된 본성을 회복하면 지켜야 할 자신의 분수가 확실히 정해진다. 지켜야 할 자신의 분수가 확실히 정해지면, 근심과 분노가 본심을 옭아매지 않는다. 옭아매지 않기에 아무 사단事端이 없다.

만약 그러한 근본이 없다면 끊임없이 잃은 마음을 찾으려 하더라도, 잃은 것도 마음이요 이를 찾으려는 것도 마음이기에, 정욕이 불타오르면서 본성까지 훼손하게 마련이고, 본성까지 훼손하면 근심과 분노가 끝도 없이 본성을 옭아매버리고 만다.

夫學以立志爲先, 以知本爲要. 不知本而能立志者, 未之有也. 立志而不知本者有之矣, 非眞志也. 志立而知本焉, 其於聖學, 思過半矣. 夫學問思辨, 所以知本也, 知本則志立, 志立則心不放, 心不放則性可復, 性復則分定. 分定則於憂怒之來, 無所累於心性, 無累斯無事矣. 苟無其

本, 乃憧憧乎放心之求, 是放者一心, 求之者又一心也. 則情熾而益鑿其
性, 性鑿則憂怒之累無窮矣.

＿ *담약수, 『명유학안』「감천학안甘泉學案 1·논학서論學書·답정계범答鄭啓範」

辛苦不辭
힘들고 고된 것을
사양하지 않기

힘들고 고된 것을 꺼리지 마라. 이는 우리 유가儒家에 전승되는 진정한 가르침이다.

莫厭辛苦, 此學脈也.

__ *육구연陸九淵, 『송원학안宋元學案』 「상산학안象山學案」

辨疑
의심되는 바를
따지기

경서經書를 연구하면서 의심을 품으면 안 된다. 경서에 대한 의심이 너무 과하면 성인의 말씀이 행해지지 않는다. 그러나 동시에 의심이 없을 수는 없다. 의심을 품을 수 없다면 성인의 본래 의도가 밝혀지지 않기 때문이다. 처음엔 의심을 품었다가 결국 아무 의심스러운 바가 없게 만드는 사람이야말로 학문에 능한 사람이다. 만약 덮어놓고 믿기만 하면서 꼼꼼히 따져서 선별하지 않는다면 경서에 대해 밝혀낼 수 있는 바가 있을 수 있겠는가! 『주례周禮』는 가장 좋아하는 경서이지만, 또한 가장 의심이 많이 가는 책이기도 하다. 『주례』가 오랜 옛날의 문헌임을 좋아하고 그 내용이 선왕의 제도를 담고 있음을 아끼지만, 간혹 선왕의 본래 의도를 잃고 만 점이 있기에 안타깝게 여긴다. 그래서 『주례』를 보면서 상세하게 참뜻을 구하고 깊게 음미한다. 그러나 『주례』 중 의심스러운 부분에 대해서는 따지지 않을 수 없다.

治經, 不可致疑也. 疑經太過, 則聖人之言不行. 亦不可無疑也. 不能有疑, 則聖人之意不明. 始於有疑, 而終於無所疑者, 善學者也. 苟於信而不別擇, 於經何所明哉! 『周禮』, 余之所最好, 而疑之爲尤甚. 蓋好其出於古, 愛其爲先王之制, 而惜其或失先王之意也. 故求之也詳, 味之也深. 於其有可疑者, 不得不爲之辨也.

__방효유方孝孺, 『손지재집遜志齋集』 「잡저雜著·주례변의周禮辨疑」

학문에 능하지 못한 사람은 의심을 품지 못하기에, 옛것은 모두 옳다고 여기고는 이에 끼워다 맞춘 억지 주장을 하게 마련이다. 약삭빠른 사람은 여러 의심이 너무 많아서 옛것을 비난하고 잘못된 바를 끌어온다. 학문하면서 의심하지 않으면 밝히지 못하거늘, 의심하는 것이 어찌 억지로 흠을 잡는 것이겠는가? 의심하고서 이를 따질 수 있는 것, 이것이 바로 학문에 능한 것이다. 옛것을 모두 그러하다고 여기지 마라. 옳지 않은 부분도 있기 마련이다. 그대의 말주변에 의지하지 마라. 남이 그대보다 뛰어날 때도 있기 마련이다. 나와 남의 구분을 잊고 예와 지금의 구분도 잊고, 도를 천지간에 가득 채워 그대 마음에 담아라.

不善學之人, 不能有疑, 謂古皆是, 曲爲之辭. 過乎智者疑端百出, 詆呵前古, 撫其遺失. 學匪疑不明, 而疑惡乎鑿. 疑而能辨, 斯爲善學. 勿以古皆然, 或有非是. 勿負汝能言, 人或勝汝. 忘彼忘我, 忘古與今, 道充天地, 將在汝心.

__ 방효유, 『손지재집』 「잡저·학잠學箴·변의辨疑」

謹畏
삼가고
경외하기

학문함에 있어서 언제든 어디서든 노력을 기울여야 한다. 비록 몹시 형편없는 곳에서라도 늘 삼가고 경외하는 마음을 보존하며 소홀히 해서는 안 된다. 또 잠을 잘 때라도 손발을 함부로 움직이지 않고, 생각도 함부로 하지 말아야 한다. 이는 잠을 잘 때 노력을 기울이는 것이며, 어느 때 어느 일이라도 그렇지 않은 경우가 없다.

爲學時時處處是做工夫處, 雖至陋至鄙處, 皆當存謹畏之心而不可忽, 且如就枕時, 手足不敢妄動, 心不敢亂想, 這便是睡時做工夫, 以至無時無事不然.

___ *설선薛瑄, 『명유학안明儒學案』 「하동학안河東學案」

讀史
역사서 읽기

정이程頤 선생께서 말씀하셨다. "무릇 역사서를 읽는 것은 그저 지난 일들을 기억하려고만 하는 것이 아니다. 과거 그 나라가 잘 다스려졌다가 혼란스러워지는 원인과 평안해진 뒤 위태로워지는 이유, 존립하다가 망해버리는 까닭을 알아야만 한다. 예를 들어『사기史記』「고제본기高帝本紀」를 읽었다면, 한나라가 400년에 걸쳐 어떻게 시작됐고 어떻게 끝났으며, 어떻게 잘 다스려지고 어떻게 혼란스러워졌는지를 알아야만 한다. 이 역시 학문인 것이다."

凡讀史不徒要記事迹, 須要識其治亂安危興發存亡之理. 且如讀「高帝紀」, 便須識得漢家四百年終始治亂當如何, 是亦學也.

___ *정이,『근사록近思錄』권3,「치지致知」

讀書
책 읽기

학문의 핵심이 본래 책 읽기에 있지는 않지만, 책을 읽지 않으면 의리를 밝힐 길이 없다. 요컨대 이해할 필요가 없는 일은 없으며, 읽을 필요가 없는 책은 없다. 만약 이 책을 읽지 않는다면 이 책에 담긴 도리를 빠트리는 것이고, 그 일을 이해하지 않았다면 그 일에 담긴 도리를 빠트리는 것이다.

學固不在乎讀書, 然不讀書, 則義理無由明. 要之無事不要理會, 無書不要讀. 若不讀這一件書, 便缺了這一件道理, 不理會這一件事, 便缺了這一件道理.

___ *주희朱熹, 『송원학안』「회옹학안 상晦翁學案上」

요즘 공명功名과 미사여구를 따지는 풍조가 만연해 돌이킬 수가 없을 지경이다. 책을 읽는 사람은 곳곳에 있지만 그저 '책은 책이고, 나나 나다'라고만 여기고 있다. 매번 책 읽는 사람을 보지만 도통 책을 읽지 않는 사람과 구분이 가지 않으며, 책을 읽은 뒤에도 책을 읽기 전과 아무런 차이가 없다. 결국엔 사람이 과거 급제를 위한 것이 아니라면 책을 읽을 필요가 없고, 책을 읽어 과거에 급제했다면 그 책은 더 이상 필요가 없다고 여기는 듯하다. 평소에 이런 꼴을 보고 나니 마음에서 걱정이 떠나질 않는다.

近來功利詞章之習, 流而不反, 讀書者所在不乏, 顧書自書而我自我. 每見讀書之人, 與未讀書者無以異. 讀書之後, 與未讀書時無以異. 竟似人不爲科第, 則無取乎讀書. 讀書已得科第, 則此書可以無用矣. 居嘗窺見及此, 耿耿於懷.

___ *진굉모陳宏謀, 『청유학안淸儒學案』「임계학안臨桂學案·기주기당서寄朱紀堂書」

讀書法
책 읽는 방법

조금씩 보되 이를 숙독하고, 반복해서 절실하게 살피되 미리 무엇을 얻으려 생각하지 마라. 이 세 가지는 늘 지켜야 하는 것이다. 무릇 글을 보는 데 있어서 조금씩 보되 이를 숙독하는 것이 첫 번째다. 자기만의 주장을 세우는 데 너무 천착穿鑿하지 말고, 그저 반복해서 절실하게 살펴보는 것이 두 번째다. 이해하기 위해 몰두하되 당장의 효과를 거두려 하지 않는 것이 세 번째다. 이 세 가지는 학문하는 자가 응당 지켜야만 하는 일이다.

少看熟讀, 反覆體驗, 不必想像計獲. 只此三事, 守之有常. 大凡看文字, 少看熟讀, 一也. 不要鑽研立說, 但要反覆體驗, 二也. 埋頭理會, 不要求效, 三也. 三者, 學者當守此.

__주희, 『주자어류朱子語類』 권10, 「학學 4·독서법 상讀書法上」

책을 읽는다는 것은 그 안에 담긴 성현의 뜻을 살피는 것이다. 이는 바로 성현이 남긴 뜻에 근거해 자연스러운 이치를 살피는 것이다.

讀書以觀聖賢之意, 因聖賢之意, 以觀自然之理.

__주희, 『주자어류』 권10, 「학 4·독서법 상」

글 내용 중 가장 관건이 되는 네댓 곳을 철저하게 이해하고 나면, 나머지는 날카로운 칼날에 잘리듯 쉽게 해결된다. 학문하는 자가 걱정하는

바는 경박해지는 것이니, 그랬다간 차분하게 집중해 시원하게 이해할
수 없을 것이다.

文字大節目痛理會三五處, 後當迎刃而解. 學者所患, 在於輕浮, 不沈着
痛快.

__주희, 『주자어류』 권10, 「학 4 · 독서법 상」

책을 읽음에 있어서, 응당 읽는 책이 무슨 이유로 그렇게 지어졌는지를
알아야만 한다. 이를 알고 나면 반드시 좋아하고, 좋아하면 반드시 즐
길 수 있다. 이미 즐길 수 있다면[1] 그 책은 내 안에 있는 것이다. 이런
경지에 다다랐다면 읽지 않아도 된다.

讀書當知書之所以爲書, 知之必好, 好之必樂. 旣樂, 則書在我. 苟至
此, 雖不讀, 可也.

__ *오징吳澄, 『송원학안』 「초려학안草廬學案 · 초려정어草廬精語」

무릇 책을 읽는다면, 반드시 마음을 비우고 평정을 유지하며 느긋하게
소리 내 읽어야 한다. 그러면 그 책에 담긴 뜻을 세밀하게 살필 수 있을
것이다. 만약 마음에 잡된 생각이 있고 싱숭생숭해서 조급하게 소리 내

---

1 『논어』 「옹야」 제18장.

어 읽어버린다면, 그저 시골 서당의 아이들이 티격태격하며 서로 목 놓아 소리 지르는 것일 뿐이니, 어찌 그 책의 요지가 어디에 있는지 알 수 있겠는가!

凡讀書須虛心定氣, 緩聲以誦之, 則可以密察其意. 若心雜氣粗, 急聲以誦, 直村學小兒讀誦鬪高聲, 又豈能識其旨趣之所在耶!

__ 설선薛瑄,『설문청공독서록薛文淸公讀書錄』「논학論學」

넷째로 책을 읽어야 한다. 오늘날 곧은 옷깃을 걸치고 바른 걸음걸이를 익히는 유생 중에 누군들 책을 읽으라고 말하지 않겠는가? 그러나 예와 지금, 그리고 중국과 외국을 두루 통달하여 세상에 보탬이 되는 이는 매우 드물다. 그래서 결국 유자는 아무 쓸모없다는 사실이 온 천하에 알려졌다. 오늘날 시국은 이전과 전혀 다르게 변해가며 계속해서 외침外侵을 받고 있는데, 세계에 통용되는 책을 읽지 않는다면 한 나라의 책 역시 통달할 수 없다. 그러나 서양 사람의 음향학, 광학光學, 화학, 전기학, 물리학, 수학에 대한 저술과 농업, 광업, 공업, 상업, 역사, 법률에 대한 기술記述은 해마다 수많은 종류가 출간되면서 나날이 새로워지기에, 이를 제대로 받아들이느라 잠시 쉴 겨를조차 없다. 그들도 그렇게 할 수밖에 없는 것이다. 그러므로 우리 중국인은 더더욱 수십 년의 시간 중 기한을 정해, 반드시 학문하는 자들로 하여금 몇 년간의 공력을 들여 중국의 경학經學과 사학의 대의요지大義要旨를 미리 통달해 단단히 뿌리내리게 한 뒤에는, 남은 시간을 사용해 서양 서적에 매진해야 한다. 무릇 이렇게 해야만 이를 학문이라 할 수 있을 것이다. 오늘날 중국의 책으로 말할 것 같으면, 다른 것은 말할 것도 없이 『십삼경주소十三經注疏』[1], 『황청경해皇淸經解』[2]와 『황청경해속편皇淸經解續編』[3], 『이십이사二十二史』[4], 『구통九通』[5] 및 중국 청나라 때 역사 고사故事와 공문서 몇 가지를 예로 들어보자. 유가 경전과 정통 사서史書와 과거 왕정 시기의 전장제도典章制度는 성현의 학문을 계승하려는 선비라면 누구나 읽어야만 하는 것이다. 그러나 어중간한 사람의 수명으로는 여전히 학업을 다 마치지 못할까 두렵다. 비바람이 휘몰아치며 해를 완전히 가려버려 어둠에 묻혀 있는 것 같은 인생살이에 사람 수명이 얼마나 되겠는가? 만약 상

---

1 중요한 유가의 경전 13종을 말한다. 『주역周易』『시경』『상서尚書』『주례周禮』『의례儀禮』『예기禮記』『공양전公羊傳』『곡량전穀梁傳』『좌전左傳』『효경孝經』『논어』『맹자』『이아爾雅』와 이에 대한 대표적인 주석서들의 모음으로, 이렇게 13가지의 경전經傳이 합본으로 간행된 것은 남송南宋 광종光宗 소희紹熙연간이었다.

2 『황청경해皇淸經解』는 완원阮元(1764~1849)의 주도로 편찬된 청대 경학 연구 총서叢書다. 그가 양광총독兩廣總督에 있을 때 광동廣東에 세운 학해당學海堂에서 여러 학자를 모아 작업을 진행했기에 『학해당경해學海堂經解』라고도 부른다. 도광道光연간에 간행되었는데 73인의 183종(1400권)이나 되는 경학 연구서를 수록하고 있다.

3 『황청경해속편皇淸經解續編』은 완원의 『황청경해』의 속편으로 왕선겸王先謙(1842~1917)이 주도하여 편찬했다. 주로 남청서원南菁書院에서 학자들이 모여 작업했기에 『남청서원경해南菁書院經解』라고도 부른다. 모두 111인의 209종(1430권)의 경학 연구서를 수록하고 있다.

황이 이렇다고 해서 우리의 학문을 버린다면, 선왕의 도를 구하고 후왕後王의 자취를 살피려는 자는 모두 그 근거가 없어져버리고 말 것이다. 만약 천하 모든 사람을 이끌고 이 일에 종사하게끔 한다면, 이 일을 감당해낼 만한 인재가 있을까 염려하는 문제가 없을 것이다. 부지런히 공부하는 선비들이 다투듯이 이를 얘기한다 해도, 사실 이 책들은 모래를 뒤져 금 부스러기를 찾는 것처럼 얻을 것이 별로 없다. 종종 보배로운 내용을 발견한다고 해도 그중 정심精深한 요체는 열에 한둘뿐이고, 지리멸렬하거나 이미 시대나 장소가 바뀌어 현실에 소용없는 부분이 열에 여덟아홉이다. 그리고 이른바 '정심한 요체는 열에 한둘'인데, 이 역시 반드시 학문하는 자가 수천 년의 시간 동안 축적돼온 중국과 외국의 학문을 종횡무진하며 깊은 조예를 얻고, 두루 통달하여 마음껏 활

4 『이십이사二十二史』는 청대에 공인된 정통 사서史書로 시대순으로 보면 『사기史記』『한서漢書』『후한서後漢書』『삼국지三國志』『진서晉書』『송서宋書』『남제서南齊書』『양서梁書』『진서陳書』『위서魏書』『북제서北齊書』『주서周書』『수서隋書』『남사南史』『북사北史』『신당서新唐書』『신오대사新五代史』『송사宋史』『요사遼史』『금사金史』『원사元史』『명사明史』를 가리킨다. 이후 여기에 『구당서舊唐書』와 『구오대사舊五代史』가 더해져 이십사사二十四史가 되었고, 다시 『신원사新元史』가 더해져 이십오사二十五史라 칭했다. 청나라 멸망 이후 청나라에 대한 정통사서는 대체로 『청사고淸史稿』를 꼽아 모두 합쳐 이십육사二十六史라 칭하기도 한다.
5 『구통九通』은 중국의 역대 전장제도典章制度 연구서로 정평이 난 『삼통三通』, 즉 『문헌통고文獻通考』『통전通典』『통지通志』에 청대 건륭乾隆연간에 다시 『속통·전續通典』『황청통·전皇淸通典』『속통지續通志』『황청통지皇淸通志』『속문헌통고續文獻通考』『황청문헌통고皇淸文獻通考』를 덧붙여 구통이 되었다. 20세기에 나온 『황청속문헌통고皇淸續文獻通考』까지 덧붙여 『십통十通』이라고도 칭한다.

용할 수 있는 경지가 되고 난 뒤에야 책에서 읽은 심오한 의미를 파악하니, 이렇게 되어야만 비로소 진정한 소득이 있다. 만약 학식이 이런 경지에 다다르지 못했다면 비록 여러 번 반복해 책을 봐도 보지 않은 것과 다름없다. 나머지 책들은 수량이 지금 말한 책들의 몇 곱절이기에, 이를 읽지 않을 수 없지만 동시에 이를 다 읽기도 난처한 상황인 것은 매한가지다. 이 까닭에 요즘 학문하는 자는 비록 두루 책을 읽어 매우 박학다식하고 연구함에 매우 부지런하다 해도, 그저 양웅揚雄이 말한 '큰 띠나 허리 수건에 수를 놓듯 쓸데없이 화려한 것'[1]이거나, 유협劉勰이 말한 '땅에 떨어진 향풀을 줍듯 다른 이들의 성과를 거저 빌려 쓰는 것'[2]일 뿐이어서, 진정한 도에 대해서는 전혀 깨달음이 없고 현세에 대해서는 아무런 도움이 되질 않는다. 무릇 책이 너무 많고 읽기 어려운 것이 이미 그와 같으며, 이를 읽더라도 아무 쓸모가 없음이 이와 같으니, 만약 아무도 이를 갈무리하고 밝히지 않는다면 10년 뒤에는 경서와 사서를 읽는 이가 거의 끊길까 걱정된다. 오늘날 여러 선생과 함께 크게 발원發願해 마지않는다. 중국의 책 가운데 응당 읽어야만 하는 책을 골라서 이를 읽고 배울 순서를 정한 뒤 전서全書를 다 읽거나 몇몇 편만 골라 읽거나 한 편 전체를 다 읽거나 한 편 중 몇몇 구절만 골라 읽으면서,

---

1 『법언法言』「과견寡見」
2 『문심조룡文心雕龍』「변소辨騷」

오로지 성현의 가르침에 관련된 것과 시국에 절실히 요구되는 것을 찾되, 다른 일들을 이리저리 인용하고 새로운 의미를 두루 수집하여 이를 밝히라. 학습능력이 중간 정도 되는 이들은 과목을 나누어 매일 한 과목씩 익혀라. 경학, 제자학諸子學, 사학, 서양 번역서, 이 네 가지를 하루씩 일과로 삼고서 몇 년간의 노력을 기울이면 중국의 중요한 서적에 담긴 대의요지는 모두 통달할 수 있을 것이며, 자신의 주장을 논증하는데 서양의 여러 학문까지 인용할 수 있을 것이니 학문의 대강을 알 수 있다. 무릇 이처럼 한다면 책을 읽는 자는 볼 것이 너무 많아 망연자실 탄식하는 때도 없어질 것이고, 어떤 길로 가야 하는지 망설임도 없어질 것이니, 중간 정도 재주의 학문하는 이도 끊이지 않을 수 있을 것이다. 오늘날 여러분이 이 일에 종사하여 만약 실행할 수 있다면, 장차 그 성과를 학보學報로 만들어 천하의 질정質正을 구할 수 있을 것이다. 책 읽는 수업에서는 무릇 학문하는 자 모두가 책을 읽는 중 깨달은 바를 기록해두는 찰기札記를 한 권씩 쓰면서, 전문적으로 천착하는 분야와 두루 섭렵하는 분야를 나누어 매일 반드시 당일 읽은 책에 대해 새롭게 밝혀낸 의미를 조항별로 기록하고, 또 어떤 의미인지 의문스러운 부분이 있으면 바로 적어서 질문 보관함에 넣었다가 대답을 찾도록 한다. 더욱 상세한 수업 과정은 '학보'에서 따로 적겠다.[1]

四曰讀書. 今之服方領, 習矩步者, 疇不曰讀書? 然而通古今達中外能爲世益者, 蓋鮮焉. 於是儒者遂以無用聞於天下. 今時局變異, 外侮交迫, 非讀萬國之書, 則不能通一國之書. 然西人聲, 光, 化, 電, 格, 算之述作, 農, 礦, 工, 商, 史, 律之紀載, 歲出以千萬種計, 日新月異, 應接不暇. 惟其然也, 則吾愈不能不於數十寒暑之中, 劃出期限, 必能以數年之力, 使學者於中國經史大義, 悉已通徹. 根柢旣植, 然後以其餘日肆力於西籍. 夫如是而乃可謂之學. 今夫中國之書, 他勿具論, 卽如注疏, 兩經解, 全史, 九通, 及國朝掌故, 官書數種. 正經正史, 當王之制, 承學之士所宜人人共讀者也. 然而中壽之齒, 猶懼不克卒業. 風雨如晦, 人壽幾何? 若從而撥棄之, 則所以求先聖之道, 觀後王之跡者, 皆將無所依藉. 若率天下人而從事於此, 靡論難其人也. 卽有一二劬學之士, 斷斷然講之, 而此諸書者又不過披沙揀金, 往往見寶, 其中精要之處不過十之一二, 其支離蕪衍或時過境遷不切於今日之用者, 殆十八九焉. 而其所謂精要之一二者, 又必學者於上下千古, 縱橫中外之學, 深造有得, 旁通發揮, 然後開卷之頃, 鉤玄提要, 始有所獲. 苟學識不及, 雖三復若無睹也. 自餘群書, 數倍此數, 而其不能不讀, 與其難讀之情形, 亦稱是焉. 是以近世學者, 雖或瀏覽極博, 硏究極勤, 亦不過揚子雲所謂"繡其

---

1 량치차오의 이 글은 전통 서원의 근대화를 위해 후베이성 창사長沙에 설립한 시무학당時務學堂을 위해 지은 일종의 교육 이념이나 목표다. 여기서 학보란 시무학당의 학보學報를 가리키는 것으로 보인다.

悅鑿", 劉彦和所謂"拾其香草", 於大道無所聞, 於當世無所救也. 夫書之繁博而難讀也旣如彼, 其讀之而無用也又如此, 苟無人董治而修明之, 吾恐十年之後, 誦經讀史之人, 殆將絶也. 今與諸君子共發大願, 將取中國應讀之書, 第其誦課之先後, 或讀全書, 或書擇其篇焉, 或讀全篇, 或篇擇其句焉, 專求其有關於聖教, 有切於時局者, 而雜引外事, 旁搜新義以發明之. 量中材所能肄習者, 定爲課分, 每日一課. 經學, 子學, 史學與譯出西書, 四者間日爲課焉. 度數年之力, 中國要籍一切大義, 皆可可以達. 而旁證遠引於西方諸學, 亦可以知崖略矣. 夫如是則讀書者, 無望洋之歎, 無歧路之迷, 而中學或可以不絶. 今與二三子從事焉, 若可行也, 則將演爲學校報以質諸天下. 讀書之功課, 凡學者每人設劄記一册, 分專精, 涉獵兩門, 每日必就所讀之書, 登新義數則. 其有疑義, 則書而納之問匭以待條答焉. 其詳細功課, 別著之學校報中.

  __ 량치차오, 『음빙실문집 2』「호남시무학당학약」(1896)

10여 세부터 책을 읽기 시작해 지금까지 책을 읽어왔으니 거의 60년이 지났다. 중간에 큰 병에 걸렸거나 다른 특수한 이유가 있을 때를 빼고 는 거의 하루도 책을 읽지 않은 적이 없었다. 그러나 별다른 성취가 없었다. 그건 책 읽으면서 요령을 얻지 못했기 때문이다. 이제 요령을 얻지 못한 그 대략적인 경험을 적어보려 한다. 다른 사람들은 내 경험을 거울로 삼을 수 있을 것이다.

요령을 얻지 못한 까닭은 우선 전심전력하지 못했기 때문이다. 내가 처음 읽었던 책은 모두가 문언문文言文으로 된 옛 책들이었고, 꼼꼼한 고증이나 문학작품 가운데 하나였다. 내 기호는 고증 방면에 있어서 훈고訓詁와 철리哲理에 치우쳐 있었고 과거의 전장제도典章制度나 명칭에 대해서는 진득하게 보질 못했다. 문학작품에서는 산문에 치우쳐 있어서, 변문騈文과 시사詩詞에 대해서는 그다지 열심이지 않았다. 그러나 한 가지라도 모르는 것을 부끄럽게 여겨 각종 책을 모두 보았다. 수학책도 읽었고 의학서적도 읽었으나, 그 내용을 통달하지는 못했다. 그래서 일찍이 『설문성계의증說文聲系義證』과 『공양춘추대의公羊春秋大義』란 책을 편찬하려 했지만 결국 완성하지 못했다. 문학작품을 짓는 데서는 변문과 시사에 있어서도 보존할 만한 작품이 한 수도 없었을 뿐만 아니라, 산문에 있어서도 너무 평범했다. 40세 이후가 되어서야 독일어를 배우기 시작했고 다시 프랑스어도 배웠다. 그 생경한 단어들을 외우거나 문법을 익히기 위해 노력을 기울이지 않았고, 통째로 집어삼키듯 책을 읽었다. 그래서 지금까지도 제대로 된 외국어 문장을 쓰거나 짧은 연설문을 짓지는 못한다. 독일에서 대학에 진학해서 수업을 들은 이후 철학사, 문학사, 문명사, 심리학, 미학, 미술사, 민족학 수업을 들었다. 그때 이런 수업에 관한 참고서들을 닥치는 대로 읽기 시작했다. 이후 비록 범위를 축

소하여 노력해 미학과 미술사를 위주로 하고 민족학을 곁들였지만, 다양한 분야의 책들에 대한 미련을 끝내 버리지 못했다. 그래서 미학 책 한 권을 번역하고 비교민족학을 편찬하려고 했지만, 결국 책을 완성하진 못했다.

요령을 얻지 못한 두 번째 이유는 부지런히 기록하질 않았기 때문이다. 책 읽기는 본래부터 이기주의적 성향이 있어서 책 속의 단점들에 대해서는 그다지 따지지 않았다. 주의를 기울인 것은 오로지 쓸모 있다거나 매력적인 소재라고 생각되는 부분뿐이었다. 사실 이런 성향 자체가 나쁘다고 할 수는 없지만, 바로 비록 읽을 때 몇 군데 주의를 했다고 하더라도 종종 빨리 읽기 위해 주의를 기울인 몇 군데 내용을 베껴 쓰거나 책에 직접 표시해둘 틈이 없었다는 것이 단점이었다. 문득 생각이 나더라도, 독일어 책의 단어 색인이 특히 상세해서 쉽게 찾을 수 있는 경우를 제외하면, 다른 책들은 찾기가 쉽지 않았다. 중국에도 현재 혹자가 편찬한 '색인' 따위가 있다. 또 전문적인 가전 역시 점차 증가 추세에 있어서 검색이 비교적 쉬워졌다. 그러나 사람은 각자 주의하는 부분이 있어서 일반적인 색인은 결단코 자기 스스로 따로 표기해둔 것보다 편리할 리 없다.

일찍이 후스胡適가 문 밖을 나설 때면 곧잘 한두 권의 선장본線裝本 책을 지니고 나온 뒤, 배나 차에 올라 바쁜 와중에도 틈틈이 뒤적거리다가 쓸모 있는 소재가 보이면 바로 모서리를 접거나 연필로 표시를 해두는 것을 본 적이 있다. 후스 선생은 집에 돌아가 접거나 표시한 부분을 따로 베껴 모으는 작업을 했을 것이다. 어떤 필기에서 다음과 같은 얘기를 본 적이 있다. 왕사진王士禎은 책을 읽다가 문득 참신하거나 빼어난 전고典故 혹은 시구詩句가 있으면 바로 종이를 꺼내 베낀 뒤 이를 서재 벽에 붙여두고 틈틈이 눈여겨 봐두었다가 완전히 눈에 익으면 떼어버리고 새 것으로 바꾸었기 때문에, 그는 매우 많은 전고와 시구를 기억했다고 한다. 이는 비록 문학상의 한바탕 유회에 불과할 뿐이지만 과학에 있어서도 이런 방법을 본받는 것이 안 될 까닭이 있겠는가? 줄곧 이같은 펜 놀리기를 귀찮아했기에 아무런 성취가 없었다.

책 읽기의 단점에 대해서, 내가 이미 여러 불편함을 경험했기에 지금 특별히 여기에 적어놓는다. 바라건대 내 단점을 거울삼아 우선 전심전력하고, 둘째로 부지런히 기록하라. 그러면 반드시 많은 성취가 있을 것이다.

我自十餘歲起, 就開始讀書. 讀到現在, 將滿六十年了, 中間除大病或其他特別原因外, 幾乎沒有一日不讀點書的. 然而我沒有什麼成就, 這是讀書不得法的緣故. 我把不得法的概略寫出來, 可以作前車之鑒.

我的不得法, 第一是不能專心. 我初讀書的時候, 讀的都是舊書, 不外乎考據, 詞章兩類. 我的嗜好, 在考據方面, 是偏於詁訓及哲理的, 對於典章名物, 是不大耐煩的. 在詞章上, 是偏於散文的, 對於騈文及詩詞,是不大熱心的. 然而以一物不知爲恥, 種種都讀. 並且算學書也讀, 醫學書也讀, 都沒有讀通. 所以我曾經想編一部『說文聲系義證』, 又想編一本『公羊春秋大義』, 都沒有成書. 所爲文辭, 不但駢文, 詩詞, 沒有一首可存的, 就是散文也太平凡了. 到了四十歲以後, 我開始學德文, 後來又學法文, 我都沒有好好兒做那記生字, 練文法的苦工, 而就是生吞活剝的看書, 所以至今不能寫一篇合格的文章, 作一回短期的演說. 在德國進大學聽講以後, 哲學史, 文學史, 文明史, 心理學, 美學, 美術史, 民族學, 統統去聽, 那時候, 這幾類的參考書, 也就亂讀起來了. 後來雖勉自收縮, 以美學與美術史爲主, 輔以民族學. 然而這類的書終不能割愛, 所以想譯一本美學, 想編一部比較的民族學, 也都沒有成書.

我的不得法, 第二是不能勤筆. 我的讀書, 本來抱一種利己主義, 就是書裏面的短處, 我不大去搜尋他, 我只注意於我所認爲有用的, 或可愛的材料. 這本來不算壞. 但是我的壞處, 就是我雖讀的時候注意於這幾點, 但往往爲速讀起見, 無暇把這幾點摘抄出來, 或在書上做一點特別的記號. 若是有時候想起來, 除了德文書檢目特詳, 尚易檢尋外, 其他的書, 幾乎不容易尋到了. 我國現在有人編"索引", "引得"等等. 又專門的辭典, 也逐漸增加, 尋檢較易. 但各人有各自的注意點, 普通的檢目, 斷不能如自己記別的方便. 我嘗見胡適之先生有一個時期出門常常攜一兩本線裝書, 在舟車上或其他忙裏偷閑時翻閱, 見到有用的材料, 就折角或以鉛筆作記號. 我想他回家後或者尚有摘抄的手續. 我記得有一部筆記, 說王漁洋讀書時, 遇有新雋的典故或詞句, 就用紙條抄出, 貼在書齋壁上, 時時覽讀, 熟了就揭去, 換上新得的. 所以他記得很多. 這雖是文學上的把戲, 但科學上何嘗不可以仿作呢? 我因爲從來懶得動筆, 所以沒有成就.

我的讀書的短處, 我已經經驗了許多的不方便, 特地寫出來, 望讀者鑒於我的短處, 第一能專心, 第二能勤筆. 這一定有許多成效.

___ 차이위안페이蔡元培, 「나의 독서 경험我的讀書經驗」

'책 읽기'라는 주제는 얼핏 보면 매우 평범해 보이고 또 매우 쉬워 보인다. 그러나 난 이 주제가 오히려 얘기하기 쉽지 않다고 느껴진다. 내가 알기에 '책 읽기'는 세 가지 의미가 있다.

(1) 어떤 책을 읽을 것인가: 이에 관한 문제에 대해『경보부간京報副刊』에 이미 여러 번 '청년 필독서'가 실렸다. 그러나 이 주제는 결코 쉽게 해결되지 않는다. 왜냐하면 개인의 견해가 서로 다르고 개성도 서로 다르기 때문이다. 각자가 꼽은 필독서는 그저 각자의 기호를 대변해줄 뿐, 표준이 된다고 할 수는 없다. 그래서 이 문제에 대해서는 다루지 않겠다.

(2) 책 읽기의 효용: 과거 사람들이 '책 읽기의 즐거움'이란 글을 지어

"책 속에 엄청난 봉록俸祿이 들어 있고, 책 속에 황금으로 된 집이 들어 있고, 책 속에 옥 같이 예쁜 미인이 들어 있다"고 말했다. 지금 이런 말을 하지는 않으련다. 요컨대 "책 읽기는 지식을 추구하는 것이며 지식은 바로 권력이다"라는 말은 누구나 할 수 있는 말이다. 그래서 이 문제에 대해서도 다루지 않겠다.

(3) 책 읽기의 방법: 오늘 개인적인 경험에 근거해 여러분께 책 읽기의 방법을 얘기하려 한다. 첫 말은 매우 평범한 것인데, 그건 바로 책 읽기는 두 가지 요소를 가지고 있다는 것이다. 첫 번째로 정심精深해야 하고, 두 번째로 박식博識해야 한다.

먼저 '정심함'에 대해 얘기해보자. 어려서 책을 읽을 때는, 거의 모든 아이가 "책을 읽을 때는 책에 세 가지가 닿아야 한다. 눈이 닿고, 입이 닿고, 마음이 닿아야 한다"라고 쓰인 책갈피를 가지고 있었다. 지금 이런 책갈피는 비록 쓰지 않지만 이 세 가지 닿음은 여전히 존재한다. 그러나 책 읽기에 세 가지만 닿아서는 부족하다. 반드시 다음과 같은 네 가지가 닿아야 한다. "눈이 닿고, 입이 닿고, 마음이 닿고, 손이 닿아야 한다." 이를 가지고 얘기해보려 한다.

눈이 닿는다는 것은 한 낱말 한 낱말 확인해가면서 허투루 흘려 봐서는 안 된다는 것이다. 이 말은 얼핏 보기엔 매우 쉬워 보이지만 사실 매우 쉽지가 않다. 중국 책을 읽을 때 매 낱말의 필획 하나하나까지 흘려 봐서는 안 된다. 요즘 사람들은 아주 많은 노력을 낱말의 정오正誤를 따지는 교감학校勘學에 쏟아 부었다. 이는 모두가 옛사람들이 필획 따위는 홀시했기 때문이다. 외국 책을 읽을 때는 알파벳 철자를 확실히 확인해야 한다. 이는 매우 어렵다. 예를 들어 어떤 사람이 영어를 번역할 때 'port'(단맛의 포도주)를 'pork'(돼지고기)로 잘못 보고, 'oats'(귀리)를 'oaks'(참나무)로 잘못 본다면, 포도주가 돼지고기가 돼버리고 작은 풀이 큰 나무가 돼버린다. 이런 예는 매우 많다. 이는 모두가 눈썰미가 세심하지 못한 탓이다. 책은 낱말로 이루어진 것인데 세심하게 낱말을 확인하지 않는다면 책을 읽을 필요가 없다. 눈이 닿는다는 것은 책 읽기와 매우 큰 관련이 있다. 한 순간 눈이 닿지 않으면 그 폐해가 매우 크다. 아울러 눈이 닿는 것은 좋은 습관을 체득할 수 있고 구차하지 않은 인격을 기를 수 있다.

입이 닿는다는 것은 한 구절 한 구절을 입으로 읽는다는 말이다. 옛사람들은 '입이 닳는다'라고 표현했는데 아주 익숙해져서 줄줄 외울 정도까지 읽는 것을 가리킨다. 지금 비록 책 외우기를 주장하지는 않지만 몇몇 책은 여전히 숙독할 필요가 있다. 예를 들어 애지중지하는 시가詩歌나 빼어난 문장 같은 경우 많이 숙독해둔다면 자신의 작품에도 분명 좋은 작용을 할 것이다. 그 외의 책들을 읽을 때는 비록 익숙해질 때까지 소리 내어 읽을 필요까진 없지만 한 구절 한 구절 소리 내어 읽어야 한다. 중국 책도 그렇지만 외국 책은 더더욱 소리 내어 읽어야만 한다. 책을 소리 내어 읽는 효과란 바로 매 구절의 구조와 구절 속 각 부분끼리의 관계를 아주 명확하게 파악하게 해주는 것이다. 그리고 종종 한 번 소리 내어 읽어서 이해하지 못하면 두 번 이상 소리 내어 읽어야 비로소 확실히 알 수 있다. 좋은 소설을 읽을 때도 이럴 진데, 하물며 사상과 학문에 관한 책을 읽을 때임에랴!

마음이 닿는다는 것은 매 장절과 구절의 의미가 무엇이고 어째서 이런가를 마음을 기울여 살피는 것을 말한다. 그러나 여기서 '마음을 기울인다'는 말은 사람을 죽은 고목마냥 앉아서 명상하게끔 하는 것이 아니다. 이는 외부의 여건과 사유방법의 도움에 근거해 이뤄져야 한다. 이를 위해서는 다음과 같은 몇 가지 조건이 필요하다. ① 자전字典, 사전, 참고서 등 공구서工具書를 완비해야 한다. 이런 공구서들을 스스로 갖출 수 없다면, 도서관에 가서라도 봐야 한다. 여러분께 권하건대, 옷을 전당포에 맡기고 논밭을 팔아서라도 최소한 좋은 공구서를 갖춰라. 『웹스터 영어사전Webster's dictionaries』을 사는 것이 몇몇 스승을 모셔오는 것보다 낫다. 이런 공구서는 평생토록 그대를 따라다닐 테니, 평생토록 받을 이득이 끝도 없을 것이다. ② 문법적인 분석을 해야 한다. 문법적인 지식을 사용하고 문법적인 분석을 가해서, 문법 구조를 이해해야만 비로소 그 진정한 의미를 이해할 수 있다. ③ 어떨 때는 서로 비교해가며 참고하고, 어떨 때는 융회관통融會貫通해야만 비로소 이해할 수 있다. 그저 겉으로 드러나 있는 낱말만 봐서는 안 된다. 종종 한 낱말이 여러 가지 뜻을 지니고 있기에, 독자들은 쉬이 속아 넘어가고 만다. 예를 들어 'turn'이란 낱말은 타동사로 뜻이 15가지고, 자동사로 뜻이 13가지, 명사로 뜻이 26가지로 모두 54가지의 뜻을 가지고 있다. 이는 관용구에서의 뜻은 포함시키지도 않은 것이다. 또 'strike'이란 낱말은 타동사로 뜻이 31가지고, 자동사로 뜻이 16가지, 명사로 뜻이 18가지라서 총 65가지 뜻을 가지고 있다. 또 'go'란 낱말은 철자가 가장 쉬운 낱말이라 할 수 있지만, 이 낱말은 자동사로 뜻이 22가지고, 타동사로 뜻이 3가지, 명사로 뜻이 9가지로 모두 34가지의 뜻을 가지고 있다. 이는 영어에서 꼼꼼히 따져봐야 할 예다. 영어사전은 완비되어 있지만, 어떤 낱말이 어떤 구절에서 도대체 몇 번째 뜻으로 사용되는가에 대해서는, 위아래 문장을 비교하거나 문장 전체의 의미를 꿰뚫지 않고서는 알 수 없다.

중국어는 영어에 비해 더 어렵다. 지금 몇 가지 예를 들어보겠다. 제문祭文 중 첫 구절인 "유모년월일維某年月日"에서의 '유維'자는 도대체 어떤 뜻인가? 자전에서는 이 글자를 형식어形式語라고 설명한다. 『시경詩經』에서 '유'자는 200여 번 나오는데 꼼꼼히 비교를 한 뒤에야 이 글자의 갖가지 뜻을 알 수 있다.

또 『시경』의 '어於'자를 보자. "지자어귀之子於歸"나 "봉황어비鳳凰於飛" 등의 구절에서 '어'는 대체 무슨 뜻인가? 꼼꼼히 따져보지 않으면 알 수 없다. 또 '언焉'자는 누구나 알고 있다지만, 『시경』 속에서는 문제가 된다. 그래서 반드시 비교해본 연후에야 '언'이 접속사임을 알 수 있다. 이 같은 예는 매우 많다. 중국 고서古書들은 몹시 읽기 어렵고 옛 자전들은 활용하기에 적절치가 않다. 그러니 비교하여 귀납해내는 연구 방법을 사용하지 않는다면 어떻게 그 뜻을 알 수 있겠는가! 요컨대 책 읽기는 의문을 품어야만 하는 것인데, 허투루 보아 넘긴다면 아무 문제가 없겠지만 동시에 아무런 진전도 없을 것이다.

송나라 선비 장재張載는 이렇게 말했다. "책 읽기란 먼저 의심을 품어야만 하는 것이다. 의심스럽지 않던 부분이 의심스러워지면, 바로 진전이 있는 것이다." 또 이렇게도 말했다. "의심할 만한 부분을 의심치 않는 것은 학문한 적이 없는 것이다. 학문한다면 반드시 의심을 품어야 한다." "학문은 마음의 깨달음을 귀히 여긴다. 옛 모습 그대로 오래도록 지키고 있어봐야 아무런 효과가 없다."

송나라 정이程頤는 이렇게 말했다. "학문이란 생각에서 나오는 것이다." 이렇게 보자면 책 읽기는 마음에 닿기를 추구해야 한다. 의심이나 난해함을 두려워할 것이 아니라, 다만 의심과 난해함이 없음을 두려워해야 한다. 공구서를 완비하고, 생각을 꼼꼼하게 해야만 의심과 난해함을 두려워하지 않는다.

이제 손이 닿는다는 것에 대해 설명하겠다. 손이 닿는다는 것은 손을 수고롭게 한다는 말이다. 책 읽기란 그저 눈에 닿기, 입에 닿기, 마음에 닿기만 가지고는 부족하다. 반드시 스스로 손을 움직여야만 소득이 있다. 예를 들어보자.

① 문장부호를 넣고 단락을 나누기 위해 손을 움직여야만 한다.

② 자전과 참고서를 뒤지기 위해 손을 움직여야만 한다.

③ 책을 읽으며 적는 찰기를 만들기 위해 손을 움직여야만 한다. 찰기札記는 크게 네 가지로 나눌 수 있다. (a) 잊을까봐 필요한 부분만 뽑아서 기록해둔 것. (b) 전체 요약이나 부분 요약을 해둔 것. (c) 자신이 깨달은 바를 기록해둔 것. 장재는 "마음속에 새롭게 개척해낸 바가 있다면 곧바로 옮겨 적으라. 그렇지 않으면 다시 막히리라"라고 말했다. (d) 여러 책을 참고하며 융회관통하여 지은 체계적인 것.

이제 손이 닿는 것의 효능에 대해 말하겠다. 난 늘 이렇게 말했다. 발표란 지식과 사상을 흡수하는 절묘한 방법이다. 흡수한 지식과 사상은 책을 본 것이든 강의를 들은 것이든 모두가 모호하고 자질구레한 것이라서 자신의 것이라 할 수는 없다. 반드시 스스로 손을 움직여 내용을 요약하거나 설명을 달거나 논의를 해가면서 스스로 새롭게 조직을 해내고 상세히 설명하고 자신의 언어로 기술해낸다. 이런 지식과 사상이라야 비로소 자신의 것이라고 할 수 있다.

또한 이런 예를 들 수 있겠다. 당신도 '진화進化'에 대해 말할 수 있고, 그 역시 '진화'에 대해 얘기할 수 있다. 그러나 '진화'란 관념에 대한 당신의 견해가 반드시 정확하거나 확실할 거라는 보장은 없다. 그저 "길바닥에 돌고 도는 얘기"일 수도 있고, 그저 유행하는 구호일 수도 있다. 이런 지식은 진정한 지식이라 할 수 없으며, 더군다나 "당신의" 지식이라고 할 수는 없는 것이다. 만약 당신이 내 얘기를 듣고 승복하지 않는다면 오늘 밤 돌아가 각종 서적을 두루 살펴보면서 진화론의 과학적 근거에 대해 꼼꼼하게 살펴보라. 만약 당신이 며칠 동안 책을 펼쳐본 뒤 분연히 손을 움직이며 연구해 얻은 내용을 한 편의 독서 메모로 만들고, 만약 당신이 정말 직접 손을 움직여 "나는 왜 진화론을 믿는가?"라는 찰기를 만들어 다음과 같은 내용을 열거했다고 치자.

• 생물학적인 증거
• 비교해부학적인 증거
• 비교발생학적인 증거
• 지질학과 고생물학적인 증거
• 고고학적 증거
• 사회학과 인류학적인 증거

이렇게 되면 진화론에 관한 당신의 모든 지식은 일련의 조직과 배치를 거치고 자신의 취사선택적인 서술을 거친다. 이때에 이르러서야 이런 지식들은 비로소 당신 자신의 것이라 할 수 있다. 그래서 난 이렇게 말한다. 발표는 흡수의 유용한 도구다. 그리고 또 이렇게 말한다. 손이 닿는다는 것은 마음이 닿게 해줄 수 있는 방법이다.

직접 손으로 문장부호를 달고 자전을 뒤적이고 책을 찾는 것은 모두가 매우 중요한 책 읽기의 비결이다. 몇 년 전 구제강顧頡剛 선생에게 요제항姚際恒의 『고금위서고古今僞書考』에 문장부호를 달라고 권했던 적이 있음을 기억한다. 당초 그가 가난하다는 것을 알고 있었기에, 그가 책에 문장부호를 달아 인쇄하면 이를 좀 팔아 돈을 벌 수 있기를 바랐다. 그 책은 매우 얇은 책이었기에, 한 두 주면 문장부호를 모두 달 수 있을 것이라 여겼다. 그런데 구제강 선생이 반년이 지나도록 원고를 넘기지 못할지는 전혀 예상치 못했다. 알고 보니 그는 그 책의 매 조항마다 인용된 책들에 대해서 모두 직접 원서를 펼쳐서 꼼꼼하게 교정을 보고 각주로 출처와 원서 어디서 나오는지와 생략된 부분을 표시했다. 그가 작업을 한 지 반년이 지난 이후 내게 와서 『고금위서고』는 따로 출판할 필요가 없다고 말했다. 그는 '변위총간辨僞叢刊'이란 이름으로 옛것을 의심했던 책들을 모은 총서를 편찬하려 했다. 난 그의 계획에 적극 찬동하면서 그에게 직접 작업하라고 했다. 그가 그 작업을 시작한 지 1~2년

이 지난 뒤에 그의 학문은 더더욱 발전했다. 그리고 다시 '변위총간'이란 당초 계획을 넘어서는 기획을 만들어냈다. 그는 지지난해부터 중국 고사古史의 거짓을 변별해내는 수많은 저술을 지었다. 현재까지 그의 성과들은 이미 최술崔述을 넘어섰기에 요제항은 더더욱 말할 필요도 없다. 구제강 선생이 앞으로 중국 사학계에 세울 공헌은 미리 다 헤아릴 수가 없다. 그러나 그가 성공한 가장 중요한 원인은 그가 부지런히 정심하게 손이 닿는 노력을 기울였음에 있다는 것을 알아야만 한다. 때문에 이렇게 말할 수 있겠다. 손을 부지런히 움직이지 않으면서 책을 제대로 읽을 수 있는 사람은 없으며, 책에 손이 닿지 않고는 학자가 될 수 있는 사람이 없다고 말이다.

그럼 두 번째로 '박식함'에 대해 얘기해보자. 어떤 책이든 읽으려는 것이 박식함이다. 옛사람이 말하길 "책을 펴면 이득이 있다"고 말했다. 나도 그렇다고 생각한다. 그래서 책 읽기에 있어서 가장 먼저 정심해야 하고, 두 번째로는 박식해야 한다고 말한 것이다. '박식함'에는 다음과 같은 두 가지 뜻이 있다. 첫째 참고자료를 미리 준비하기 위해 박식하지 않을 수 없다. 둘째 쓸모 있는 사람이 되기 위해 박식하지 않을 수 없다.

우선 첫 번째로 "참고자료를 미리 준비하기 위해"라는 점에 대해서 말해보자. 여기 앉아 있는 사람들 대부분이 안경을 쓰고 있다. 여러분은 어째서 안경을 썼는가? 바로 안경을 써야만 이전에 보지 못하던 것들을 볼 수 있고, 이전에 매우 작던 것이 크게 보이며, 이전에 확실하게 보이지 않던 것이 확실하게 보여서가 아닌가? 이 점은 왕안석王安石이 가장 확실하게 지적했다. "세상 사람들이 유가 경전의 전모를 보지 못한 것이 오래 됐구나! 지금은 경서를 읽기만 할 뿐, 경서를 안다고 하기엔 부족하다. 그래서 난 제자백가의 책으로부터 『난경難經』과 『황제내경黃帝內經』 「소문素問」 그리고 『신농본초경神農本草經』 등의 자질구레한 책들까지 읽지 않은 것이 없고, 농사짓는 사내나 옷감 짜는 아낙에게까지 묻지 않은 적이 없다. 그런 연후에야 경서에 대해 그 대강을 이해하고 의문스러운 바가 없어진다. 이는 아마도 후세의 학문하는 자들의 능력이나 처지가 선왕先王이 살던 시절과는 다르기에, 이와 같이 하지 않으면 제대로 성인의 도를 다하기에는 부족하기 때문일 것이다. (…) 자신의 지식을 확충한 후에 책을 읽으면서, 그 지식을 근거로 취사선택하기에 이단異端의 학문이 어지럽히지 못한다. 이단의 학문이 어지럽히지 못하기에 자신의 취사선택한 바를 가질 수 있으니, 이로써 우리 유가의 도를 밝힐 따름이다."(「답증자고서答曾子固書」)

왕안석은 "자신의 지식을 확충한 뒤 책을 읽는다"고 말했고 또 "지금은 경서를 읽기만 할 뿐, 경서를 안다고 하기엔 부족하다"고 했다. 예를 들어 『묵자墨子』란 책에 대해 100년 전 청나라 학자들은 이해도가 그다지 높지 않았다. 근자에 들어서야 어떤 사람은 광학, 기하학, 역학 등을 알고 난 이후에 『묵자』를 읽으면서 비로소 『묵자』 안의 아주 많은 부분이 반드시 이런 과학 지식을 사용해야만 이해할 수 있다는 것을 발견했다. 어떤 사람은 논리학, 심리학 등을 알아야 『묵자』를 더 많이 이해할 수 있다는 것을 발견했다. 다른 분야의 책을 많이 읽을수록 『묵자』를 더 많이 이해할 수 있었던 것이다.

그러므로 이렇게 얘기할 수 있다. 한 권의 책만 읽는다면 그 한 권의 책을 알기엔 부족하다. 독서를 많이 한 연후에야 한 책을 집중적으로 읽을 수 있다. 예를 들어 『시경詩經』을 읽는다고 하자. 만약 먼저 지금의 민요를 채집해 수록한 베이징대의 『가요주간歌謠週刊』을 읽은 뒤라면, 『시경』에 대해 더 편하게 이해함을 느낄 것이다. 만약 먼저 사회학, 인류학 책을 읽은 적이 있다면, 이해하는 바가 더 많을 것이다. 만약 먼저 문자학, 고음운학古音韻學 책을 읽은 적이 있다면, 이해하는 바가 더 많을 것이다. 만약 먼저 고고학, 비교종교학 등의 책을 읽은 적이 있다면, 이해하는 바가 더 많을 것이다.

만약 불교 유식종唯識宗의 책을 읽고 싶다면 논리학, 심리학, 비교종교학, 이상심리학異常心理學 등의 책을 읽어두는 것이 가장 좋다. 어떤 책을 읽든지 아무래도 여러 벌의 안경을 마련해두는 것이 좋다.

찰스 다윈이 생물 진화를 연구했던 이야기를 기억하는가? 다윈이 생물의 진화 현상을 연구하며 30여 년에 걸쳐 무수한 자료를 축적했지만 간단하면서 일관된 설명을 생각해내지 못했다. 어느 날 그는 별 생각 없이 토머스 맬서스의 『인구론』을 읽다가 문득 생존 경쟁의 원칙을 깨달았다. 그래서 자연선택, 적자생존의 이치를 깨닫고 나서 결국 파천황의 명저를 완성해 후세 사상계에 신기원을 열어줬다. 그래서 박식해지려는 자는 독서할 때 손쉽게 '암시'를 얻기 위해서 오로지 참고자료를 더 구하는 수밖에 없다. 의문스럽거나 어려운 부분을 맞닥뜨릴 때 이곳저곳에서 암시를 받는다면 멍하니 죽은 독서를 하는 지경에 다다르지는 않을 것이다. 이를 일러 "자신의 지식을 확충한 후에 책을 읽는다"고 말하는 것이다.

그럼 둘째로 "사람 노릇하기 위해서"에 대해서 말해보자. 한 가지 기예를 전공하는 사람은 그저 그것만 알고 그 외에는 아무것도 모른다. 이런 사람이 사회에 끼치는 영향은 매우 적다. 이런 사람들은 비유컨대 깃대가 그저 혼자 외로이 서 있는 것처럼 애처롭게 보일 뿐이다.

또 박학다식하지만 잘하는 것은 전혀 없는 사람도 있다. 이런 이들은 곳곳에서 견식이 얕은 이들의 환영을 받기는 하겠지만 사실 퇴물들일 뿐이다. 이런 이들은 비유컨대 아주 큰 얇은 종이처럼 바람과 비 같은 도전을 견뎌낼 수 없다. 사회에서 이런 두 종류의 사람들은 모두 별다른 큰 영향을 끼치지 못한다. 사람 노릇하는 데도 좋은 점이 거의 없다. 이상적인 학자는 박식하면서도 정심할 수 있어야 한다. 정심이란 측면에서 보자면 당사자의 전공 학문이고, 박식이란 측면에서 보자면 두루 찾고 널리 살펴보는 것이다. 박식이란 모르는 것이 없는 경우에 가깝고, 정심이란 오로지 자신만 두각을 드러내 이를 따라잡을 사람이 없는 경우에 가깝다. 이런 학자는 자신의 전공 학문을 주축으로 삼고, 그다음으로 직접적으로 관련된 각종 학문까지 섭렵하며, 그다음으로 간접적으로 관련된 학문까지 섭렵하고, 그다음으로 그다지 상관없는 각종 학문까지 섭렵하며, 나아가 전혀 상관없는 각종 분야까지 섭렵한다. 이런 학자는 이집트의 피라미드에 비유할 수도 있다. 피라미드의 높이는 약 150미터이고 각 밑변의 길이는 230미터에 달한다. 피라미드의 가장 높은 곳은 정심한 전공 학문을 상징하고, 이로부터 층별로 내려가는 과정은 두루 찾고 널리 살펴보는 각종 관련된 혹은 상관없는 학문을 상징하며, 피라미드 바닥의 면적은 박식의 범위, 정심의 조예, 넓은 공감共感을 상징한다. 이런 사람은 사회에서 매우 쓸모 있는 인재며 스스로도 인생의 즐거움을 만끽할 수 있다. 송나라 선비 정호程顥가 이렇게 적절히 말했다. "반드시 마음을 크게 키워 드넓게 해야만 한다. 비유컨대 아홉 층의 높은 돈대墩臺를 쌓으려면 반드시 터를 크게 다져야만 쌓을 수 있는 것과 마찬가지인 것이다."[1] 나는 일찍이 이런 뜻을 다음과 같은

---

1 須是大其心使開闊: 譬如爲九層之臺, 須大做腳始得.

조악한 두 구절에 담아 지금 여러분께 올려 독서의 목표를 삼고자 한다. "학문하는 것은 피라미드와 같아야 하니, 넓고도 높아야 한다."

___ 후스胡適, 『후스문존胡適文存』 제3집 권2, 「독서讀書」(1925)

독서의 방법을 토론하기 전에, 우리는 독서도 그 성격에 따라 다른 방법을 취해야 할 필요가 있다는 점을 잊어서는 안 된다. 일반적으로 독서는 꼼꼼하게 읽기精讀와 대충 읽기略讀 두 가지로 나뉜다. 물론 이것만으로는 사람들이 읽는 책의 모든 영역을 포괄해낼 수 없다. 내 견해로는 아마도 다음과 같은 네 가지로 나눌 수 있을 듯하다.

(1) 한가롭게 읽기閑讀

한가롭게 읽기는 소일하기 위해 책 읽는 것을 가리킨다. 영국의 문호 찰스 램Charles Lamb은 일찍이 "인생에서 웃음은 등불과 함께 피어오르는 것"이라 했다. 이 말의 뜻은 이런 것이다. 다른 속셈 없이 한가한 담소를 나누는 데는 저녁이 가장 적합한 시간이지만, 등불로 흥을 돋운 한가한 담소는 반드시 담소를 나눌 수 있는 상대가 있어야 하는데, 이런 상대는 아무 때나 찾을 수 있는 게 아니다. 그래서 등불 밑에서 책을 들고 한가롭게 읽는 것이, 내키는 대로 할 수 있다는 점에서 한가롭게 나누는 담소보다 훨씬 편리하다.

이런 한가롭게 읽기는, 도연명이 쓴 「오류선생전五柳先生傳」 가운데 "책 읽기를 좋아하지만 깊은 이해를 구하지는 않았으며, 깨우침이 있을 때마다 기뻐서 밥 먹기를 잊었다"[1]란 표현을 각주로 삼을 수 있다. 이런 책 읽기는 모두가 소일거리에서 나온 것이기에, 책 읽는 방법을 따로 따질 필요가 없다.

또 다른 한가롭게 읽기는, 미국의 시오도어 루스벨트 대통령이 공무 중 짬이 날 때마다 추리소설을 읽은 것과 같은 경우다. 그의 말에 따르면, 치밀한 추리소설 작가에 의해 일부러 의심스러운 상황이 설정되고, 읽는 이는 한 쪽 한 쪽 읽어가면서 누가 진짜 범인인지 궁금해 하며 각종 억측을 하다가 일상의 정무를 잠시 잊고 짧으나마 쉴 수 있는 짬을 얻을 수 있다.

(2) 꼼꼼하게 읽기精讀

이것은 꼼꼼하게 책 읽는 것을 가리킨다. 송나라 주희는 이렇게 말했다. "이른바 경서와 사서는 거듭해서 꼼꼼하게 살펴야만 비로소 점차 그 안에 담긴 종지宗旨를 깨달을 수 있다. 경서와 사서를 소리 내서 읽을 때는 서둘지 말고 천천히 한 글자 한 글자 또박또박 읽어야 한다. 더

---

1 好讀書, 不求甚解. 每有意會, 便欣然忘食.

욱이 성현을 직접 마주 대한듯, 흐트러짐 없이 반듯하게 앉아야만 마음이 안정되고 담겨진 의리를 쉽게 궁구할 수 있다. 많이 알거나 두루 아는 것을 탐내서 닥치는 대로 섭렵하다가 한 번 쓱 보고는 이미 통달했다고 말해서는 안 된다. 조금이라도 의문이 있으면 바로 궁리해보고, 아무리 궁리해봐도 막히는 바 없이 이해가 되지 않으면 소책자를 마련해 날마다 이를 기록해뒀다가 시시때때로 살펴보면서 후일 일일이 깨닫기를 기다린다. 절대로 대충 스스로를 변명하고 남에게 묻기를 부끄러워하다가, 결국 스스로를 기만하며 평생토록 자신의 무지몽매함을 받아들여서는 안 된다."[1] 이 말은 이런 류의 책 읽기에 대한 생생한 묘사다. 영국의 철학자 프랜시스 베이컨Francis Bacon 역시 이렇게 말한 적이 있다. "어떤 책들은 대충 삼킬 수 있지만, 어떤 책들은 곱씹어 천천히 삼켜야 한다." 여기서 말하는 "곱씹어 천천히 삼키는 것" 역시 이런 류의 책 읽기를 가리킨다.

---

1 大抵所讀經史, 切要反復精詳, 方能漸見旨趣, 誦之宜舒緩不迫, 字字分明. 更需端莊正坐, 如對聖賢, 則心定而義理易究, 不可貪多務廣, 涉獵幽荒, 看過了便謂已通. 小有疑問, 卽便思索, 思索不通, 卽置小冊子逐日抄記, 以時省閱, 俟歸日逐一會理. 切不可含糊護短, 恥於咨問, 而終身受此矇暗以自欺也.

(3) 빨리 읽기速讀

이것이 바로 베이컨이 말했던 "대충 삼킬 수 있는" 책 읽기다. 꼼꼼하게 읽기의 장점은 책의 내용과 함의를 철두철미하게 이해하게 해준다는 것이다. 단점은 읽는 이가 많은 책을 읽을 수 없어 고루과문孤陋寡聞해져 버린다는 점이다. 이 때문에 책을 잘 읽는 사람은 응당 책의 성격과 자신이 연구하는 주제와의 관련에 따라 꼼꼼하게 읽을 책과 빨리 읽을 책을 구별해야 한다. 빨리 읽을 책에 포함되는 것은 그저 요지만 이해하면 되는 경우다. 그래서 가능하다면 최대한 한 눈에 열 줄씩 읽어 내려가듯 빨리 읽는 방법으로 읽어야 한다. 꼼꼼하게 읽어야 할 필요가 있는 책들은 당연히 너무 서둘러 읽다가 "제대로 이해하지 못하는" 우를 범해서는 안 된다. 이 때문에 어떤 책은 빨리 읽거나 대충 읽어야 하고, 어떤 책은 꼼꼼하게 읽어야 하는지, 그 구분은 단지 책의 성격에만 있는 것이 아니라, 같은 책이라도 서로 다른 읽는 이와 각자의 목적에 따라 달라질 수 있는 것이다.

(4) 추려서 읽기摘讀

이것은 비단 꼼꼼하게 읽을 필요가 없을 뿐만 아니라 서둘러서 책 전부를 살펴볼 필요도 없는 책 읽기를 가리킨다. 즉 책에서 일정 부분만 추려서 읽으면 되는 것이다. 추려서 읽기를 시행하려면 대체로 그 책의 서론이나 머리말은 책 전체의 대강을 알 수 있으니 읽지 않을 수 없고, 그다음으로는 대 목차나 세부 목차를 살펴서 몇 장 몇 절을 읽어야 하는지 결정한 뒤, 마지막으로 색인을 참고하여 몇 절 혹은 몇 번째 문단을 읽어야 할지 살핀다.

이렇게 상술한 네 가지 책 읽기의 대상이 확정된 뒤, 따로 책 읽는 방법을 따질 필요 없는 한가롭게 읽기를 제외한, 나머지 세 가지 책 읽기는 모두 책 읽는 방법을 얼마나 잘 적용하는지에 성패가 달려 있다. 이제 책 읽는 방법을 14가지로 귀납시켜보겠다. (1) 뜻 세우기立志 (2) 기초 다지기奠基 (3) 주제 고르기選題 (4) 차근차근 해나가기循序 (5) 대체 밝히기明體 (6) 요점 뽑기提綱 (7) 의혹 해결하기析疑 (8) 비교하기比較 (9) 뜻한 바에 전심전력하기專志 (10) 두루 참고하기旁參 (11) 고생 참아내기耐苦 (12) 항상됨을 견지하기持恒 (13) 심오한 의미를 파악하기鉤玄 (14) 잊을 것에 대비하기備忘 등이다. 아울러 조항 별로 다음과 같이 설명을 덧붙여둔다.

(1) 뜻 세우기立志

어떤 일이든 반드시 그 일에 뜻을 세워야만 비로소 성과를 거둘 수 있다. 책 읽기라고 어찌 예외이겠는가? 증국번曾國藩은 일찍이 책 읽기는 응당 뜻을 세워야만 함을 논하면서 다음과 같이 말했다. "만약 분발하여 책을 읽을 수 있다면 서당에서도 책을 읽을 수 있고, 텅 빈 들판이나 와자지껄한 장소에서도 책을 읽을 수 있으며, 땔감을 지고 돼지를 키우면서도 책을 읽을 수 없는 것은 아니다. 만약 분발하여 스스로 뜻을 세울 수 없으면 서당에서도 책을 읽을 수 없고, 깨끗하고 조용한 시골이나 신선이 사는 것 같은 좋은 경치가 있는 곳에서도 책을 읽을 수 없으니, 어찌 장소를 고르고 때를 가려야만 하겠는가? 단지 뜻을 세움이 진실된지 아닌지만이 중요한 것이거늘!"[1] 이것은 단지 뜻을 세웠을 때 나타나는 효과일 뿐이다. 그러나 책 읽을 뜻을 세우는 동기가 어떻게 생겨나는지에 대해서 증국번은 미처 거론하지 못했다. 그러나 옛적 책 읽는 사람 중 뛰어난 이들은 스스로를 성현이 되길 바라지 않고 천하를 돌보는 일을 자신의 임무로 삼았을 뿐이다. 처지는 사람들이나 "책 속에 부귀영화가 있고, 책 속에 옥 같은 미녀가 있다"[2]는 속담을 목표로 삼아 분발했을 뿐이다. 내 생각에 책 읽기의 동기는 응당 삶을 충실히 하는 것을 위주로 해야 한다. 대체로 책이란 학문의 보물창고로, 이전 세대가 노력을 기울여 거둔 성과와 현재의 현인들이 연구한

---

1 苟能發慎讀書, 則家塾可讀書, 卽曠野之地, 熱鬧之場亦可讀書. 負薪牧豕, 均無不可讀書. 苟不能發慎自立, 則家塾不宜讀書, 卽淸淨之鄕, 神仙之境皆不能讀書. 何必擇地? 何必擇時? 但自問立志之眞不眞耳!

2 書中自有黃金屋, 書中自有顔如玉.

정수가 모두 이 책이란 도구에 담겨 보존되고 전파된다. 책을 읽는다는 것은 바로 이런 보물창고를 이용하는 것이며, 아울러 이로부터 읽는 이 스스로의 사고와 노력의 성공을 촉진하는 것이다. 이는 모두가 인생을 충실하게 하는 데 효과가 있다. 실제로 한 번 과거를 돌이켜보자. 옛사람의 삶은 분명 우리가 지금 누리는 것보다 한참 낙후돼 있었다. 그 와중에 가끔씩 삶을 개선할 만한 발명이나 발견을 했지만 대부분 처음엔 빈약했다. 만약 책이 이러한 내용을 후세에까지 전해줘서 후세 사람들이 이미 확보된 성취에 대해 계속해서 한 걸음 더 나간 발명과 발견을 이룰 것이다. 그러므로 어떤 발명이나 발견이든 모두가 발견이나 발명한 사람에서 끝나 없어져버린다면 후세에 전수되어 크게 발전할 수도 없고, 멀리까지 퍼져나갈 수도 없다. 이 때문에 사람이 책을 읽어 삶을 충실하게 하는 것으로 뜻을 세웠다면, 작게는 자기 자신에게, 크게는 사회와 국가, 세계에 쓰이지 않는 바가 없을 것이다. 이런 이들은 뜻을 너무 높게 세워 허무해진 이들이나, 뜻을 너무 낮게 세워 자기 비하에 빠져버린 이들에 비해, 훨씬 현실에 적절하게 대응할 수 있다.

(2) 기초 다지기奠基

건축을 하려면 반드시 기초를 다져야 한다. 책 읽기라고 어찌 그렇지 않겠는가? 책 읽기의 기초는, 첫 번째가 언어이고 두 번째가 각 학문분과 서적의 기본 학문이다. 언어는 책 읽기의 필수적인 도구다. 여기에는 글자를 알고, 명칭을 변별하고, 문법을 아는 것이 포함된다. 글자를 안다고 할 때, 『강희자전康熙字典』에 실려 있는 글자가 4만여 자이고, 송대 『집운集韻』은 5만여 자가 되지만 이중 거의 대부분이 평소엔 사용되지 않는 것이다. 평소에 사용되는 글자는 중간 정도 난이도 이하의 책은 4000여 자를 넘지 않는다. 대학교 수준의 일반적인 책도 7000여 자를 넘지 않는다. 요즘 인쇄되는 책의 납활자 수를 보면 8000여 자를 넘지 않는다. 중국 전통 학문에 대한 고적古籍을 보면, 간간히 일반적인 출판물에 평소 사용되지 않는 글자들이 사용되긴 하지만, 이 역시 1000여 자를 넘지 않는다. 마침 한자는 형성자形聲字가 거의 대부분을 차지하고 있다. 형성자가 많아 책을 빨리 읽을 때도 대의요지를 추정할 수 있는 것이다. 책을 제대로 읽을 때는 한 글자도 소홀히 할 수 없으며 세밀하게 따질 필요가 있다. 그래서 꼼꼼히 봐야 할 고서를 읽을 때는 글자를 많이 아는 것 역시 중요한 기초가 된다. 모르는 글자를 맞닥뜨리면 자전을 사용해야 해서 읽는 속도가 늦어질 수밖에 없다. 궁실宮室, 상복喪服 제도, 초목草木, 어충魚蟲 등에서 옛날과 지금의 명칭이 다른데, 고서를 꼼꼼하게 읽기 위해서는 이런 명칭을 모두 변별할 필요가 있다. 『이아爾雅』란 책이 십삼경十三經에 포함되어 있는 까닭 역시 경서를 읽을 때 반드시 명칭을 변별할 필요가 있기 때문이다. 고문古文의 문법과 요즘 문장의 문법에도 차이가 있다. 고서를 잘 읽기 위해서는 더 더욱 고문 문법을 연구할 필요가 있다. 왕응린王應麟의 『곤학기문困學紀聞』에서는 이렇게 말했다. "소식蘇軾은 『예기禮記』 「단궁檀弓」에서 문법[1]을 얻었고, 진사도陳師道는 『사기史記』 「백이열전伯夷列傳」에서 문법을 얻었다." 이는 일련의 고문에서 그 문법과 문체, 구조를 얻어 다른 글쓰기에까지 미친다는 것을 말한다. 이 외에 외국어를 익히면서 그 나라 책이나 신문을 보는 이라면, 중국과 외국의 문장 구성이 달라 외국어의 의미를 이해하고자 한다면 반드시 문법과 문장 분석을 중시해야만 한다. 그렇지 않으면 수십 글자 이상의 구절에 대해 그저 글자의 겉으로 드러난 뜻만 번역한다 해도 착오를 일으키는 것을 피하기 어렵다. 법률 조문 등은 한 구절이 종종 수백 자가 되기 때문에 더더욱 착오하기 쉽다. 요즘 사람은 종종 직접 말을 주고받으며 익히는 직접 교습법을 너무 중시해서 문법은 중요하지 않다고 여기는데, 이는 물론 외국어 회화엔 도움을 줄 것이다. 그러나 외국인조차 회화만 하고 읽지 않는 이들은 여전히 긴 구절에 대한 오독을 피하기 어렵거늘 하물며 중국인이 어떻게 직접 교수법으로 회화가 유창해지니 문법은 무시해도 된다고 말할 수 있

---

1 중국 글말文言에서 말하는 '문법文法'은 'Grammar'가 아니라 문장의 풍격을 가리킨다. 왕원우는 이 단락에서 중국 전통의 '문법' 개념과 서양에서 유입된 '문법Grammar' 개념을 뒤섞어 쓰고 있다.

겠는가!

책 읽기 준비를 위한 기본적인 학문이란 읽을 책의 분야에 따라 다르다. 예를 들어 심리학을 연구한다면 생리학, 신경학, 통계학을 기초로 삼아야 한다. 사회학을 연구한다면 생물학, 심리학, 인류학, 역사, 지리를 기초로 삼아야 할 것이요, 정치학을 연구한다면 역사, 지리, 경제학, 사회학을 기초로 삼아야 한다. 통계학을 연구한다면 고등수학을 기초로 삼아야 할 것이며, 생물학을 연구한다면 화학, 생물학, 수학, 지질학, 지리학을 기초로 삼아야 한다. 또한 역사를 연구한다면 정치학, 사회학, 지리학을 기초로 삼아야 하고, 의학을 연구한다면 생리학, 심리학, 화학을 기초로 삼아야 한다. 만약 기초가 다져지지 않은 채 갑자기 전문 분야의 책을 읽는다면, 들이는 노력에 비해 효과는 반감되는 결과를 피할 수 없다.

(3) 주제 고르기選題

주제를 고른다는 것은 문제를 선택하고 책을 고른다는 두 가지를 포함한다. 책 읽기는 흥미를 불러일으켜야 하는데, 그렇게 하는 데는 한 가지 문제에 집중해서 연구하는 것이 가장 좋다. 어떤 이는 이에 대해 전문가의 몫이라고 말한다. 문제에는 수준의 깊고 얕음 혹은 어렵고 쉬움의 차이가 있기 마련이다. 전문가는 전문적으로 연구하는 문제를 갖기 마련이고, 보통 사람은 얕고 쉬운 문제를 갖기 마련이다. 심지어 같은 문제라 해도 종종 서로 다른 수준의 해답을 낼 수 있다. 한 사람이 만약 일정한 시간 안에 집중해서 하나의 문제를 연구해 답을 찾을 수 있다면, 관찰이나 실험, 방문에 근거하는 것 말고도 반드시 책과 신문·잡지에서 해당 자료를 찾아낼 것이다. 그렇다면 그의 책 읽기는 언제나 목적을 갖게 되어 꼼꼼하게 읽기, 빨리 읽기, 추려서 읽기는 두루 경험해볼 수 있다. 대체로 먼저 책 목록에서 관련 있는 책과 잡지들을 뽑고 간추려가며 읽다가, 책 전부를 빨리 읽을 만하다고 판단되면 빨리 읽고, 꼼꼼히 읽을 필요가 있다고 여겨지면 꼼꼼하게 읽으면 된다. 책을 읽을 때, 만약 연구 중인 문제의 해답을 제공해주는 자료를 발견한다면 분명 매우 기쁠 것이다. 만약 인용할 만한 가치가 없다고 확인되면, 마치 굶주린 이가 먹을 것을 찾고 목마른 이가 마실 것을 찾듯이 따로 다른 자료들을 찾아보기 마련이다. 이런 습관을 몇 차례 경험하다보면 점차 자연스러워진다. 그렇다면 평생토록 읽을 책을 고르는 데 있어서도 새로운 흥미가 생겨날 것이다. 이미 분명한 목표를 지녔다면 읽어야 할 책을 골라야 한다. 그런 다음 분류나 책 내용 요약을 이용하는 것 외에도, 각 분야별 학문의 갈래와 각 책의 작자가 지닌 입장에 대해 대강을 파악해두는 것이 가장 좋다. 이 부분은 책 읽기 방법 중 다섯 번째인 대체 밝히기에서 기술할 것이기에 여기서는 더 이상 부연치 않겠다.

(4) 차근차근 해나가기循序

송나라 주희는 이렇게 말했다. "뒤죽박죽으로 진행하며 차례를 따르지 않는 것은 마치 이런 상황과 유사하다고 하겠다. 한 사람이 뱃속이 텅 비자 술과 음식을 파는 가게에 가서는 기름진 국과 떡, 육회肉膾와 육포가 눈앞에 뒤죽박죽 펼쳐진 것을 보고는, 오른손 왼손으로 마구 집어 모두 입에다 넣어버리곤 대충 씹어 서둘러 삼켜버리니 어찌 창자와 배가 터질 듯 팽팽해지면서 배부르지 않겠는가! 하지만 먹은 음식 중 한 가지 맛도 제대로 음미하지 못했으니 이전에 먹은 것이 무엇이었는지 모른다."[1] 이는 책 읽기를 차근차근 해나가지 않고 서두르기만 할 때의 폐단을 지적하고 있다. 이 비유는 『논어』에서 말한 "서두르고자 하다가 도달하지 못한다"[2]나 『맹자』에서 말한 "파고들듯 앞으로 나아가는 이는 빨리 물러나고 말 것이다"[3]와 같은 이치다. 오늘날 어떤 일이든 계획을 중시한다. 계획이 있으면 차근차근 진행할 수 있어서, 조리를 갖추며 혼란스러워지지 않는다. 겉으론 느리게 진행되는 듯지만 사실은 안정적으로 진행되는 것이다. 책 읽기 역시 이와 같다. 원나라 정단례程

---

1 雜然進之而不由其序, 譬如以枵然之腹, 入酒食之肆, 見其肥羹大截, 餠餌膾脯, 雜然於前, 遂欲左拿右攫, 盡納於口, 快嚼而亟吞之, 豈不撐腸拄腹, 而果然一飽哉! 然未嘗一知其味, 則不知向之所食者果何物也.

2 欲速而不達.

3 其進銳者其退速.

端體는『독서분년일정讀書分年日程』이란 책을 지었는데, 이 책은 주희의 책 읽는 방법에 뿌리를 두고 이를 확장한 것이다. 이 책은 아울러 매년 몇 월 며칠에 어떤 책을 어떻게 읽겠다는 일정을 정해놓았다. 비록 옛날과 오늘날의 책 읽기가 성격이나 범위에서 다르긴 하지만, 그 의미만은 충분히 스승 삼을 만하다.

(5) 대체 밝히기明體

한 권의 책을 읽을 때는 가장 먼저 그 대체大體를 밝혀야만 한다. 책의 대체란 학문의 갈래, 작가의 입장, 시대적 배경을 포함한다. 이른바 '학문의 갈래'에 대해서는 다음과 같은 예를 들 수 있겠다. 중국의 경서를 읽을 때, 먼저 경서엔 금문경학今文經學의 책과 고문경학古文經學의 책, 이렇게 두 갈래가 있어 십삼경주소 중『상서정의尙書正義』를 읽을 땐 이 책이 고문경학에서 전수된 책이기에 적지 않은 학자들이 이를 위서僞書라고 한다는 것을 알아야 하는 것이다. 이 점을 명확히 알면 한나라 복승伏勝이 전한 금문경학의『상서대전尙書大傳』을 아울러 읽으며 서로 비교할 수 있다. 이른바 작가의 입장에 대해서는 다음과 같은 경우를 들 수 있겠다. 경제학 책 중 특별히 구분할 필요가 있는 경우, 예를 들어 애덤 스미스의『국부론國富論』에 보이는 이론은 자본주의의 입장에서 나온 것이고, 마르크스의『자본론』은 사회주의의 입장에서 기술된 것이다.

이른바 시대적 배경에 대해서는 다음과 같은 예를 들 수 있겠다. 미국에 사람은 적고 땅은 많았던 시기에 나온 토지세에 대한 학설은 땅은 적고 사람은 많은 지금 상황에는 이미 시대성을 상실한 것이 된다. 이러한 시대적 한계 외에도 경제 문제에 대한 학자들의 주장은 한결같지 않아서 일치된 결론을 도출하기가 매우 어렵다. 그래서 경제학 책을 읽을 때는 한 학자의 결론을 무작정 따르지 말고 폭넓게 두루 학설들을 수집해 서로 비교해봐야만 보편타당한 결론을 얻을 수 있다. 이는 수학에 갖추어진 변함없는 공리公理와는 전혀 다른 것이다. 이 역시 대체를 밝히는 것과 관련이 있다.

(6) 요점 뽑기提綱

요점을 뽑는다는 것은 책의 요약을 이용한다는 말이다. 중국은 송대에 진진손陳振孫이 『직재서록해제直齋書錄解題』를 편찬한 이래로 오늘날에 이르기까지 책 내용을 요약한 저작이 100여 종이나 된다. 그 규모가 큰 것으로는 청대의 『사고전서총목제요四庫全書總目提要』만한 것이 없다. 『사고전서』에 직접 수록된 책 3470종과 책 이름만 수록된 6819종에 대해 일일이 요약을 달았다. 『사고전서총목제요』를 한 번 읽으면 청 건륭제 이전에 나온 1만 종 이상 책의 요지를 알 수 있다.

외국에서도 이런 종류의 책 요약은 매우 많다. 영어 책 중 헬렌 켈러

Helen R. Keller의 『독자의 서적 요약The reader's digest of books』 등이 흔하게 사용된다. 근래의 아주 많은 요약 잡지는 각 잡지의 논문을 발췌본으로 만드는 것 외에도, 매 호마다 늘 책의 긴 요약을 덧붙여뒀다. 대체로 10만 자 이상의 책을 1만 자 이내로 발췌하여, 읽는 이는 10분의 1에서 20분의 1 정도의 시간만 들여서 현재의 명저에 대해 전반적으로 조감할 수 있다. 이는 망중한으로 책을 읽는 사람에게 가장 편리하다.

책의 요약과 동등한 혹은 비교적 큰 효과를 낼 수 있는 것이 책의 서발문序跋文이다. 중국에는 청대 왕모王謨가 지은 『독서인讀書引』이라는 책이 있는데, 수백 권이나 되는 중요한 책의 서발문을 모아서 책 읽기의 안내자 역할을 하므로 정말로 명실상부하다고 말할 수 있겠다. 대체로 책의 서발문은 종종 책 전체의 정수精髓를 뽑아두는데, 대부분이 대가의 손에서 나오기 때문에 그 문장 역시 독송할 만하고 귀하게 여기며 읽는 이를 안내하여 원서의 진수를 읽을 수 있게 해준다. 사실 책 요약보다도 효과가 크다. 20년 전에 발췌본 한 권을 샀는데 그 내용이 대략 3000종의 서발문이었다. 하나하나 세어보니 3900여 편이나 되니, 실로 서발문의 집대성이라 할 만하다. 그 책의 규모는 『독서인』의 일곱여덟 배였다. 현재 『사부요적서발대전四部要籍序跋大全』이란 제목하에 24책으로 인쇄하여 출시됐는데, 고적 연구의 안내자 역할에서 『독서인』과 동등한 효과가 있다. 그리고 서발문의 귀중함은 비단 중국에서만 그런 것이 아니다. 구미에서도 중시하고 있다. 미국 하버드대의 전 총장 엘리어트Charles Eliot 박사는 자신이 편찬한 하버드 고전 총서 50책 가운데 명작 서발문을 모아 단행본으로 엮었다. 단지 구미 쪽의 서문은 대부분이 자서自序인데 반해, 중국의 서발문은 타인이 지어준 것도 곧잘 보인다. 엘리어트 박사는 자서의 귀중함에 대해 이렇게 말했다. "작자가 장기간의 저술 작업을 완성했을 때는, 마치 강단에서 내려와 몸을 청중 사이에 둔 것과 별반 차이가 없다. 얼굴을 맞대고 진실한 대화를 나누기 위해 가슴에 품은 희망과 공포를 드러내 보이고, 자신이 겪었던 어려움에 대해 널리 동정同情을 구하며, 맞닥뜨릴 것으로 예상되는 비판에 대해 변호했다. 기나긴 편폭을 가진 책 전체 중 작자의 인격은 책의 정중한 태도 속에 감춰져 있지만, 돌연 자서에서만큼은 그 진면목이 드러난다. 바로 이 점이, 다른 이유가 없더라도 자서가 이미 고전 총서에서 중요한 자리를 차지할 만한 가치가 있는 점이다." 이는 오로지 자서의 효용에 대해서만 말한 것이다. 타인의 서발문은 종종 서평이나 책에 대한 논의와 하나로 합쳐놓는데, 별도의 중요성을 가지고 있다.

(7) 의혹 해결하기析疑

의혹을 살아간다는 것은 의혹스러운 부분을 풀어낸다는 것이다. 의혹스러운 부분을 풀어내려면, 책 읽을 때 먼저 의심을 품어야만 한다. 책에서 주장하는 이론과 방법에 대해 아무렇지도 않게 받아들인다면 아예 의혹을 해결할 필요도 없다. 이 점은 맹자가 정확하게 지적했다. "『상서尙書』 전부를 믿느니 『상서』가 없는 셈 치느니만 못하다."[1] 송나라 정이程頤도 이렇게 말했다. "학자는 먼저 의심할 줄 알아야 한다."[2] 옛 성인과 현인이 책 읽기에 대해서 모두가 의심을 품을 수 있어야 한다고 주장했던 것이다. 그러나 의심을 품는다는 의미는 사사건건 트집을 잡으라는 것이 결코 아니다. 의심은 읽는 책에 대한 맹신을 없애고, 중시하는 바와 흥미를 느끼는 바에 근거해 심도 있는 연구를 진행할 수 있게 해준다. 청대 이광지李光地는 이 점에 대해 타당한 지적을 했다. "한 경서에 통달하려면 『십삼경주소』 중 그 경서의 주소注疏를 자세히 살피고 다시 『사서대전』이나 『오경대전』 중 그 경서의 대전大全을 자세히 살펴야 한다. 읽기도 전에 그 경서에 반박하고자 하는 마음을 품어서도 안 되고 또한 그 경서에 대해 편향적인 마음을 품어서도 안 된다. 마음을 공평하게 먹고 그 경서의 문장 자체에 대해 이치를 따져서, 어느 풀이가 옳다고 느끼거나 두 가지 풀이가 모두 틀리다고 느낄 수도 있고 따로 새로운 풀이를 할 수도 있다. 이리저리 살펴서 온당한 풀이를 추구해야 한다. 그 풀이가 성숙해질 때까지 갈고 닦다보면 이를 바로 그

---

1 盡信書則不如無書.
2 學者先要會疑.

경서라고 부를 수 있을 것이다." 그는 또 이렇게도 말했다. "사람은 모름지기 마음을 다해야 한다. 그저 마음을 다하다가 연구 대상에서 까달음을 얻어도 좋고 그저 의문만 생겨도 좋다. 기억을 해도 좋고 기억하지 못해도 좋다. 마음을 쓸 때 자신의 실력만 갖추고 있다면 언제고 효과가 발휘될 날이 있을 것이다." 이를 보아 알 수 있듯이, 이른바 의심을 품는 것은 사실 마음을 다한다는 말의 다른 표현이다. 바꿔 말해, 읽는 책이 주장하는 이론과 방법에 대해 진지하고 성실하게 생각하면서, 무조건 받아들이지는 않는다는 말이다. 만약 부당하다고 느껴지더라도 경솔하게 판단을 내리지는 않는다. 책을 지어 주장을 펼치는 사람은 본래 초인이 아니라, 최소한 일련의 어려운 작업을 거친 이들이다. 더욱이 옛사람들은 책을 짓는 것을 사마천司馬遷의 경우처럼 자신의 저술을 산에 숨겨뒀다가 후세에 길이길이 전해야 하는 대작업으로 간주했기에 요즘처럼 함부로 붓을 드는 경우와는 달랐다. 만약 겉으로 보기에 부당한 점이 있으면, 읽는 이가 작자가 처한 시대와 배경을 고려해야 한다. 아울러 만약 작가가 지금 태어나서 지금 환경에 처한다고 해도 여전히 같은 주장을 펼칠까를 상상해봐야 한다. 이처럼 마음을 다하고 나야, 비로소 공평한 평가를 내릴 수 있다. 스코틀랜드 학자 토머스 칼라일은 일찍이 이렇게 말한 적이 있다. "내가 만약 다른 사람처럼 그렇게 많은 책을 읽는다면 나 역시 그 사람과 매한가지로 학문을 갖추지 못했을 것이다." 이것은 바로 책을 읽으며 마음을 다해 생각하지 않는다면 비록 많이 읽어도 별무소득이라는 것을 말해준다. 또 영국의 문호 매컬리Macaulay는 기억력이 매우 좋아서, 한 번 보기만 하면 외울 수 있었다. 이 장점을 살려 웅장한 규모의 역사서와 인물 전기를 쓸 수 있었다. 그러나 후세 사람들은 그의 이런 장점이 단점이기도 하다고 말한다. 기억력이 너무 좋아서 남의 주장을 짜깁기하기 쉽고, 자신의 사유에 대해서는 약간 소홀해 창조성이 결핍될 수 있기 때문이다. 그래서 비록 탁월한 역사가와 문학가는 될 수 있지만, 그의 총명함과 재주로도 사상가는 될 수 없었다. 이 역시 마음을 다하지 않는 폐단을 말해준다. 이상은 의심을 품는 것의 의의를 얘기한 것이다. 정말 책에서 의혹이 있는 부분을 하나라도 발견하면, 그 의혹을 해결하는 작업은 결코 쉽지 않다. 의혹을 해결하는 방법은 각종 공구서를 이용하는 것 외에, 더욱이 폭넓게 같은 종류의 저작을 살펴보며 상호 고증한다. 예를 들어 사서에 기록된 한 가지 역사 사실의 연월일시가 확실히 의심스럽다면, 다른 개인적인 역사 기록을 참고해야 한다. 만약 해당 역사 사실과 관계된 사람의 연보나 동시대를 산 사람의 연보를 가져와 대조해본 뒤 만약 공적인 역사 기록과 사적인 기록들이 서로 동일하다면 여러 의혹을 모두 풀 수 있을 것이요, 서로 동일하지 않다면 주변 증거가 비교적 많고 더 논리적인 것으로 확정지을 수 있다. 이는 비교를 사용하는 방법인데, 다음에 나오는 '비교하기'에 상세하게 설명하겠다.

(8) 비교하기比較

비교는 같은 책의 각종 판본 내용을 비교하거나, 같은 종류의 몇 권 책의 주장, 서술, 문체 등을 비교하는 것이다. 이는 책 읽기의 가장 효율적인 방법이다. 같은 책의 각종 판본을 비교하는 일 가운데 가장 두드러지는 것으로는 경서에서 말하는 금문본 경서와 고문본 경서[1]만한 것이 없는데, 이미 이 책[2] 상편의 '대체 밝히기明體'에 설명을 달아두었고, 아울러 하편의 「경부經部」를 참고하면 되기에 더 이상 부연하진 않겠다. 몇 가지 같은 종류의 책에서 주장하는 바를 비교하는 것으로는 경제 관련 책만한 것이 없다. 경제 문제는 학자들 간 의견이 분분하기 때문에 시종 정론이 없으며, 설령 일치된 결론으로 쏠린다고 해도 결국엔 일시적일 뿐 영구적이지는 않다. 그래서 마땅히 서로 다른 학파의 주장

---

1 여기서 말하는 "금문본今文本 경서와 고문본古文本 경서"란 한대漢代 경학經學에서 벌어졌던 금고문논쟁今古文論爭을 가리킨다. 다시 말해 진시황秦始皇의 분서갱유焚書坑儒라는 단절을 겪은 뒤 구전口傳으로 전해지다 한대에 기록된 금문경서와 진대 이전에 기록된 것이 한대 이후 발굴을 통해 발견된 고문경서古文經書 간에 촉발되었던 진위우열 논쟁을 가리킨다.
2 여기서 '이 책'은 왕윈우가 지은 『독서상식讀書常識』(1952)을 가리킨다. 이 책은 상편이 「독서십사법讀書十四法」, 하편이 「목록학目錄學」으로 되어 있다. 그리고 「목록학」에는 먼저 중국 전통 도서분류법인 「칠략七略」과 「사부四部」를 다룬 뒤, 사부 분류의 순서대로 먼저 「경부經部」라는 제목 아래 각 경서를 다루고 있다.

을 참고해야만 한다. 예를 들어 관세關稅에 대한 문제를 연구할 때 갑이란 책은 보호 정책에 대해 상세하고 을이란 책은 자유무역정책을 밝힌 부분이 비교적 정교해서, 피차간에 각자 중점을 두는 부분이 따로 있다면 함께 읽으면서 비교할 자료로 삼는다. 서술한 사실에 관해서는 역사적 실례를 들어보겠다. 중국의 정통 역사서는 대부분 뒤이은 조대의 정부가 앞선 조대에 대해 편찬한 것이라서, 모두가 역사서를 편찬하는 조대에 불리한 부분은 반드시 은폐하기 마련이다. 심지어 해당 사실을 바꿔버리는 경우도 있다. 그래서 정통 역사서를 읽는 것 외에 관련된 민간 야사, 개인 역사, 기타 저술 등을 읽으면서 비교해봐야 한다. 또 역사라는 것이 대부분 몇몇 중심인물에 의해 구성되므로 이들의 직접적인 기술은 당연히 가장 믿을 만한 자료다. 이런 중심인물과 가까이 지낸 이들의 기술도 분명 그 보고 들은 바가 비교적 사실에 부합할 테니, 공적을 쓴 일반 기술이나 개인의 돌아다니는 풍문을 듣고 기술한 것보다도 훨씬 믿을 만할 것이다. 설령 반드시 믿을 만하지는 않더라도, 최소한 이를 주변 증거로 삼을 수는 있을 것이다. 중국에서 이런 중심인물의 행적에 대한 기술 대부분은 각종 연보에 담겨져 있다. 당사자 자신이 쓴 것을 자찬연보自撰年譜라고 하는데, 오늘날의 자서전과 같은 것이다. 다른 사람이 쓴 것이 일반적인 연보인데 이는 오늘날의 전기傳記와 같은 것이다.

이런 연보는 비단 햇수에 따라 연보 주인공의 행적, 연보 주인공과 관계된 사람들을 기술하거나, 동시대의 중요 인물의 행적을 기술하며 심지어 같은 시기의 중대한 사건까지 부연해 기술하는 경우도 있다. 이는 다른 서양식 전기에 비해 역사적 사실을 살필 때 훨씬 더 효용 가치가 있는 것이다. 전쟁[1]이 발발하기 전, 소실되지 않았던 동방도서관東方圖書館[2]에서 1200여 종의 연보를 수집했었다. 이는 중국 전역의 공·사립 도서관의 장서 중 가장 완비된 것이라 말할 수 있다. 곧잘 이런 연보들에 기록된 역사적 사실을 정통 역사서나 민간의 역사 기록 등에 기술된 것과 비교해 보면서, 서로 차이 나는 부분이 매우 많다고 느꼈다. 이런 이유로 다음과 같은 프로젝트에 대한 초안을 만들었다. 우선 이런 연보를 모두 모아 간행하고 따로 상세한 색인을 편찬해서 연보에 기술된 중요한 역사 사실과 중심인물의 행적을 일일이 나누어 색인하여 검색하게 한다. 이렇다면 각 연보를 따로따로 참고한 연후에 각 연보에 기술된 상호간의 차이와 정통 역사서, 민간 역사 기록 등의 기술을 비교해서 판단한다. 한편으론 정통 역사서 등의 오류를 수정할 수 있고, 다

1 1932년 일본이 상하이를 침공했던 1·28사변을 가리킨다.
2 동방도서관東方圖書館은 상하이 상무인서관商務印書館 편역소編譯所 소장이었던 장위안지張元濟가 주도해 설립한 공공도서관이다. 송원대宋元代 선본善本을 많이 소장한 함분루涵芬樓 장서각을 근간으로 1926년에 설립되었으나 1932년 1·28사변 때 일본군에 의해 소실되었다.

른 한 편으론 정통 역사서 등의 기술이 정확하다는 증거로 삼을 수도 있다. 나는 이러한 작업이 역사를 연구하는 사람들에게 장차 큰 도움이 될 것이라고 믿어 의심치 않는다. 아쉽게도 이런 초안을 잡은 지 오래지 않아 전쟁이 발생하면서 이에 대한 논의는 결국 방기放棄되었다.

문체 비교에 대해 말해보자면 어렸을 때 독학으로 외국어로 된 명저를 읽을 때, 한 장절을 꼼꼼히 읽고는 모방해 지을 필요를 느꼈다. 그래서 여러 차례 숙독한 뒤 종종 이 장절의 문장을 중국어로 번역하고 일주일 정도의 시간을 들여 번역한 중국어를 다시 영어로 번역했는데, 번역할 때 절대 영어 원문을 보지 않았다. 번역을 마친 뒤 비로소 영어 원문과 비교해보니 문법에 오류가 있는 부분은 원문을 고치고, 문법에는 오류가 없지만 단어 구사에서 원문만큼 다듬어지지 못한 부분 역시 원문을 참조하여 수정했다. 당시 내 목적은 스승 없이 자신이 지은 문장을 고치기 위해서였다. 이처럼 철저한 비교를 통해 은연중에 이런 명저들의 문체를 탐닉했다.

(9) 뜻한 바에 전심전력하기專志

뜻한 바에 전심전력한다는 것은 뜻을 이루기 위해 전심전력한단 말이다. 맹자는 이렇게 말했다. "무릇 바둑 기술이란 보잘것없는 재주지만, 바둑을 잘 두려는 뜻을 이루기 위해 전심전력하지 않으면 이룰 수 없다. 혁추란 이는 온 나라에서 바둑을 잘 두는 사람으로 꼽힌다. 혁추로 하여금 두 사람에게 바둑을 가르치게 하는데, 한 사람은 바둑을 잘 두려는 뜻을 이루기 위해 전심전력하면서 오로지 혁추의 말만 따랐다. 그런데 또 한 사람은 혁추의 말을 따르면서도 마음속으로는 '기러기가 날아올 시기가 되면, 끈을 맨 화살을 쏘아 잡아야겠다'고 생각했다. 그렇다면 비록 두 사람이 같이 배운다 할지라도, 둘이 똑같이 잘 둘 리가 없다. 이것이 타고난 지능이 남만 못하기 때문인가? 내 말하노니 그렇지 않다."[1] 이는 어떤 일이든지 뜻을 이루기 위해 전심전력하지 않으면 성과가 없다는 말이다. 책 읽기는 더더군다나 이러하다. 송나라 소식蘇軾은 이렇게 말했다. "책이 많은 것은 마치 바다로 들어가는 것 같아서, 온갖 게 모두 갖춰져 있기에 사람의 정력으로는 다 거둬들일 수 없다. 그저 자신이 바라는 것을 얻을 수 있을 뿐이다. 그래서 배우고자 하는 이는 매번 한마음으로 추구한다. 만약 옛사람의 흥망치란興亡治亂이나 성현의 행적을 얻고자 한다면, 오로지 그 마음으로 추구하며 딴 생각을 품지 않는다. 또 따로 옛 사건, 전장제도, 문물에 대해 추구하는 것 역시 이와 같다. 다른 대상들에 대해서도 이와 같이 한다. 이렇게 한다

---

1 今夫奕之爲數, 小數也, 不專心致志, 則不得也. 奕秋, 通國之善奕者也. 使奕秋誨二人奕, 其一人專心致志, 惟奕秋之爲聽. 一人雖聽之, 一心以爲有鴻鵠將至, 思援弓繳而射之, 雖與之俱學, 弗若之矣. 爲是其智弗若與? 曰, 非然也.

면 비록 우둔하더라도 언젠가는 학문을 이뤄 사방팔방으로 그 어떤 곤
경에도 대적할 수 있다. 이렇게 할 수 있는 사람과 이리저리 두루 둘러
보고 다니는 자와는 같은 선상에 놓고 논할 수 없는 것이다."[1] 이것은
서양 사람이 말하는 "한 번에 한 가지 일만 한다One thing at a time"는 것
이며 또한 분업을 하는 이유이기도 하다. 청나라 이광지는 이렇게 말했
다. "책 한 권을 꼼꼼히 숙독하는 방법을 사용해야 한다. 두꺼운 책이
든 얇은 책이든 그 책을 숙독해서 한 글자 한 글자 이해하고 그 안에
담긴 이치를 확실하게 깨달아, 여러 학자의 풀이에 대해 모두 시비고하
是非高下를 변별할 수 있으면 그 책을 근본 삼아 다른 책들까지 두루 깨
달을 수 있다. 예를 들어 병사 10만 명을 통솔하면서 모두에게 똑같이
대한다면 병사 한 명의 힘도 얻을 수 없을 것이다. 또 예를 들어 벗을
사귀는 데 친소親疏의 구분이 없으면 벗의 도움도 받을 수 없을 것이다.
많은 병사를 통솔하다보면 반드시 죽음을 무릅쓸 수 있는 측근이 수
백 명쯤 있고, 벗을 사귀다보면 반드시 의기를 투합해 속을 터놓는 벗
이 한두 명은 있어야만 비로소 나머지 병사들의 힘이나 벗들의 도움도
모두 얻을 수 있다. 어째서인가? 내가 가까이 하는 바도 또 스스로 가

---

1 書富如入海, 百貨皆有, 人之精力, 不能兼收盡取, 但得其所欲求者爾, 故願學者每次作一意求
之. 如欲求古人興亡治亂, 聖賢作用, 但作此意求之, 勿生餘念. 又別作一次求事迹故實典章文物
之類, 亦如之. 他皆倣此. 此雖迂鈍, 而他日學成, 八面受敵, 與涉獵者不可同日而語也.

까이 하는 바가 있어서, 이들을 계속해서 연쇄적으로 따라가면 통하지 않는 바가 없을 것이다. 단지 그 책이 주축을 이룰 만한 핵심 내용을 담고 있는 책이어야만 비로소 이렇게 통한다. 만약 중요하지 않은 책을 숙독해봤자 소용이 없다. 병사를 통솔하면서 극악무도한 악행을 일삼는 병사들을 측근으로 두고 벗으로 무뢰배와 사귀었다면, 어떻게 이들을 주축으로 계속 연쇄적으로 확장해나갈 수 있겠는가!"[1] 이는 뜻한 바에 전심전력하여 꼼꼼한 읽기를 선택해야지, 그렇지 않으면 기울인 노력이 허무해지고 만다.

(10) 두루 참고하기旁參

두루 참고하기란 다른 측면에서 참조 고증을 한다는 뜻이다. 송나라 왕안석王安石은 이렇게 말했다. "지금은 경서를 읽기만 할 뿐, 경서를 안다고 하기에는 부족하다. 그래서 제자백가의 책으로부터 『난경難經』과 『황제내경』「소문素問」 그리고 『신농본초경神農本草經』 등의 자질구레한

---

1 須用精熟一部書之法, 不拘大書小書, 能將這部爛熟, 字字解得, 道理透明, 諸家說俱能辨其是非高下. 此一部便是根, 可以觸悟他書. 如領兵十萬, 一樣看待, 便不得一兵之力, 如交朋友, 全無親疏厚薄, 便不得一友之助, 領兵必有幾百親兵死士, 交友必有一二意氣肝膽, 便此外皆可得用. 何也? 我所親者又有所親, 因類相感, 無不通徹. 只是這部書卻要實是丹頭, 方可通得去, 倘若一部沒要緊的書, 便沒用, 如領兵卻親待一夥極作姦犯科的兵, 交友卻結交一班無賴的友, 如何聯屬得來.

책들까지 읽지 않은 것이 없고, 농사짓는 사내나 옷감 짜는 아낙에게까지 묻지 않은 적이 없다. 그런 연후에야 경서에 대해 그 대강을 이해하고 의문스러운 바가 없게 되었다. 이는 아마도 후세의 학문하는 자들의 능력이나 처지가 선왕이 살던 시절과는 다르기에, 이와 같이 하지 않으면 제대로 성인의 도를 다하기에는 부족하기 때문일 것이다."(「답증자고서答曾子固書」) 이는 두루 참고하는 중요한 이유 중 하나다. 이광지는 이렇게 말했다. "문밖을 나서서 직접 보고 듣는 성과가 매우 크긴 하지만, 문을 닫고 열심히 공부하는 것이 어찌 좋지 않겠는가? 문밖을 나서서 견문을 넓혔더라도 만약 내가 고염무와 매문정梅文鼎의 책을 보지 않았다면 어떻게 음운音韻과 천문·역법을 상세하게 알 수 있었겠는가? 불교에서는 직접 스승을 찾아다니며 두루 가르침을 구하는 데 오묘한 의리가 중요한 것이니, 어찌 꼭 스승 삼을 사람이 고명한 사람이어야만 하겠는가? 보통 사람 역시 얕게나마 깨달은 바가 있을 것이다."[1] 이는 배우러 돌아다니는 것과 아랫사람에게 배우는 것을 통해 두루 참고하기의 이로운 점을 주장하고 있는 것이다.

(11) 고생 참아내기耐苦

예부터 지금에 이르기까지 책을 읽어 명성을 이룬 많은 이가 곤궁한 가운데 힘써 배웠는데, 곤궁할수록 정심해질 수 있었다. 한나라 사마천은 「보임안서報任安書」에서 이렇게 말했다. "주 문왕周文王은 유리姜里에 갇힌 뒤 『주역』의 팔괘를 겹쳐 육십사괘六十四卦로 부연했고, 공자는 진陳나라와 채蔡나라 사이에서 곤궁에 처한 뒤 『춘추』를 지었으며, 굴원屈原은 쫓겨나 유배간 상태에서 「이소離騷」를 지었다. 그리고 좌구명左丘明의 눈이 멀고서 『국어國語』가 있었고, 손자孫子는 무릎을 도려내는 형벌을 받고나서 『손빈병법孫臏兵法』을 편찬했으며, 여불위呂不韋가 촉 땅으로 쫓겨나 자결한 뒤에 『여씨춘추呂氏春秋』가 세상에 전해졌고, 한비자가 진나라에서 죄인의 몸으로 감금된 후 그가 지은 「세난說難·고분孤憤」의 내용이 세상에 알려졌으며, 『시詩』 305편은 대체로 이를 모아 엮은 성현들의 분개함이 만들어낸 바다."[2] 청나라 육농기陸隴其는 이렇게 말했다. "예부터 호걸들은 종종 어려운 시절일수록 더욱 정진에 힘썼다. 소식의 문장은 궁핍한 상황에 처할수록 정심해졌다. 정이의 학문은 곤궁한 상

---

1 出門之功甚大, 閉戶用功何嘗不好, 到底出門聞見廣, 使某不見顧寧人 ★梅定九, 如何得知音韻曆算之詳? 佛門中遍參歷扣, 最是妙義, 豈必高明人? 就是尋常人亦有一知半解.

2 蓋文王拘而演『周易』, 仲尼厄而作『春秋』, 屈原放逐, 乃賦「離騷」, 左丘失明, 厥有『國語』, 孫子臏脚, 兵法脩列, 不韋遷蜀, 世傳『呂覽』, 韓非囚秦, 「說難」「孤憤」, 『詩』三百篇, 大氐賢聖發憤之所爲作也.

황에 놓일수록 순수해졌다. 운수運數가 한바탕 쇠락해가는 것이 조물주가 큰 군자를 만들어내려는 의도일 수도 있지 않을까?"[1] 이 두 가지 주장은 비록 저작에 대해 말한 것이지만 저작과 책 읽기는 거의 구분되지 않는 것이니, 저작에 적합한 것 중 책 읽기에 적합하지 않은 것이 없다. 이광지도 이렇게 말한 적이 있다. "사람들 중 책을 한 번 보고 이해하는 이는 천하의 쓸모없는 재목이다. 반드시 축적하고 정진하며 옛것을 되살려 새로운 것을 알아가야만 비로소 견고해질 수 있다. 부귀한 집에서 태어난 아이는 나자마자 뭐든 얼마든지 쓸 수 있다. 그 아이는 돈을 대하는 데 애당초 전혀 아끼는 바가 없을 것이다. 오로지 고생하면서 자수성가한 사람만이 풀 한 포기, 나무 한 그루를 아끼기 마련이다. 책 읽기는 고생 중에 이러한 인생의 맛을 알게끔 해주기에, 자연스레 이런 여운을 놓치지 않으려 한다. 종종 남의 집 자제 가운데 한 번만 보고도 이해하는 이들을 보곤 하는데 대부분 별다른 성취를 이루지 못한다."[2] 이는 자신이 체득한 바를 쉽게 얻으면 쉽게 잃어버리며, 어렵게 얻으면 잃기도 어렵다는 내용의 주장이다. 더욱이 집이 부유하

---

1 自古豪傑往往從艱貞之時, 倍加精進. 蘇子瞻之文章, 愈窮愈工. 程伊川之學問, 彌困彌粹. 一番否剝, 焉知非造物有意玉成大君子耶?

2 人於書有一見便曉者, 天下之棄材也. 須是積累而進, 溫故知新, 方能牢固. 如富貴家兒生來便有得用, 他看錢物天然不愛惜. 惟辛勤成家, 便一草一木, 愛之護之. 讀書從勤苦中得些滋味, 自然不肯放下. 往往見人家子弟, 一見便曉, 多無成就.

거나 어려서 총명한 자제들에게 정신을 차리게끔 일깨워주는 일침이다.

(12) 한결같음을 견지하기持恒

증국번은 이렇게 말했다. "한결같으면 결단코 이루지 못할 일이 없고, 한결같지 못하면 일을 이룰 수 없다."[1] 이는 분명 정곡을 찌르는 말이다. 정경로鄭耕老는 「권학勸學」에서 이렇게 말했다. "오늘날 육경 및 『논어』 『맹자』 『효경』의 글자 수를 셈해보면, 『모시毛詩』는 3만9124자, 『상서』는 2만5700자, 『주례』는 4만5806자, 『예기』는 9만9020자, 『주역』은 2만4207자, 『춘추좌씨전』은 19만6845자, 『논어』는 1만2700자, 『맹자』는 3만4685자, 『효경』은 1903자로, 크고 작은 구경九經의 글자 수를 합치면 도합 48만4095자다.(이것은 물론 본문만을 셈한 것으로, 주소注疏는 전혀 포함되지 않았다.) 그렇다면 보통의 재주를 지닌 사람을 기준으로 삼을 때, 날마다 300자를 외운다면 불과 4년 반이면 마칠 수 있다. (…) 이런 속담이 있다. '실을 짜서 옷감 한 치를 만들고, 그것이 한 치 한 치 쌓여서 한 자를 이룬다. 한 자, 한 치 끊이지 않고 쌓이면 결국 옷감은 한 길, 한 필이 된다.' 이 속담은 비록 짧지만 여기서 큰 이치를 깨달을 수 있다."[2] 한결같으면 일정에 따라 공부하지 않는 이가

---

1 有恒則斷無不成之事, 無恒則不能成事.

없다는 것을 알 수 있다. 그렇지 않고 변덕이 죽 끓듯 한다면 처음부터 설령 용맹 정진할 수 있다 하더라도 무슨 이로운 점이 있겠는가!

(13) 심오한 의미를 파악하기鉤玄

당나라 한유韓愈는 스스로 자신의 책 읽기에 대해서 이렇게 말했다. "입에는 육예六藝의 글을 읊는 소리가 끊이지 않았고, 손으로는 제가백가의 책 들추기를 멈추지 않았다. 그 책들의 일을 기록할 때는 반드시 그 요점을 드러냈고, 책 속 말을 엮은 것은 반드시 그 심오한 의미를 파악했다. 많이 알고 두루 알기를 탐하면서 크고 작은 것 모두를 버리지 않았다. 등잔의 기름을 태워가며 낮부터 밤까지 계속 정진하면서 항상 골똘히 한 해 내내 공부했다."3 여기서 핵심은 일을 기록하고 말을 엮은 것에 대한 두 마디에 있다. 그래서 책을 읽는 데는 눈으로 보거나 입으로 읽는 것이 아무래도 손으로 써보는 것보다 못하다. 대체로 손을 움직이면 마음은 반드시 따라오기 마련이다. 비록 10번을 읽었다 해도,

---

2 今取六經及『論語』·『孟子』·『孝經』以字數計之, 『毛詩』三萬九千一百二十四字, 『尚書』二萬五千七百字, 『周禮』四萬五千八百六字, 『禮記』九萬九千二字, 『周易』二萬四千二百七字, 『春秋左氏傳』一十九萬六千八百四十 五字, 『論語』一萬二千一百七字, 『孟子』三萬四千六百八十五字, 『孝經』一千九百三字. 大小九經字數合四十八萬四千九十五. 且以中才爲率, 若日誦三百字, 不過四年半可畢 (…) 里諺曰: 積絲成寸, 積寸成尺, 尺寸不已, 遂成丈匹. 此語雖小, 可以喻大.
3 口不絶吟於六藝之文, 手不停披於百家之編. 記事者必提其要, 纂言者必鉤其玄. 貪多務得, 細大不捐. 燒膏油以繼晷, 恒兀兀以窮年.

이는 베끼기 한 번의 대단한 효과만 못하다. 하물며 반드시 그 요점을 드러내야 하므로 일을 살펴보는 데 상세하지 않을 수 없고 반드시 그 심오한 의미를 파악해야 하므로, 사유가 꼼꼼하지 않을 수 없다. 여기서 쓰인 '심오한 의미를 파악한다鉤玄'란 말은 여기에 바탕하고 있다. 선현들이 책을 읽으며 늘 깨달은 바를 기록해두는 차기箚記를 지었던 것 역시 이 때문이었다. 어려서 책을 읽을 때는 줄긋기와 글자 위에 붙이는 강조점을 사용해 기억에 보태면서 어느 정도 비평의 역할까지도 하게 했다. 붉은 연필과 푸른 연필을 사용해, 담긴 의미가 가장 뛰어난 부분은 붉은 줄을 긋고, 문장이 가장 훌륭한 부분은 푸른 줄을 그었다. 이에 버금가는 부분들은 점선을 그었고, 이보다 조금 못한 부분은 동그란 강조점을 붙이고, 그보다 못한 부분은 삼각형 강조점을 붙였다. 이렇게 총 네 가지의 기호를 사용했는데, 모두 두 가지 색깔의 연필을 사용했으므로 사실은 여덟 가지의 기호를 사용한 것이다. 중간에 생각나는 의견이 있으면 책의 위아래 공백이 있는 부분에 몇 마디씩 적어뒀다. 이는 내가 책을 읽을 때 심오한 의미를 파악했던 방법이다. 그러나 과학 서적에 대해서는 늘 내용을 읽으면서 그때그때 도표를 만들어 번잡한 내용을 간략화하고 체계화했다. 이런 도표들은 책 전체의 요점과 별반 차이가 없어서 책 전부를 읽고나면 모든 도표가 완성됐다. 이는 비단 나중에 뒤적여볼 때 책 전체의 조감도를 일목요연하게 보여줄 뿐만 아니라, 더 중요한 것은 스스로 도표를 만들면서 책 전체 내용이 머릿속에 깊이 각인될뿐더러, 그 핵심을 파악해 세부적인 부분까지 추릴 수 있었다는 것이다.

(14) 잊을 것에 대비하기備忘

중장년 이후의 책 읽기는 앞서 말했던 방법에서 바꾸어 더 이상 어렸을 때처럼 책 위에 줄과 강조점을 그리지는 않았다. 이것은 아마도 도서관학에 이미 흥미를 느낀 이후 새로이 창안해낸 바가 있기 때문이다. 그래서 책의 매 장 매 절 그리고 잡지의 매 문장에서, 이후 참고할 만한 가치가 있어서 잊지 않도록 대비해야겠다고 생각되는 부분에 대해서는, 언제나 원래 있는 제목 혹은 스스로 만든 제목을 일일이 작은 카드 위에 적고 책이나 잡지의 이름과 이 부분이 실린 쪽수와 장절이나 기수期數를 표기해뒀다. 이런 카드들은 각기 제목의 순서에 따라 배열해뒀다. 이와 같이 하니, 많은 책과 잡지에서 나온 같은 종류, 같은 제목의 자료들이 모두 카드 배열에 따라 일관되게 연결됐다. 이후 수시로 참고할 필요가 있으면 그저 이 카드들만 검색했는데, 내가 섭렵했던 것 중 빠트리는 자료가 없었다. 나날이 다달이 이런 카드가 축적되어 수만 장에 달했는데, 이는 가장 완비된 그리고 가장 실용적인 백과전서를 만든 것과 진배없었다. 아쉬운 것은 이 카드들이 현재는 이미 수만 권에 달하는 개인 장서들과 함께 어찌됐는지 알 수 없다는 점이다. 내가 타이완으로 옮겨온 뒤 생활은 다시 안정됐다. 내 남은 장서 수천 권과 새로 더해진 약간의 외국 서적과 수십 종의 잡지를 읽으면서 틈틈이 옛 습관에 따라 새롭게 카드 한 벌을 만들었는데, 오늘날에 이르러 이미 1만여 장이 넘는다. 비록 이전의 카드보다는 손색이 있겠지만 새로 만든 카드 자료들도 모두 내 손에서 나온 것이라 수시로 사용할 수 있었다. 이 때문에 우연히 책을 짓거나 참고할 때 이 카드들을 검색하기만 하면 몇 분 내로 한 번 훑어보며 모든 자료를 파악할 수 있고, 20~30분 내로 모든 자료가 책상 좌우에 모여서 이것저것 취하는 데 매우 편리했다. 현재 내 기억력은 크게 감퇴되지는 않았더라도, 이미 청년들이나 장년층보다는 못할 것이다. 이 카드처럼 잊을 것에 대비하는 방법에 의지하다 보니 내 기억력은, 기억력 좋은 그 어떤 이와 비교해봐도 더했으면 더했지 못하지 않다.

___왕윈우王雲五, 「독서십사법讀書十四法」(1952)

讀書猶服藥
책 읽기는 약을
복용하는 것과 같다

책 읽기란 자신의 마음을 방비하고 점검하는 것이다. 이는 마치 약을 복용해 이 병을 없애는 것과 같다. 병이 비록 완전히 뿌리 뽑히진 않았어도, 계속 약으로 누르면 병은 저절로 쇠약해진다. 마음이 비록 아직 안정되지는 않았어도, 늘 책을 보며 그 깊은 의미를 음미하면 마음이 저절로 숙달될 것이다. 이런 상황이 오래되면 쇠약한 것은 끝나버리고 숙달된 것은 변화하기 마련이다.

讀書以防檢此心, 猶服藥以消磨此病. 病雖未除, 常使藥力勝, 則病自衰. 心雖未定, 常得書味深, 則心自熟. 久則衰者盡, 而熟者化矣.

__ *설선薛瑄, 『명유학안明儒學案』 「하동학안河東學案」

讀書如煉丹
책 읽기란 단약을
정련하는 것과 같다

"책 읽기란 단약丹藥을 정련精煉하는 것과 같다. 처음엔 아주 센 불로 달군 연후에 서서히 뭉근한 불로 데운다. 또 음식을 삶는 것과도 같아서, 처음엔 아주 센 불로 삶지만 결국 뭉근한 불로 달여야 한다. 책 읽기도 처음엔 부지런히 힘을 다하면서 자세히 살펴본다. 그 후에 천천히 복습하면서 반복해서 음미해보면 저절로 이치가 드러난다. 또 많이 알려고만 하거나 서둘러 알려 해서는 안 되며, 오직 숙달해야만 한다. 참된 조예는 숙달에서 나오는 것이다."[1] 대체로 학문의 저력이 모두 여기에 있기 때문이다. 무릇 책 읽기는 학문의 한 부분일 뿐이다. 어찌 모든 정신을 서책에만 쏟아 붓겠는가!

讀書如煉丹, 初時烈火鍛煞, 然後漸漸慢火養. 又如煮物, 初時烈火煮了, 卻須慢火養. 讀書初勤敏著力, 子細窮究, 後來卻須緩緩溫尋, 反復玩味, 道理自出. 又不得貪多欲速, 直須要熟, 工夫自熟中出. 蓋由其得力全在此也. 夫讀書乃學中之一事, 何爲全副精神用在簡策乎!

__안원顔元, 『존학편存學編』 권4

---

1 『주자어류朱子語類』 권114 「주자朱子」 11 「훈문인訓門人」 2

讀書何必
왜 책을
읽어야만 하는가

제자가 물었다. "왜 꼭 책을 읽은 연후에야 학문을 해야 합니까?" 주희 선생이 답했다. "자로子路가 애당초 자고子羔를 비읍費邑의 원으로 삼으려 했던 그 의도가 어떠했는지는 알 수 없지만, 본래 이 같은 의도는 아니었을 것이다. 단지 흰소리로 공자께 함부로 대답을 했기에 공자께서 자로가 말을 꾸며대는 것을 미워했던 것이다."[1]

問: 何必讀書, 然後爲學. 曰: 子路當初使子羔爲費宰, 意不知如何, 本不是如此. 只大言來答. 故孔子惡其佞.

__주희, 『주자어류』 권40, 「논어論語 22 · 자로사자고위비재장子路使子羔爲費宰章」

---

1 이 말은 『논어』 「선진先進」의 제8장 "子路使子羔爲費宰. 子曰: 賊夫人之子. 子路曰: 有民人焉, 有社稷焉, 何必讀書, 然後爲學? 子曰: 是故惡夫佞者"을 두고 하는 것이다.

讀四書法
사서를 읽는
방법

사서四書를 읽는 데는 방법이 있으니, 반드시 그 이치를 끝까지 따져서 실질적인 깨달음이 있어야만 하는 것이지 그저 문장과 구절을 외우고 익히기만 하는 것이 아니다. 그리고 반드시 행실을 착실하게 해 실천이 있어야지, 그저 귀로 듣고 입으로 말하기만 하는 것이 아니다. 주희는 일찍이 말했다. "『대학』에는 두 가지 관문이 있으니 '사물의 이치를 끝까지 따져보는 것格物'은 꿈꿀 때와 깨어 있을 때 사이의 관문이요, '의지를 참되게 하는 것誠意'은 사람과 짐승 사이의 관문이다." 실질적인 깨달음이란 끝까지 따져보는 것이요, 실천이란 참되게 하는 것이다. 사물에 대해 이미 끝까지 따져봤다면 꿈에서 깨어날 수 있다. 그렇지 않으면 비록 깨어 있더라도 꿈꾸는 것과 매한가지다. 뜻을 이미 참되게 했다면 짐승이 사람으로 변할 수 있다. 그렇지 않으면 비록 사람들 속에 살고 있더라도 짐승일 뿐이다. 사서를 읽는다고 하면서도 아직 꿈속과 짐승의 수준에 머물고 있는 자가 적지 않으니, 정말이지 두렵지 아니한가! 사물을 끝까지 따져보는 것은 꼼꼼하게 연구하는 데 있고, 의지를 참되게 하는 것은 홀로 있어도 모든 생각과 행동을 삼가는 데 있다. 만약 이렇게 할 수 있다면 비로소 진정한 선비가 될 수 있고 세상 풍속에 본을 보일 수 있고 세세토록 전해질 수 있으니, 이것은 바로 영원한 스승이 아니겠는가!

讀四書有法, 必究竟其理而有實悟, 非徒誦習文句而已. 必敦謹其行而有實踐, 非徒出入口耳而已. 朱子嘗謂: "『大學』有二關, 格物者夢覺之關, 誠意者人獸之關." 實悟爲格, 實踐爲誠. 物旣格者, 醒夢而爲覺, 否則雖當覺時猶夢也. 意旣誠者, 轉獸而爲人, 否則雖列人群亦獸也. 號爲讀四書而未離乎夢, 未免乎獸者, 蓋不鮮, 可不懼哉! 物之格在研精, 意之誠在愼獨, 苟能是, 始可爲眞儒, 可以範俗, 可以垂世, 百代之師也!

    ＿ *오징吳澄, 『송원학안』「초려학안草廬學案·초려정어草廬精語」

講貫誦繹
책을 읽으며
풀이하기

책을 읽으며 풀이하는 것은 세세토록 통용되는 학문하는 방법이다. 이 때문에 지리멸렬해지기도 하는데, 이는 사람 탓이지 방법 탓이 아니다. 그런데도 그 폐단만 보고는 아예 이 방법을 없애버리려고 하는 것은 구더기가 무서워 장을 못 담그는 꼴이다. 학자가 만약 그저 그 잘못만을 말할 수 있을 뿐, 이를 가지고 자신을 반성하여 실질적으로 성취하지 못한다면 끊임없이 휩쓸리며 제자리를 잡지 못한다. 그러고도 자신의 고집만 견고히 하고 있다면 깊이 한번 생각해보기 바란다.

講貫誦繹乃百代爲學通法. 學者緣此支離泛濫, 自是人病, 非是法病. 見此而欲盡廢之, 正是因噎廢食. 學者苟徒能言其非而未能反己就實, 悠悠汩汩, 無所底止, 又適所以堅彼之自信也. 試深思之.

___ *여조겸呂祖謙, 『송원학안宋元學案』「동래학안東萊學案·여형방용서與刑邦用書」

記誦
외우기

정호程顥 선생은 박학다식한 것을 '외물外物에 정신이 팔려 본래의 의도를 잃은 것'이라고 여겼다.

明道先生以記誦博識, 爲玩物喪志.

___ *정호, 『근사록』 권2, 「위학爲學」

옛사람들의 학문은 열에 아홉이 가장 기본적인 몸가짐, 행동거지, 청소, 응대에 대한 것이었고, 열의 하나 정도가 책을 읽고 푸는 것이었다. 오늘날 학자들은 온통 책을 외우고 풀기만 할 뿐, 듣고 말하는 것에는 아무런 함축된 학문이 없다. 이것은 공자께서 말씀하신 대로 "길바닥에서 아무 말이나 주워듣고 함부로 말하고 다니는 것은 자신의 덕을 내다버리는 일이다."[1]

古人爲學, 十分之中, 九分是動容周旋灑掃應對, 一分在誦說. 今之學者, 全在誦說, 入耳出口, 了無涵蓄, 所謂道聽塗說, 德之棄也.

___ 여조겸呂祖謙, 『송원학안宋元學案』 「동래학안東萊學案·예기설禮記說」

---

1 『논어』 「양화陽貨」 제14장

謙光
겸손하기

정관貞觀 3년(629)에 태종太宗이 급사중給事中 공영달孔穎達에게 이렇게 물었다. "『논어』에서 가로되 '할 수 있으면서도 할 수 없는 이에게까지 물으며, 많이 알면서도 조금 아는 이에게 물어보며, 갖고 있어도 없는 듯굴며, 가득 차 있어도 텅 빈 듯 군다'[1]고 했는데 이는 무슨 말이오?"
공영달이 대답했다. "성인은 가르침을 펼치면서도 남에게 겸손하고자합니다. 비록 스스로 할 수 있지만 스스로 대단함을 자랑하지 않은 채, 할 수 없는 사람에게까지 물어가며 그 사람이 할 수 있는 일을 찾아봅니다. 자신의 재주가 비록 많더라도 여전히 스스로의 재주가 적음을 탓하면서, 재주가 적은 사람에게까지 물어보며 유익한 재주가 있는지 찾아봅니다. 자신이 비록 지니고 있다 하더라도 겉으론 마치 지니고 있지않은 듯 굴고, 자신은 비록 충실하지만 겉으론 텅 빈 듯 굽니다. 비단보잘것없는 필부만 그래야 하는 것이 아니라 제왕의 덕을 지닌 이 역시마땅히 이래야만 합니다. 무릇 제왕은 안으로 신묘한 지혜를 머금되 겉으론 침묵을 지켜서 사람들이 전혀 눈치 채지 못하게 해야 합니다. 그런 이유로 『주역』에서 말하길, 밝음을 몰라 알기를 구하는 「몽괘蒙卦」는 모르는 이를 올바르게 기르고[2], 광명이 땅에 묻혀버린 「명이괘明夷卦」

---

1 『논어』「태백泰伯」제5장
2 『주역』「몽蒙·단전彖傳」"모르는 이를 올바르게 기르는 것이 성인聖人의 업적이다蒙以養正, 聖功也."

는 어두움으로 백성 앞에 나선다고 말한 것[1]입니다. 만약 자신이 지극히 존귀한 왕위에 있으면서 자신의 총명함을 자랑하고 그 재주로 남을 능멸하면서 자신의 그릇됨을 좋게 꾸미거나 간언諫言을 물리친다면, 윗사람과 아랫사람 사이의 정감情感은 벌어질 것입니다. 또한 임금과 신하 사이의 도는 어그러져버릴 것입니다. 예부터 나라가 멸망하는 일 중 이로부터 말미암지 않은 적이 없습니다." 이를 듣고 태종이 이렇게 말했다. "『주역』「겸괘謙卦」에서 '수고를 했지만 끝까지 겸손해 하며, 군자가 유종의 미를 거두니 길吉하다'[2]라고 했는데, 진실로 경의 말과 같구려." 그리곤 공영달에게 비단 200단을 하사하라고 명했다.

貞觀三年, 太宗問給事中孔穎達曰: 『論語』云: 以能問於不能, 以多問於寡, 有若無, 實若虛. 何謂也? 穎達對曰: 聖人設敎, 欲人謙光. 己雖有能, 不自矜大, 仍就不能之人求訪能事. 己之才藝雖多, 猶病以爲少, 仍就寡少之人更求所益. 己之雖有, 其狀若無, 己之雖實, 其容若虛. 非惟匹庶, 帝王之德, 亦當如此. 夫帝王內蘊神明, 外須玄默, 使深不可知. 故『易』稱以蒙養正, 以明夷莅衆. 若其位居尊極, 炫耀聰明, 以才陵人, 飾非拒諫, 則上下情隔, 君臣道乖. 自古滅亡, 莫不由此也. 太宗曰:

---

1 『주역』「명이明夷·상전象傳」 "광명이 땅속에 들어가 버리니 어둡다. 군자는 그 어두움으로 백성 앞에 나서니, 이는 어두움으로 밝히는 것이다明入地中, 明夷, 君子以莅衆, 用晦而明."
2 『주역』「겸괘」 "九三: 勞謙, 君子有終, 吉."

『易』云: 勞謙, 君子有終, 吉. 誠如卿言. 詔賜物二百段.

___ *이세민李世民, 『정관정요貞觀政要』「겸양제십구謙讓第十九」

一條路
자신의 길

학문에서 급선무는 자신만의 길을 찾는 것이다. 길을 찾은 뒤에야 매진할 수 있고 책을 볼 수 있다. 그렇지 않으면 책은 책이고 사람은 사람으로 남아 서로 따로따로 떨어지고 만다. 공자께서 말씀하신 것처럼 "안으로 스스로를 반성해봐도 부끄러운 바가 없다면, 걱정하거나 두려워할 것이 어디 있겠는가!"[1]

爲學須先尋得一個路徑, 然後可以進步, 可以觀書. 不然, 則書自書, 人自人. 且如孔子說: 內省不疚, 夫何憂何懼!

__주희, 『주자어류朱子語類』 권42, 「논어이십사論語廿四·마우문군자장司馬牛問君子章」

제자가 물었다. "간혹 육구연 선생의 제자 교육법을 비난하면서 오로지 한 갈래의 길로 모든 것을 귀결시키려는 이들이 있습니다." 이에 육구연 선생은 이렇게 대답했다. "나 역시 오로지 이 길 한 갈래뿐이다."

或有譏先生之敎人, 專欲管歸一路者. 先生曰: 吾亦只有此一路.

__육구연, 『상산전집象山全集』 권34, 「어록語錄」

---

1 『논어』 「안연顔淵」 제4장 "司馬牛問君子. 子曰: 君子不憂不懼. 曰: "不憂不懼, 斯謂之君子已乎? 子曰: 內省不疚, 夫何憂何懼?"

一以貫之
하나로 꿰뚫다

학자의 병폐는 공부가 조각조각으로 나뉘어 한 덩어리가 되지 못하는 것에 있다.

정좌할 땐 정좌만 하고, 책을 읽을 때는 책만 읽고, 남을 상대할 때는 남을 상대만 한다. 마치 몸에 피와 기가 안 통하는 것과 같으니 어찌 학문에 성장과 발전이 있겠는가! 원래 그저 '삼감敬'에 대한 깨달음이 철저하지 못하기에, 든든하게 힘을 받을 만한 기초가 갖춰지지 않았고, 안과 밖이 따로라고 여겨 이를 둘로 나누기도 했다. 우리의 절실한 요체는 그저 일을 함에 있어서 '삼가면서' 열심히 노력하는 것이다. 홀로 있는 것에서부터 책을 읽고, 남을 상대하는 것에 이르기까지 그렇지 않은 것이 없다. 이를 하나로 꿰뚫어야 하니 안과 밖, 위와 아래의 구분에도 이런 이치가 적용되지 않는 바가 없다.

이 밖에 다른 무엇이 있겠는가? 우리 유생이 '사물을 개척하여 세상을 위한 사업을 성취하는開物成務'[1] 학문이 불교나 노장老莊과 다른 점이 바로 여기에 있다.

學者之病, 全在三截兩截, 不成片段. 靜坐時自靜坐, 讀書時又自讀書, 酬應時又自酬應, 如人身血氣不通, 安得長進? 元來只是敬上理會未透, 故未有得力處, 又或以內外爲二而離之. 吾人切要, 只於執事敬用

---

1 『주역』「계사전繫辭傳」상편上篇 제11장

功, 自獨處以至讀書酬應, 無非此意, 一以貫之, 內外上下, 莫非此理, 更
有何事? 吾儒開物成務之學, 異於佛老者, 此也.

___ *담약수湛若水, 『명유학안明儒學案』「감천학안일甘泉學案 1·논학서論學書·답서왈
인答徐曰仁」

一鼓作氣
처음의 기세로
끝장을 보기

학문에서는 반드시 "처음의 기세로 끝장을 봐야만 한다. 중간에 끊기면 학문이 아니다. 이른바 끊어진 처음 기세를 다시 잇는다 해도 기세는 약해지기 마련인 것"[1]이다.

爲學須是一鼓作氣, 間斷便非學, 所謂再而衰也.

__여조겸呂祖謙, 『송원학안宋元學案』 「동래학안東萊學案·잡설雜說」

---

1 『좌전左傳』 장공莊公 10년 "夫戰, 勇氣也, 一鼓作氣, 再而衰, 三而竭."

一個心
한마음

학자가 수천수만 마디의 글을 읽는 것은 오로지 한마음을 깨닫기 위해
서다. 『논어』에서 말하듯 "어진 이는 말을 더듬거리지만"[1] 그 더듬거리
는 말을 잘 살펴보면 본심이 담겨져 있는지 여부와 하늘의 이치와 사람
의 욕망이 다투어 어느 것이 이겼는지를 알 수 있다.

學者千章萬句, 只是理會一個心. 且如仁者其言也訒, 察其言, 便可知其
本心之存與不存, 天理人欲之勝負.

＿주희, 『주자어류』 권42, 「논어이십사論語卄四·사마우문인장司馬牛問仁章」

---

1 『논어』「안연」 제3장 "司馬牛問仁, 子曰: 仁者, 其言也訒. 曰: 其言也訒, 斯謂之仁矣乎? 子
曰: 爲之難, 言之得無訒乎!"

四種工夫
네 가지 공부[1]

공부에 있어 고요함이 움직임보다 많고, 직접 실천함이 말을 활용함보다 많고, 마음에 잘 담아 기르는 것이 책을 읽고 풀이함보다 많고, 경서를 사서史書보다 많이 읽어야만 비로소 오래 지속되고 커질 수 있을 것이다.

靜多于動, 踐履多于發用, 涵養多于講說, 讀經多于讀史, 工夫如此, 然後可久可大.

__여조겸, 『송원학안』 「동래학안·여엽정칙」

---

1 원래 표제는 "세 가지 공부三種工夫"라고 되어 있지만 해설의 내용에 근거해 고쳤다.

三表
세 가지 법도

그래서 학문을 논하는 데는 반드시 세 가지 법도가 있다. 무엇을 세 가지 법도라 하는가? 묵자는 이렇게 말했다. 그것의 근본을 따지는 것, 그것의 사정을 살펴 헤아리는 것, 그것을 사용하는 것이다. 무엇에 대해 근본을 따지는가? 위로 옛 성현의 일에서부터 그 근본을 따진다. 무엇에 대해 그 사정을 살펴 헤아리는가? 아래로 백성이 보고 듣는 현실에서 그 사정을 살펴 헤아린다. 무엇에 대해서 사용하는가? 형벌과 행정을 시행하는 데 사용하여 그것이 나라와 가문, 백성에게 보탬이 되는 바를 살핀다. 이것이 이른바 학문을 논하는 데는 세 가지 법도가 있다고 한 것이다.

故言必有三表. 何謂三表? 子墨子言曰: 有本之者, 有原之者, 有用之者. 於何本之? 上本之於古者聖王之事. 於何原之? 下原察百姓耳目之實. 於何用之? 廢以爲刑政, 觀其中國家百姓人民之利, 此所謂言有三表也.

__묵자, 『묵자』「비명 상非命上」

五步驟
다섯 단계

『중용』에서는 "널리 배우고, 자세히 따지고, 신중하게 생각하고, 분명하게 판단하고, 충실하게 행하라"[1]고 했다. 이 다섯 가지 중 어느 하나라도 버린다면 그것은 학문이 아니다.

博學之, 審問之, 愼思之, 明辨之, 篤行之. 五者廢其一, 非學也.

___ *정이程頤, 『근사록近思錄』 권2, 「위학爲學」

혹자가 물었다. "학문을 어떻게 합니까?" 장백행張伯行 선생이 답했다. "앎을 완성하고 힘써 행하라." "정치는 어떻게 합니까?" "사람들의 삶을 윤택하게 해주고 그들의 덕성을 바로잡아라." "자기 자신은 어떻게 다룹니까?" "하늘의 이치를 보존하면서 인간의 욕망은 막아라." "세상을 어떻게 살아가야 합니까?" "올바름을 지키고 남에게 아부하지 마라." "남을 어떻게 대해야 합니까?" "온화하고 편하게 대하라." 이 다섯 가지를 갖췄다면 도에 가까우리라!

或問: 何以爲學? 曰: 致知力行. 何以爲治? 曰: 厚生正德. 何以治己?曰: 存理遏欲. 何以處世? 曰: 守正不阿. 何以待人? 曰: 溫厚和平. 此五者, 其庶幾乎!

___ *장백행張伯行, 『청유학안淸儒學案』「경암학안敬庵學案·곤학록困學錄」

---

1 『중용』 제20장 "博學之, 審問之, 愼思之, 明辨之, 篤行之."

憂患進德
덕 늘려가는 것을
걱정하기

걱정거리 중에서도 가장 걱정거리인 것은 바로 덕을 늘려가야 한다는 걱정이다. 스스로 터득한 말을 깊이 음미하고, 성정의 지극한 법칙을 파악해서, 신중히 살펴보는 마음가짐으로 이를 견지한다면 마음의 본체가 늘 보존될 것이다.

憂患中最是進德處. 深味自致之語, 識情性之極, 而以哀敬持之, 則心之本體, 斯常存矣.

___ *여조겸, 『송원학안』「동래학안東萊學案·답반숙창答潘叔昌」

平帖的確
안정되고
정확하기

공부는 물에 빠져 몸이 젖어드는 것과 마찬가지다. 학문을 즐기며 키워나가다보면, 눈 녹듯이 마음의 의혹들이 풀려서 안정되면서 아는 바가 정확해진다. 이렇게 되어서야 깨달음을 얻는다. 공부하면서 느껴지는 깊이나 감동을 "하늘은 높고 땅은 두텁다"[1]나 "솔개는 하늘을 날아오르고 물고기는 물 위로 뛰어 오른다"[2] 등으로 비유한 것은 아무래도 너무 성급하게 나온 표현인 듯하다.

爲學工夫, 涵泳漸漬, 玩養之久, 釋然心解, 平帖的確, 乃爲有得. 天高地厚, 鳶飛魚躍之語, 恐發得太早.

　__ *여조겸, 『송원학안』「동래학안·답반숙창」

---

1 『시경』「소아小雅·정월正月」 "謂天蓋高, 不敢不局. 謂地蓋厚, 不敢不蹐."
2 『시경』「대아大雅·한록旱麓」 "鳶飛戾天, 魚躍於淵."

平易
평이함

육구연 선생께서 이렇게 말씀하셨다. "책을 읽으며 꼬치꼬치 따질 필요가 없다. 평이하게 읽다가 책 내용 중 기억할 수 있는 부분을 기억해 두면 시간이 지나고 저절로 확실하게 깨달으므로, 모른다고 부끄러워할 필요가 없다. 그대 역시 오늘날의 책을 읽고 경서를 얘기하는 이들을 보지 못했는가? 학자 수십 명의 주장을 두루 열거하다가 자신의 견해로 마무리를 지으면서 새로운 주장을 반복적으로 만들어낸다. 그러면서 스스로 연구한 바가 매우 정심하다고 여긴다. 그러나 실제로 그 연구의 실질을 한번 따져보면 아직 이치를 깨닫지 못한 상태다. 이러니 꼬치꼬치 읽어봤자 무슨 보탬이 되겠는가?"

先生曰: 讀書不必窮索, 平易讀之, 識其可識者, 久將自明, 毋耻不知.
子亦見今之讀書談經者乎? 歷敍數十家之旨而以己見終之, 開闢反復.
自謂究竟精微, 然試探其實, 固未之得也, 則何益哉?

__육구연, 『상산전집象山全集』 권35, 「어록」

天才
천부적인 재능

어떤 사람이 이렇게 따져 물었다. "항탁項託은 일곱 살에 공자를 가르쳤다고 합니다. 제가 생각해보니, 일곱 살이면 소학小學에도 입학하지 않았을 때인데 공자를 가르칠 정도라니 날 때부터 알고 있었던 것입니다. 공자께서 가로되 '나면서부터 아는 이는 상등上等이고 배워서 아는 이는 그다음이다'[1]라고 했습니다. 날 때부터 알고 있고 배우지 않았다는 표현은 항탁 같은 사람을 가리킨 말일 겁니다. 전한前漢 말 왕망王莽이 집권하고 있을 때 발해군渤海郡의 윤방尹方은 스물한 살에 스승이나 벗이 없었는데도, 태생적으로 슬기롭고 영민해서 육예六藝에 통달했습니다. 당시 발해군이 속했던 기주목冀州州牧 순우창淳于倉은 이런 사실을 알고는 임금에게 이렇게 보고했습니다. '윤방은 배우지도 않았는데 문장을 보고 바로 문장을 읽고 외우며, 논리를 따질 때는 오경五經의 내용을 인용합니다. 그의 경문經文 해석이나 사리를 따지는 논의는 사람들을 흡족하게 합니다.' 이에 임금이 윤방을 불러서 그로 하여금 대부분 읽지도 못하는 어려운 조충서鳥蟲書에서 무작위로 문제를 내 알아맞히게 했는데, 윤방은 맞히지 못하는 글자가 없었습니다. 그래서 천하 사람들은 그를 성인이라 불렀습니다. 스승과 벗이 없이도 육예를 통달하고, 당초 글자를 배운 적이 없는데도 문장을 보고 바로 읽는 것이 바로

---

1 『논어』「계씨季氏」제9장 "孔子曰: 生而知之者, 上也. 學而知之者, 次也. 困而學之, 又其次也. 困而不學, 民斯爲下矣."

성인입니다. 배우지도 않았는데 할 수 있고, 스승도 없는데 스스로 통달할 수 있다면 이것이야말로 신묘한 것이 아니고 또 무엇이란 말입니까?" 왕충이 이렇게 대답했다. "설령 따로 스승과 벗이 없다고는 해도, 이미 모르는 것을 물어 배운 바가 있었던 것이고, 설령 글자를 배우지 않았더라도 이미 붓을 놀린 적이 있는 것이다. 아이는 태어나서야 눈과 귀가 처음으로 열린다. 비록 성인의 덕성을 지니고 있다 한들 어찌 아는 게 있겠는가? 항탁이 공자를 가르쳤을 때 일곱 살이었으니[1], 아마도 서너 살에 남의 말을 들었을 것이다. 윤방은 스물한 살이었으니, 아마도 열네댓 살에 이미 보고 들은 바가 많았을 것이다. 공자께서 가로되 '이후 주나라의 제도를 계승한 자가 있다면 비록 100세대 이후라도 제도의 증감을 확인할 수 있다'[2]라고 했다. 또 '뒤에 태어난 이들을 두려워할 만하다. 이후 사람들이 지금의 사람들보다 못할 거라는 것을 어찌 확신하겠는가?'[3]라고도 했다. 제도의 증감을 논하면서는 '확인할 수 있다'고 하셨고, 뒤에 태어난 이들에 대해 말할 때는 '어떻게 확신하겠는가?'라고 하셨다. 뒤에 태어난 이들은 상대하기 어렵지만, 제도의 증

---

1 『전국책戰國策』「진책秦策」 "夫項橐生七歲而爲孔子師."
2 『논어』「위정」 제23장 "子張問: 十世可知也? 子曰: 殷因於夏禮, 所損益可知也. 周因於殷禮, 所損益可知也. 其或繼周者, 雖百世, 可知也."
3 『논어』「자한」 제22장 "子曰: 後生可畏, 焉知來者之不如今也? 四十五十而無聞焉, 斯亦不足畏也."

감을 밝히기 쉽다. 이런 예들은 시간적으로 상당히 거리가 있는 것들이라, 직접 귀로 듣고 눈으로 살필 수 있는 게 아니다. 만약 한 사람을 담벼락 동쪽에 세워놓고 소리를 내게 한 뒤, 성인에게 그 사람의 소리를 담벼락 서쪽에서 듣게 한다고 해보자. 성인이 그 사람의 피부가 흰지 검은지, 키가 큰지 작은지, 어느 고을 사람인지, 성과 이름은 무엇인지를 알아낼 수 있겠는가? (…) 성인이 무지하다는 것이 아니라 성인의 지능을 가지고도 그것을 알 방법이 없다는 말이다. 성인의 지능을 가지고도 알 방법이 없기에, 남에게 묻지 않으면 알 수가 없다. 묻지 않고 알 수 없는 것은 성현조차 지니고 있는 흠이다."

難曰: 夫項託年七歲敎孔子. 案七歲未入小學, 而敎孔子, 性自知也. 孔子曰: 生而知之, 上也. 學而知之, 其次也. 夫言生而知之, 不言學問, 謂若項託之類也. 王莽之時, 勃海尹方年二十一, 無所師友, 性智開敏, 明達六藝. 魏都牧淳于倉奏: 方不學, 得文能讀誦. 論義引五經文. 文說議事, 厭合人之心. 帝徵方, 使射蜚蟲, 筴射無非(弗)知者, 天下謂之聖人. 夫無所師友, 明達六藝, 本不學書, 得文能讀, 此聖人也. 不學自能, 無師自達, 非神如何? 曰: 雖無師友, 亦已有所問受矣. 不學書, 已弄筆墨矣. 兒始生産, 耳目始開, 雖有聖性, 安能有知? 項託七歲, 其三四歲時, 而受納人言矣. 尹方年二十一, 其十四五時, 多聞見矣. 孔子曰: 其或繼周者, 雖百世, 可知也. 又曰: 後生可畏, 焉知來者之不如今也? 論損益, 言可知. 稱後生, 言焉知. 後生難處, 損益易明也. 此尚爲遠, 非所聽察也. 使一人立於牆東, 令之出聲, 使聖人聽之牆西, 能知其黑白短長鄕里姓字所自從出乎? (…) 非聖人無知, 其知無以知也. 知無以知, 非問不能知也. 不能知, 則賢聖所共病也.

___왕충王充, 『논형論衡』 「실지實知」

要訣
비결

널리 배우고, 자세히 따지고, 신중하게 생각하고, 분명하게 판단하는
데서 처음 조리를 갖출 때는, 마치 쇳소리처럼 오르락내리락, 둔탁하고
날카롭게, 빠르고 느리게, 성글고 빽빽하게 저절로 많은 리듬을 가질
수 있다. 그러나 이것만으로는 정작 힘써 행할 상황과 맞닥뜨렸을 때
아무 따질 것이 없게 마련이다. 옥 소리는 순수한 소리 한가지뿐이라서
끝까지 다다르고 마무리 지음을 알 수 있다. 모든 학문을 이로부터 말
미암아야만 비로소 끝까지 다다르고 마무리 지을 수 있다.[1] 그래서 공
자는 학문하는 데 싫증을 내지 않으시고, 분발하면 식사까지 잊으셨던
것이다.[2]

博學審問謹思明辨, 始條理也. 如金聲而高下隆殺疾徐疏數, 自有許多
節奏, 到力行處, 則無說矣. 如玉振, 然純一而已, 知至知終, 皆必由學,
然後能至之終之, 所以孔子學不厭, 發憤忘食.

___육구연,『상산전집』권35,「어록」

---

1 여기까지의 기술은 기본적으로『맹자』「만장 하」제1장의 "孔子之謂集大成. 集大成也者,
金聲而玉振之也. 金聲也者, 始條理也, 玉振之也者, 終條理也. 始條理者, 智之事也, 終條理者,
聖之事也"라는 표현에 근거하고 있다.
2『논어』「술이」제18장 "葉公問孔子於子路, 子路不對. 子曰: 女奚不曰其爲人也, 發憤忘食,
樂以忘憂, 不知老之將至云爾."

不鶩高遠
너무 높은 뜻을
품으려 하지 않기

이옹李顒 선생께서 말했다. "학문을 함에 너무 높은 뜻을 품으려 해서
는 안 된다. 얕고 가까운 것부터 시작해야 한다."

先生曰: 爲學不要鶩高遠, 但從淺近做起.

__이옹, 『이곡집二曲集』 권3, 「양상휘어兩庠彙語」

不怠
게으름
피우지 않기

제나라 경공景公이 안자晏子에게 물었다. "사람의 타고난 본성을 보면, 현명한 이와 그렇지 못한 이가 있는데, 그렇다면 타고나지 않은 바를 후천적으로 배울 수도 있습니까?" 안자가 이렇게 대답했다. "『시詩』「소아小雅·포전甫田」에는 '높은 산을 우러르고, 위대한 행적은 따라서 행하리'라고 했습니다. 이런 사람이 지금 말씀하신 현명한 자입니다. 그래서 천하엔 여러 제후가 병렬해 있는 듯하지만 실은 훌륭하면서 게으름 피우지 않는 제후가 우두머리가 되는 법이고, 여러 학자가 나란히 학문을 하는 듯하지만 실은 끝까지 훌륭함을 견지하는 학자가 스승이 되는 것입니다."

景公問晏子曰: 人性有賢不肖, 可學乎? 晏子對曰: 『詩』云: 高山仰止. 景行行止. 之者其人也. 故諸侯並立, 善而不怠者爲長. 列士並學, 終善者爲師.

__ 안영晏嬰, 『안자춘추晏子春秋』「내편內篇·문하問下」

不動心
꿈쩍없는
마음

높은 곳을 오른다 해도, 꼭 높은 것만은 아니니

익숙한 발걸음으로 설렁설렁 걷네.

설렁설렁 걷는다 해도, 걷는 사람이 머뭇거리지만 않는다면

동서남북 어디든 살펴볼 수 있네.

어찌 지금 나 자신의 마음이 없겠는가?

어찌 반드시 옛것을 본떠야만 한단 말인가?

서로의 몸은 달라도 골육의 정은 가깝기만 하니,

생명이 있는 것은 모두가 나와 함께 한다네.

이런 깨우침을 잃는다면 머나먼 만 리 길을 가듯 돌아가야 하겠지만,

이런 깨우침을 얻는다면 곧바로 눈앞의 지척을 가듯 하리라.

이런 깨우침을 얻고 잃는 것은 한 순간에 달려 있으니,

뉘라서 이 밖에 다른 방법이 있으리!

내일이면 입추이건만,

사람은 벌써 다가올 처서를 생각하네.

登高未必高,

老脚且平步.

平步人不疑,

東西任回顧.

豈無見在心?

何必擬諸古?

異體骨肉親,

有生皆我與.

失之萬里途,

得之咫尺許.

得失在斯須,

誰能別來去?

明日立秋來,

人力思處暑.

___ 진헌장陳獻章, 『백사자전집白沙子全集』「부록附錄·백사선생행장명표白沙先生行狀銘表」 중 제자 장후張詡에게 보여준 시[1]

둘째로 마음을 키워야 한다. 공자께서 가로되 "어진 자는 근심하지 않고, 똑똑한 자는 미혹되지 않으며, 용감한 자는 두려워하지 않는다"[2]라고 했다. 맹자가 평생 힘을 얻은 근거는 바로 꿈쩍없는 마음에 있었

---

1 이 시는 「백사선생행장명표白沙先生行狀銘表」에도 수록되어 있지만, 따로 『백사자전집白沙子全集』에도 「우득기동소偶得寄東所」(2수 중 제2수)라는 이름으로 수록되어 있다. '동소東所'는 장후張詡의 호였다.

2 『논어』「헌문憲問」 제30장

다.[1] 이는 옛 성현이 가장 신경 쓰는 부분이다. 학자가 기왕 도를 깨닫는 데 뜻을 두고 스스로 천하를 짊어질 중책을 맡기로 했더라도, 눈앞의 부귀영화와 눈·귀가 쏠리는 음란한 음악과 여색 그리고 놀고 즐기는 것은 언제 어디서나 그러한 뜻을 앗아가기에 충분하다. 여든 먹은 노인이 위험한 다리를 건너며 조금이라도 방심한다면 다리에서 뚝 떨어지고 만다.

어느 날 어떤 일을 맡는다면, 이해득실과 삶, 죽음, 즐거움, 고통이 온통 뒤섞여, 서로 감응하는 경우가 부지기수다. 아주 굳건한 역량을 지니고 있지 않으면 한 번만 좌절을 겪어도 완전히 의지를 상실해버리고, 해결해야 할 일을 맞닥뜨렸을 때 실수해서 지위와 명예 모두를 잃기도 한다. 이것이 바로 예로부터 지금까지 큰일을 이룬 사람이 드문 까닭이다.

증국번은 전쟁터에서 전쟁을 치르면서도 책을 읽고 학문을 논할 때만큼은 평소와 같았다. 그는 결국 백절불굴百折不屈의 정신으로 어려운 전쟁을 이겨내고 민란을 평정했다. 큰 선비의 학문이란 진실로 범속한 이들과는 다르구나! 오늘날 세상의 변화가 너무나 빈번하고 혼란의 조짐이 더더욱 극심해지고 있다. 언제고 그대들이 맡을 일과 겪어야 할 환경을 생각해보면, 그 어려움과 고통은 증국번의 시기와 비교해봐도 더

---

1 『맹자』「공손추 상」 제2장 "我四十不動心."

욱 심할 것이다. 지옥에라도 들어갈 수단과 방법을 지니지 않고, 나라를 다스리는 것은 작은 생선을 끓이듯 하는 것[1]이라는 생각을 가지고 있지 않다면 맞닥뜨린 상황을 해결할 수 없을 것이다. 그래서 마음을 키운다는 것은 일을 다스리는 큰 근원이다.

자질구레한 학문들이 성행하면서 심학心學을 '현실 세계를 도피하는 불가家佛의 선학禪學'이라고 멸시했다. 부처가 마음에 대해 말한 것을 좇아 속세로부터 벗어나서는, 내 마음을 아우르면서도 감히 마음을 갖고 있다고 하지도 못하다니, 이 얼마나 앞뒤가 뒤집힌 소리인가! 남을 차마 모른 체 할 수 없는 내 마음으로 천하를 근심하고 중생을 구제한다. 거침없이 혼자 떠나서 당당하게 혼자 돌아오며 먼저 즐거움과 고통에 대한 집착을 깨트리고 그 다음으로 삶과 죽음에 대한 집착을 깨트리고, 그 다음으로 명예와 모욕에 대한 집착을 깨트린다.

『예기』「중용」에서 이르길 "나라에 도가 있을 때도 궁색했던 시절 품었던 뜻이 변치 않으니 강경하구나! 나라에 도가 없을 때도 죽을 때까지 품은 뜻이 변치 않으니 강경하구나!"라고 했다. 맹자는 "부귀로도 음란하게 만들지 못하고, 가난으로도 마음을 변하게 하지 못하며, 위협적인 무력으로도 굴복시키지 못한다면 그런 사람을 일러 대장부라고 한다"

---

1 『도덕경道德經』 제60장

고 했다. 이와 반대인 것은 천한 노비의 길이다. 마음을 키우는 수업에
는 두 가지가 있다. 첫째 조용히 앉아서 마음을 키운다. 둘째로 두루 살
펴보고 겪으면서 마음을 키운다. 배우는 이는 학당에 있을 때는 따로
두루 살펴보거나 겪을 것이 없기에, 응당 먼저 조용히 앉아서 마음을
키워야 한다. 정이程頤는 반나절을 조용히 앉아 있고 반나절은 책을 읽
었다.

오늘날은 수업이 매우 많고 빡빡해서 이와 같이 할 수 없다. 매일 한 시
간이나 30분 정도를 조용히 앉아 있을 때도 두 가지 수업이 있다. 첫째
마음을 추스르면서 밖을 향한 눈과 귀를 거두어들이면 상념이 일어나
지 않아서, 맑은 정신을 몸에 깃들게 하고 뜻을 신령스럽게 한다.[1] 둘째
마음을 풀어놓아 천지의 위대함과 만물의 이치를 두루 살펴보거나 상
상으로 어느 날인가 사무事務를 처리하면서 매우 험난한 과정을 겪거나
구사일생의 위기를 맞닥뜨린 상황을 떠올린다. 날마다 이 같은 상상을
하면 그런 일들에 대한 대응이 매우 익숙해지기에, 두루 살펴보고 겪
는 일에 도움이 된다. 이는 학자가 언제고 훗날 쓰일 것을 대비한 것이
므로, 우활迂闊하다 여기고 버려서는 안 된다.

二曰養心. 孔子言: "仁者不憂, 智者不惑, 勇者不懼." 而孟子一生得力,

---

1 『예기禮記』 「공자한거孔子閒居」의 말.

在不動心. 此從古聖賢所最兢兢也. 學者既有志於道, 且以一身任天下之重, 而目前之富貴利達, 耳目聲色, 遊玩嗜好, 隨在皆足以奪志. 八十老翁過危橋, 稍不自立, 一落千丈矣. 他日任事, 則利害毀譽, 苦樂生死, 樊然淆亂, 其所以相撼者, 多至不可紀極. 非有堅定之力, 則一經挫折, 心灰意冷, 或臨事失措, 身敗名裂. 此古今能成大事之人所以希也. 曾文正在戎馬之間, 讀書談學如平時, 用能百折不回, 卒定大難. 大儒之學, 固異於流俗哉! 今世變益亟, 亂機益劇. 他日二三子所任之事, 所歷之境, 其艱巨危苦, 視文正時, 又將過之. 非有入地獄手段, 非有治國若烹小鮮氣象, 未見其能濟也. 故養心者, 治事之大原也. 自破碎之學盛行, 鄙夷心宗謂為逃禪. 因佛之言心從而避之, 乃並我之心, 亦不敢自有, 何其愍也. 率吾不忍人之心, 以憂天下救眾生, 悍然獨往, 浩然獨來, 先破苦樂, 次破生死, 次破毀譽. 『記』曰: "國有道, 不變塞焉, 強哉矯. 國無道, 至死不變, 強哉矯." 孟子曰: "富貴不能淫, 貧賤不能移, 威武不能屈, 此之謂大丈夫." 反此卽妾婦之道. 養心之功課有二: 一靜坐之養心, 二閱歷之養心. 學者在學堂中, 無所謂閱歷, 當先行靜坐之養心. 程子以半日靜坐, 半日讀書. 今功課繁迫, 未能如此, 每日亦當以一小時或兩刻之功夫, 為靜坐時. 所課亦分兩種: 一斂其心, 收視返聽, 萬念不起, 使清明在躬, 志氣如神. 一縱其心, 遍觀天地之大, 萬物之理, 或虛構一他日辦事艱難險阻, 萬死一生之境, 日日思之, 操之極熟, 亦可助閱歷之事. 此是學者他日受用處, 勿以其迂闊而置之也.

＿ 량치차오, 『음빙실문집 2』 「호남시무학당학약湖南時務學堂學約」(1896)

不自足
스스로
만족하지 않기

『논어』「팔일八佾」에서는 "공자께서 태묘太廟에 들어가실 땐 모든 일에 대해 꼬치꼬치 물으셨다"라고 했다. 알고 있는 것도 다시 자세히 따져 야만 비로소 성인이 스스로 만족하지 않는 바를 알 수 있다.

子入太廟, 每事問. 知底更審問, 方見聖人不自足處.

__주희, 『주자어류』 권25, 「논어」 7

不進則退
나아가지 않으면
퇴보다

사사로운 욕망은 나날이 생겨나는 것이 마치 땅에 쌓이는 먼지와 같다.

하루만 쓸어내지 않아도 바로 한 겹이 쌓인다.

私欲日生, 如地上塵. 一日不掃, 便又有一層.

__ 왕수인王守仁, 『전습록傳習錄』 상

不尤人
남을
탓하지 않기

장재張載는 "학문이 남을 탓하지 않는 수준에 다다른 것은 학문의 아
주 지극한 경지다"라고 했다.[1] 내가 이런 경지를 알기는 하지만, 이런 경
지에 오른 사람을 아직 본 적은 없다.

學至於不尤人, 學之至也. 吾聞其語矣, 未見其人也.

___ *오여필吳與弼, 『명유학안明儒學案』 「숭인학안崇仁學案·오강재선생어吳康齋先生語」

___

1 이 말은 장재의 『정몽正蒙』 「중정中正」에 보인다.

不思
생각하지
않음

깊은 우물도 밑을 깨끗이 쳐내지 않으면 진흙이 점점 쌓인다. 곡식도 김을 매지 않으면 온갖 잡초가 무성할 것이다. 배우기만 할 뿐 스스로 생각하지 않으면 의심스럽고 막히는 부분이 실로 많아진다. 풀이하면서도 정심하게 해두지 않으면 오래도록 헤매다가 아무런 성과도 거두지 못하고 말 것이다.

浚井不渫, 則泥濘滋積. 嘉穀不耘, 則莨莠彌蔓. 學而不思, 則疑閡實繁. 講而不精, 則長惑喪功.

＿ 갈홍葛洪, 『포박자抱朴子』「외편外篇·박유博喩」

不足爲
실천하기에
부족함

오늘날 사람 중 산에 사는 사람은 맹수에게 해를 입을까봐, 반드시 나무로 된 울타리를 높게 하고 밖에는 함정을 설치해 맹수의 습격에 대비한다. 도시에 사는 사람은 도둑이 들까봐, 반드시 담장을 높게 하고 집 안에 빗장과 걸쇠를 단단히 준비해 도둑을 방비한다. 이는 들판의 거친 사람이나 보잘것없는 사내라도 그리 하는 것이며 남보다 뛰어난 슬기를 지녀야만 할 수 있는 것이 아니다. 오늘날 사통팔달의 도시나 큰 읍성이 변방의 강한 번진藩鎭들 사이에 끼어 있건만 이를 방비할 줄 모른다. 아아! 이 역시 어리석은 것이다. 들판의 거친 사람이나 보잘것없는 사내도 할 줄 아는 것을 고관대작들이 도리어 할 줄 모르다니, 이 어찌 타고난 재주나 역량이 부족해서겠는가? 이는 실천하기엔 부족하다고 여기고는 실천하지 않을 따름이라 여겨진다. 천하의 재앙은 실천하기에 부족하다고 여기는 것만 한 것이 없다. 재주와 역량이 부족한 것은 그 다음이다. 실천하기에 부족하다고 여기는 자는 적이 눈앞에 도달해도 알지 못한다. 재주와 역량이 부족한 자는 먼저 일을 하면서 생각하기에 재앙과는 어느 정도 거리가 있다.

今人有宅於山者, 知猛獸之爲害, 則必高其柴棧, 而外施陷阱以待之. 宅於都者, 知穿窬之爲盜, 則必峻其垣牆, 而內固扃鐍以防之. 此野人鄙夫之所及, 非有過人之智而後能也. 今之通都大邑, 介於屈强之間, 而不知爲之備. 噫! 亦惑矣. 野人鄙夫能之, 而王公大人反不能焉, 豈材力爲有不足歟? 蓋以謂不足爲而不爲耳. 天下之禍, 莫大於不足爲, 材力不足者次之. 不足爲者, 敵至而不知. 材力不足者, 先事而思, 則其於禍也有間矣.

＿한유韓愈,『창려집昌黎集』「수계守戒」

不學而成
배우지 않고
거두는 성취

정원程元이 이렇게 말했다. "선생님의 성취는 우리 유자들이 도道로 받들어 모신 지 오래됐으나, 바라는 만큼의 성취를 거둔 이는 아직 없습니다. 선생님의 문하에 머무는 자들이 물었을 때 선생님이 모르시거나, 그들이 구하려 했을 때 선생님이 주시지 않은 적이 없었습니다. 이는 『시경』「패풍邶風·녹의綠衣」에서 '사실은 내 마음을 깨달은 것일세'라고 했듯이, 하늘이 선생님께 계시를 준 것이지, 배움을 쌓아서 이룰 수 있는 것이 아닌 듯합니다." 문중자文中子 왕통王通 선생께서는 이 말을 듣고 이같이 말씀하셨다. "정원아! 넌 모른단 말이냐? 천하에 배우지 않고 이룰 수 있는 것은 없다는 것을!"

程元曰: 夫子之成也, 吾儕慕道久矣, 未嘗不充欲焉. 遊夫子之門者, 未有問而不知, 求而不給者也. 『詩』云: 實獲我心. 蓋天啓之, 非積學能致也. 子聞之曰: 元, 汝知乎哉? 天下未有不學而成者也.

___왕통王通, 『문중자중설文中子中說』「예악禮樂」

不問結果
결과를
따지지 않기

뜻을 확고히 세워 열심히 공부하는 것은 마치 나무를 심는 것과 같다. 처음 뿌리에서 싹이 날 땐 아직 줄기가 없다. 줄기를 갖췄어도 아직 가지가 없다. 가지나 난 뒤에 잎사귀가 자라고 잎사귀가 자란 뒤에야 꽃이 피고 열매가 열린다. 당초 뿌리를 심을 때는 그저 잘 심고 물을 주는 것만 신경 써야지, 가지를 떠올리거나 잎사귀를 떠올리거나 꽃을 떠올리거나 열매를 떠올려서는 안 된다. 그런 것들을 떠올려봤자 무슨 보탬이 있겠는가! 그저 잘 심으려는 노력을 잊지 말아야지, 어찌하여 가지, 잎사귀, 꽃, 열매가 없을까봐 걱정한단 말인가!

立志用功, 如種樹然, 方其根芽, 猶未有幹. 及其有幹, 尙未有枝, 枝而後葉, 葉而後花實. 初種根時, 只管栽培灌漑, 勿作枝想, 勿作葉想, 勿作花想, 勿作實想. 懸想何益? 但不忘栽培之功, 怕沒有枝叶花實?

__왕수인, 『전습록』 상

不懈
게으름
피우지 않기

군자는 학문하는 데 있어서 게으름을 피우지 않으니, 이는 마치 하늘이 움직이고 해와 달이 운행하는 것과 같아서 평생토록 부지런히 힘쓰다가 죽어서야 멈춘다.

君子之於學也, 其不懈, 猶上天之動, 猶日月之行, 終身亹亹, 沒而後已.

___ 서간徐幹, 『중론中論』「치학治學」

오늘날 "어떤 처지에서도 편안하다"[1]는 표현의 의미를 생각해보니, 숨이 붙어 있는 마지막 순간까지 이 표현에 담긴 뜻을 지켜가는 데 조금의 게으름도 용납지 않는다면 어찌 늙었다고 해야 할 일에 싫증을 낼수 있겠는가!

今日思得隨遇而安之理, 一息尙存, 此志不容少懈, 豈以老大之故而厭於事也.

___ *오여필吳與弼, 『명유학안明儒學案』「숭인학안崇仁學案·오강재선생어吳康齋先生語」

---

1 이 표현은 『맹자』「진심盡心 하」 제6장에 대한 주희朱熹의 주注에 보인다.

硏精鉤深
면밀하고
깊게 연구하기

옛 성왕들께서 세우신 가르침은 비록 겉보기엔 별 말이 없어보여도, 그 안에 담긴 뜻은 아주 원대합니다. 그러나 학자가 만약 면밀하고 깊게 연구하면서 침착하게 구하기만 한다면 그 심오한 의미 중 어느 부분인들 드러낼 수 없겠습니까!

古先哲王之立彛訓也, 雖言微旨遠, 而學者苟能硏精鉤深, 優柔而求之, 則壺奧指趣, 將焉廋哉!

__ 백거이白居易, 『장경집長慶集』「예부시책禮部試策·오도五道 중 제삼도第三道」

심오한 것을 천착하고 세밀한 것을 연구하는 것[1]에는 나를 위한 것과 남을 위한 것의 구분이 있다. 심오한 것은 보거나 들을 수 없지만 존재한다는 말이다. 세밀한 것은 은미하게 따로 존재한다는 말이다. 하나의 대상을 천착하여 틈이 없게 하고 연구하여 자세히 살핀다면 도가 자기 자신에게서 다해 충실함과 신실함이 확립된다. 충실함과 신실함이 확립되면 뜻이 통하고[2] 힘쓰던 바를 이룰 수 있다.[3] 이것이 바로 자신을 위한 공부의 성과다. 천하의 심오한 것을 찾아서 이를 천착하고, 천하의 세밀한 것을 헤아려 이를 연구하면서 수고롭게 남을 위하기만 하면 결

---

1 『주역周易』「계사전 상」, "夫易, 聖人之所以極深而硏幾也."
2 『주역』「규괘睽卦」"男女睽, 而其志通也."
3 『주역』「계사전 상」"夫易開物成務, 冒天下之道, 如斯而已者也."

국 자신을 잃고 만다. 저열한 사람에게 이르러서는 권모술수의 온상이
되지 않고자 하더라도 그럴 수가 없다.

極深而研幾, 有爲己爲人之辨焉. 深者, 不聞不見之實也. 幾者, 隱微之
獨也. 極之而無間, 研之而審, 則道盡於己而忠信立. 忠信立, 則志通而
務成, 爲己之效也. 求天下之深而極之, 迎天下之幾而研之, 敝敝以爲
人而喪己, 逮其下流, 欲無爲權謀術數之淵藪, 不可得也.

___ *왕부지王夫之, 『청유학안淸儒學案』「선산학안船山學案」, 『사문록思問錄』「내편內篇」

務實
실질에
힘쓰기

학문에 있어서는 실질적이지 않으면 근거가 없어진다. 사람은 '실질'이라는 글자에 대해 늘 염두에 두고 잊지 않아야 한다. 어떤 일이든 어떤 곳이든, 말하고 움직이고 머물고 일을 처리하고 다른 사람과 교제하는 일에 대해 살피면서 마음으로 생각 하나 일 하나를 모두 실질에서 나오게끔 한다면, 덕을 늘릴 여지를 가질 수 있다.

爲學不實, 無可據之地. 人於實之一字, 當念念不忘, 隨事隨處, 省察於言動居處應事接物之間, 心使一念一事皆出於實, 斯有進德之地.

＿ *설선薛瑄, 『명유학안明儒學案』 「하동학안河東學案」

학문에서 가장 크게 요구되는 것은 바로 실질에 힘쓰는 것이다. 하나의 이치를 깨달으면 그 이치를 실천하고, 하나의 이치를 알면 그 일을 시행하니, 저절로 이치와 일이 서로 짝을 찾아 안정을 이룬다. 이렇게 되면 허황되고 절실하지 못할 것이라는 걱정이 없어진다.

爲學最要務實, 知一理則行一理, 知一事則行一事. 自然理與事相安, 無虛汎不切之患.

＿ 설선, 『설문청공독서록薛文淸公讀書錄』 「논학論學」

요즘 학자들이 착실한 것을 본업으로 삼고, 본질을 숭상하는 것을 실천으로 삼으며, 법령을 준수하는 것을 준거準據로 삼고, 성실한 마음으로 윗사람을 따르는 것을 충성으로 삼았으면 합니다. (…) 앞선 이들의 학문이 부족하다 여겨서 함부로 비난해서는 안 되며, 서로 헛소리를 지껄이며 마음속의 억측臆測을 함부로 펼쳐서 윗사람의 법도를 어지럽히려 해서도 안 됩니다.

僕願今之學者, 以足踏實地爲功, 以崇尙本質爲行, 以遵守成憲爲準, 以誠心順上爲忠. (…) 毋以前輩爲不足學而輕事詆毁, 毋相與造爲虛談逞其胸臆, 以撓上之法也.

___ 장거정張居正, 『장문충집張文忠集』「서독書牘 9・답남사성도평석논위학答南司成屠平石論爲學」

務速
서둘러 하기에
힘쓰기

『논어』「태백泰伯」에서 공자께서는 이렇게 말씀하셨다. "학문이란 따라 잡지 못하는 듯 안타까워하면서도 여전히 익힐 때를 놓칠까 두려워하라."[1] 그런데 오늘날 학자들은 도리어 이처럼 게으르다. 예컨대 이는 도둑을 잡는 것과 비슷하다. 도둑을 잡으려면 한껏 정신과 기력을 북돋아서는 온갖 방법을 동원해 그 도둑을 잡으러 쫓아가야만 한다. 그리고 이와 같이 하더라도 여전히 그 도둑을 잡지 못할까 걱정해야 한다. 그런데 오늘날엔 오히려 그저 있던 자리에 편히 앉아서 도둑을 눈여겨 쳐다볼 뿐 상관하지 않으니, 이래서야 어떻게 도둑을 잡을 수 있겠는가!

學如不及, 猶恐失之. 如今學者却恁地慢了. 譬如捉賊相似, 須是着起氣力精神, 千方百計去趕捉他. 如此猶恐不獲, 今却只在此安坐, 熟視他, 不管他, 如何奈得他何!

__주희, 『주자어류』 권35, 「논어」 17 · 학여불급장學如不及章」

---

1 『논어』「태백」 제8장

務靜
고요하기에
힘쓰기

학문이란 사실 고요함 속에서 터득하는 바가 생긴다. 고요하지 않으면 마음이 뒤죽박죽 어지러울 테니 터득하는 바가 있을 리 있겠는가?

學問實自靜中有得, 不靜, 則心旣雜亂, 何由有得?

__ 설선薛瑄, 『설문청공독서록薛文淸公讀書錄』「논학論學」

子細玩味
꼼꼼히
음미하기

책을 읽는 방법으로, 우선은 평범하게 읽되 꼼꼼히 음미해야 한다. 절
대 대충 보아 넘겨서는 안 된다. 두예杜預가 『춘추좌전집해春秋左傳集解』에
서 말했던 것처럼, 차근차근 익혀서 충분히 만끽하고 나면, 자연스레
얼음이 녹듯이 풀리고 기꺼이 이치가 펼쳐지는 도리를 갖출 수 있다.[1]

讀書之法, 須是平平淡淡去看, 子細玩味, 不可草草. 所謂優而柔之, 厭
而飫之, 自然有渙然冰釋, 怡然理順底道理.

__육구연, 『상산전집』 권35, 「어록」

---

1 전체 문장이 두예의 『춘추좌전집해』 「서序」에서 온 것이다. "優而柔之, 使自求之, 厭而飫
之, 使自趨之. 若江海之浸, 膏澤之潤, 渙然冰釋, 怡然理順, 然後爲得也." 이중 "優而柔之, 使自
求之"는 앞서 『대대례기大戴禮記』 「자장문입관子張問入官」에 보인다.

群居爲學
모여 살면서
배우기

옛날 관중이 선비, 농부, 장인, 상인을 따로 거처하게 하는 일에 대해 이렇게 주장했다.[1] 선비 노릇 하는 자들은 반드시 따로 모아 고을을 만들어 살고자 한다. 이렇게 되면 한가할 때 아비들끼리는 자애慈[2]를 얘기할 것이고 자식들끼리는 효도를 얘기하기 마련이다. 그래서 아비나 형의 가르침이 엄격하지 않아도 자식이나 아우는 저절로 성취를 얻고, 자식이나 아우의 학문 역시 별다른 노력을 기울이지 않아도 잘할 수 있다. 관중은 또 예부터 선비를 거처하게 한 곳은 한적한 곳이라고 주장했다. 이는 바로 자하子夏가 『논어』 「자장子張」에서 말한 "여러 장인이 자신의 작업장에서 자신의 기술을 완성하고, 군자는 학문으로써 그 도에 다다른다"고 했던 의미다. 오늘날 비록 학교들은 세워졌지만 선비들은 사방에 흩어져 있어서, 특히 옛사람들이 선비를 가르치던 요체를 상실하고 있다. 나라에서 운영하는 학교를 세울 때 반드시 나라의 명승지를 골라 세우고, 그 학교 옆에는 두루 숙소를 지어 선비들로 하여금 그 숙소에 살게 한다면 아마도 가르침을 펼치는 데 도움이 될 듯하다.

---

1 이 얘기는 『국어國語』 「제어齊語」에 보인다. "桓公曰: 成民之事若何? 管子對曰: 四民者, 勿使雜處, 雜處其言哤, 其事易. 公曰: 處士農工商若何商若何? 管子對曰: 昔聖王之處士也, 使就閒燕, 處工就官府, 處商就市井, 處農就田野. 令大士, 羣萃而州處, 閒燕則父與子言義, 子與子言孝, 其事君者言敬, 其幼者言悌. 少而習焉, 其心安焉, 不見異物而遷焉, 是故其父兄之教不肅而成, 其子弟之學不勞而能. 夫是, 故士之子恆爲士."
2 사실 『국어』 「제어」에는 '慈'가 '義'로 되어 있다. 아마도 육세정은 문맥상 "義"가 '慈'의 와전訛傳이라고 여긴 듯하다. 일단 『국어』가 아닌 『청유학안淸儒學案』의 원문을 따랐다.

昔管仲論處四民, 凡爲士者, 必欲其羣萃州處, 暇則父與父言慈, 子與子言孝, 故其父兄之敎不肅而成, 其子弟之學不勞而能. 又曰: 處士就燕閒. 此卽百工居肆以成其事, 君子學以致其道之意也. 今庠序雖設, 士皆散處四方, 殊失古人敎士之旨. 愚謂凡建立學宮, 必當擇一國中勝地. 學宮之旁廣設屋舍, 令士人居之, 似亦於敎法有裨.

___ *육세의陸世儀, 『청유학안淸儒學案』「부정학안상桴亭學案上·사변록집요思辨錄輯要」

君子之學
군자의 학문

군자의 학문이란, 귀로 받아들여 마음에 새기고 몸으로 실천하는 것
이다.

君子之學也, 入於耳, 藏於心, 行之以身.

＿유향劉向, 『설원說苑』「담총談叢」

致良知
타고난 어진 앎을
완성하기

신건백新建伯 왕수인은 '앎을 완성한다致知'란 표현 중간에 '타고난 어짊良'이란 표현을 넣었는데, 후학들에게 대단히 큰 도움이 됐다. 그는 아마도 사람들이 세상의 영악함을 진정한 앎이라고 여길까봐 걱정했던 것 같다. 하지만 이 역시 그저 이 말을 화두로 삼으려고 이렇게 했던 것일 뿐이다. 만약 『대학』에서 '앎을 완성한다致知'를 이 표현 앞에 나오는 '의지를 참되게 한다誠意'는 표현과 연달아 읽는다면, 어디 '타고난 어짊'이 아닌 바가 있겠는가?

王新建於致知之中增一良字, 極有功於後學. 蓋恐人以世俗乖巧爲知也. 然亦是要單提此語作話頭故耳. 若連上文誠意讀下, 豈有不良者乎?

__ *육세의, 『청유학안』「부정학안상·사변록집요」

致思
끝까지
생각하기

학자가 책을 읽을 때는, 무미건조한 부분에 대해 반드시 끝까지 생각해
봐야만 하는데, 그러다 여러 의문이 생겨나서 자지도 먹지도 않을 정도
가 돼야만 빨리 발전할 수 있다.

學者讀書, 須是于無味處當致思焉, 至于羣疑並興, 寢食俱廢, 乃能驟進.

___ *주희, 『송원학안』「회옹학안상晦翁學案上」

致知
앎을
완성하기

앎을 완성한다는 것은 머물 곳을 안다는 것이다. 머물 곳을 안다는 것이란 무엇인가? 임금 노릇 하는 이는 어짊에 머문다. 신하 노릇 하는 이는 공경함에 머문다. 자식 노릇 하는 이는 효도에 머문다. 아비 노릇 하는 이는 자애에 머문다. 같은 나라 사람과 사귀는 이는 믿음에 머문다. 이것을 일컬어 머문다고 하는 것이다. 머물 곳을 안 연후에야 앎이 지극해진다. 임금, 신하, 아비, 자식, 같은 나라 사람의 사귐에서 큰 예절 300가지와 세세한 예절 3000가지[1]까지를 일컬어 사물事物이라 한다.

致知者, 知止也. 知止者何? 爲人君, 止於仁. 爲人臣, 止於敬. 爲人子, 止於孝. 爲人父, 止於慈. 與國人交, 止於信. 是之謂止. 知止然後謂之知至. 君臣父子國人之交以至於禮儀三百威儀三千; 是之謂物.

___ *고염무顧炎武, 『청유학안』「정림학안상亭林學案上·일지록日知錄」

---

1 『중용』 제27장 "禮儀三百, 威儀三千."

致知良知
앎을 완성하기와
타고난 어진 앎

자신에게 착하지 않은 점이 있을 때 이를 깨닫지 못한 적이 없었다는 말은, 바로 "타고난 어진 앎良知"을 말한 것이다. 이런 잘못을 깨달은 뒤엔 절대 그 잘못을 반복하지 않았다는 말은, 바로 "앎을 이루었음致知"을 말한 것이다.[1]

有不善未嘗不知, 是謂良知. 知之未嘗復行也, 是謂致知.

___ *유종주劉宗周, 『명유학안』「즙산학안蕺山學案·어록語錄」

---

1 "有不善未嘗不知, 知之未嘗復行也"라는 표현은 원래 『주역』「계사전 하」에 보인다. 여기서의 맥락은 『논어』「옹야」의 "哀公問: 弟子孰爲好學? 孔子對曰: 有顔回者好學, 不遷怒, 不貳過. 不幸短命死矣! 今也則亡, 未聞好學者也"란 구절에 대한 정자程子의 해설에 나온 표현인데, 이는 주희의 『논어집주』에 보인다. "程子曰: 顔子之怒, 在物不在己, 故不遷. 有不善未嘗不知, 知之未嘗復行, 不貳過也."

致知力行
앎을 완성하고
힘써 실천하기

고증에만 전심전력한다면 근본을 놓치고 제 마음조차 잃을 위험이 있다. 너무 고답적인 것만 추구하다보면 차근차근 밟아야 할 단계를 뛰어넘다가 공허해질 우려가 있다. 이 두 가지 모두 학문하는 데 정심하지 못해서 생기는 폐단이다. 성인의 가르침을 살펴보니 본래 앎을 완성하고 힘써 실천한다는 실마리를 넘어서지 않았다. 성인께서 이리 하신 것은 사람들이 힘쓰는 일 모두가 앎을 이루는 것임을 모를까 걱정했기 때문이다.

專于考索, 則有遺本溺心之患, 而騖于高遠, 則有躐等憑虛之憂. 二者皆其弊也. 考聖人之敎, 固不越乎致知力行之端, 患在人不知所用力爾, 莫非致知也.

___ *주희, 『송원학안』 「회옹학안상」

重注疏
주소注疏를
중시하기

후배들은 경서를 볼 때, 주소注疏와 선배 유자들의 해석을 중시해야만 한다. 그렇지 않고 자신의 견해만 가지고 논의를 하다가는, 나만 옳다고 여기는 지경이 되어 옛사람들까지 경시할까 걱정된다. 한나라와 당나라 사이의 이름난 신하들이 펼친 논의들을 내 마음으로 반추해보니, 도에 크게 어긋나는 바가 있었다. 그러나 이런 지적도 자기 스스로 서민에게 징험徵驗해봐서[1], 그릇됨이 없는 도리를 지니게 된 이후에야 따로 말할 수 있는 것이다.

後生看經書, 須着看注疏及先儒解釋, 不然, 執己見議論, 恐入自是之域, 便輕視古人. 至漢唐間, 名臣議論, 反之吾心, 有甚悖道處, 亦須自家有徵諸庶民而不謬底道理, 然後別白言之.

__육구연,『상산전집』권35,「어록」

---

1 『중용』29장 "故君子之道, 本諸身, 徵諸庶民, 考諸三王而不謬."

集義
정의로움을
모으기

일이 크고 작든, 오로지 옳고 그름을 따질 뿐이다. 학자는 모름지기 매사를 이치에 부합하게 하면서 한 가지 일이라도 가벼이 보아서는 안 된다. 그래서 맹자가 "호연지기란 정의로움이 모여 생겨나는 것"[1]이라고 말했던 것이다.

事不論大小, 祇論是非. 學者須令事合理, 一事不可忽略. 故曰: 浩然之氣, 是集義所生者.

___ *탕빈湯斌, 『청유학안』 「잠암학안潛庵學案·어록語錄」

---

1 이 표현은 『맹자』 「공손추 상」에 보인다.

上進
앞으로
나아가기

학문을 할 땐, 모름지기 오늘날의 것이 옳고 지난날의 것이 틀리며 날마다 바뀌고 달마다 변화한다는 것을 깨달아야만 앞으로 계속 나아갈 수 있다.

爲學須覺今是而昨非, 日改月化, 便是長進.

＿주희, 『주자어류』 권8, 「학이·논위학지방論爲學之方」

虛盈
채우고
비우기

공자가 주周나라 종묘를 둘러보다가 기울어진 그릇이 있는 것을 발견했다. 공자는 종묘 관리인에게 물었다. "이게 무슨 그릇입니까?" 종묘 관리인은 이렇게 대답했다. "좌석 오른쪽에 놓아두는 그릇입니다." 공자가 말했다. "내가 듣기에, 좌석 오른쪽에 놓아두는 그릇은 가득 차면 엎어지고 비면 기울고 중간까지 차면 똑바로 선다고 하던데, 이게 그 그릇입니까?" 종묘 관리인이 대답했다. "그렇습니다." 공자는 자로에게 물을 떠다가 시험해보게 했다. 그릇에 물을 가득 채우니 그릇이 엎질러졌고, 중간까지 채우니 똑바로 섰고, 비우니 기울어졌다. 이를 본 공자는 탄식하며 이렇게 말했다. "아아! 가득 차면 어찌 엎어지지 않을 수 있겠는가!" 자로가 말했다. "감히 여쭙건대 가득 차는 것을 상대할 방법이 있습니까?" 공자가 이렇게 대답했다. "가득 찬 것을 상대하는 방법은 속에 찬 것을 떠내고 덜어내는 것이다." 자로가 말했다. "덜어내는 방법이 있습니까?" 공자가 답했다. "높이 올라서도 아래로 내려올 수 있고, 가득 채워서도 비울 수 있고, 부유하면서도 검소할 수 있고, 존귀하면서도 비천한 자리에 처할 수 있고, 똑똑하면서도 어리석게 굴 수 있고, 용감하면서도 겁을 낼 수 있고, 달변이면서도 어눌하게 굴 수 있고, 해박하면서도 천박하게 굴 수 있고, 잘 알면서도 전혀 모르는 척할 수 있어야 한다. 이를 일컬어 '덜어내되 극한에는 다다르지 않는다'고 하는 것이다. 이 방법은 오로지 지극한 덕을 지닌 자만이 실천할 수 있다. 『주역』에 이르길 '덜어내지 않고 보태기에 손해가 되고, 스스로 덜어내어 마무리하기에 보탬이 된다'[1]고 했다."

孔子觀於周廟而有欹器焉, 孔子問守廟者曰: 此爲何器? 對曰: 蓋爲右坐之器. 孔子曰: 吾聞右坐之器, 滿則覆, 虛則欹, 中則正, 有之乎? 對曰: 然. 孔子使子路取水而試之, 滿則覆, 中則正, 虛則欹, 孔子喟然嘆曰: 嗚呼! 惡有滿而不覆者哉! 子路曰: 敢問持滿有道乎? 孔子曰: 持滿之道, 挹而損之. 子路曰: 損之有道乎? 孔子曰: 高而能下, 滿而能虛, 富而能儉, 貴而能卑, 智而能愚, 勇而能怯, 辯而能訥, 博而能淺, 明而能闇. 是謂損而不極. 能行此道, 唯至德者及之. 易曰: 不損而益之, 故損. 自損而終, 故益.

___유향劉向, 『설원說苑』 「경신敬愼」

1 현재 전해지는 『주역』에는 이 같은 표현이 어디에도 보이지 않는다.

虛心
마음
비우기

사람의 덕이란 그릇과 같은 것이 아닐까?

그릇이 비면 물건을 채워 넣지만 가득 차면 그칠 것이다. 그래서 군자는 늘 그 마음을 비워두고 그 용모를 공손히 하며, 남다른 재주로 대중의 위에 처하려 하지 않는다. 남을 보면서는 여전히 현명하다고 여기고, 스스로를 보면서는 여전히 부족하다고 여긴다. 그래서 사람들은 그 군자가 알려주는 것을 싫증 내지 않고 그 군자가 가르쳐주는 것에 지겨워하지 않는다.

『주역』에 이르길 "군자는 자신을 텅 비워서 남을 받아들인다"고 했고, 『시경』「용풍鄘風・간모干旄」편에서는 "저 아름다운 현인께서는 어떤 좋은 말씀을 아뢸까?"라고 했다. 군자는 훌륭한 도에 대해서, 크면 큰 대로 인식하고 작으면 작은 대로 인식한다. 훌륭한 것은 크고 작은 구분 없이 모두 마음에 담아둔다. 그런 연후에 그 마음에 담아 둔 것을 실천한다. 내가 가진 것은 남이 빼앗아 갈 수 없고, 내가 없는 것은 남에게서 가져오니, 이 까닭에 내 공적은 늘 다른 사람보다 앞서고 다른 사람은 나보다 뒤처지는 것이다.

人之爲德, 其猶器歟? 器虛則物注, 滿則止焉. 故君子常虛其心志, 恭其容貌, 不以逸群之才加乎衆人之上. 視彼猶賢, 自視猶不足也. 故人願告之而不厭, 誨之而不倦. 『易』曰: 君子以虛受人. 『詩』曰: 彼姝者子, 何以告之? 君子之於善道也, 大則大識之, 小則小識之, 善無大小, 咸載

於心, 然後擧而行之. 我之所有, 旣不可奪, 而我之所無, 又取於人, 是
以功常前人, 而人後之也.

____ 서간徐幹, 『중론中論』「허도虛道」

特效藥
특효약

"위로는 하늘을 원망하지 않고, 아래로는 남을 허물하지 않는다. 군자는 편안하게 거하며 천명天命을 기다리지만, 소인은 위험을 무릅쓰면서 요행을 바란다."[1] 등불 아래『중용』을 읽다가 이 구절을 베껴 쓸 때면, 부족한 난 늘 효과가 좋은 약을 복용하는 느낌이다.

上不怨天, 下不尤人. 君子居易以俟命, 小人行險以徼倖. 燈下讀『中庸』, 書此, 不啻恒服有效之藥也.

___ *오여필吳與弼,『명유학안明儒學案』「숭인학안崇仁學案·오강재선생어吳康齋先生語」

---

1 『중용』제14장

自新
스스로
새로워지기

"사람이 성현이 아닌 바에야 누군들 허물이 없겠는가?"[1]란 말이 있다. 우리는 분발하여 학문하는 과정에서 반드시 참된 마음으로 허물을 고쳐야 한다. 묵묵히 자신의 근심거리를 점검하고, 묵묵히 자신의 뿌리 깊은 단점을 고칠 수 있어야 한다.

만약 이러지 못하고 겉으로 얼버무리며 버틴다면, 설령 아침저녁으로 계속 엄격한 스승을 따르고 뛰어난 벗과 더불어 지내봤자 자신에게 무슨 보탬이 있겠는가? 매번 벗을 만날 때마다, 스스로의 허물을 고치는 것에는 인색하게 굴면서 굳이 남의 허물을 들먹이려 하고, 심지어는 남이 수십 년 전에 우연히 저지른 실수까지 늘 마음에 담아두었다가 애깃거리로 삼는다. 어찌하여 선비는 3일만 떨어져 있어도 눈을 비비고 다시 살펴봐야 함을 떠올리지 못한단 말인가! 순임금 같은 선인과 도척盜跖 같은 악인의 구분은 오로지 생각을 한 번 바꾸는 데 달려 있다는 것이다.

만약 줄곧 해오던 행동이 군자다웠더라도, 어느 날 아침 그 행동을 바꾸면 바로 소인이 되고 만다. 또 줄곧 해오던 행동이 소인다웠더라도 어느 날 아침 이를 바꾸려 하면 바로 군자가 되는 것이다. 어찌 실수 한 번 했다고 배척하여 사람이 스스로 새롭게 될 수 있는 길을 막아버릴

---

1 이 표현은 『좌전』 선공宣公 2년에 보인다.

수 있단 말인가!

人非聖賢, 孰能無過. 吾輩發憤爲學, 必要實心改過, 默默檢點自己心事, 默默克治自己病痛. 若昧此心, 支吾外面, 卽嚴師勝友, 朝夕從遊, 何益乎? 每見朋友中, 自己吝於改過, 偏要議論人過, 甚至數十年前偶誤, 常記在心, 以爲話柄. 獨不思士別三日, 當刮目相待! 舜跖之分, 祇在一念轉移. 若向來所爲是君子, 一旦改行卽爲小人矣. 向來所爲是小人, 一旦改圖則爲君子矣. 豈可一眚便棄, 阻人自新之路!

___ *탕빈湯斌, 『청유학안』 「잠암학안潛庵學案·지학회약志學會約」

自己體認
스스로
체득하기

정호程顥 선생은 이렇게 말씀하셨다. "내 학문은 비록 남에게서 받은 바가 있지만 '천리天理'라는 두 글자만큼은 내 스스로 체득한 것이다." 타고난 어진 앎이 바로 천리다. 체득이란 것은 사실 자기 자신에게 갖추어져 있다는 말이다.

明道云: 吾學雖有所受, 然天理二字卻是自家體認出來. 良知卽是天理.
體認者, 實有諸己之謂耳.

___ *왕수인, 『명유학안』「요강학안姚江學案 1·여마자화與馬子華」

自參自求
스스로
살피면서 찾기

사람이 설령 학문이 무엇인지 안다고 해도, 시시때때로 자기 마음 속 은밀한 곳에서 스스로 살피면서 찾아 스스로 체득해야만 한다. 이는 일이 있든 없든, 한가하든 바쁘든, 끊임없이 이어져야 하며 이러한 상황이 오래도록 지속되다보면 저절로 꿰뚫을 수 있다. 그러고도 이를 지속해서 모든 것과 감응하면서 모든 일에서 스스로를 연마하며 내 몸 안의 일이나 내 몸 밖의 일을 따로 구분해 틈을 두지 않으려 노력하다보면 언제나 한결같은 마음을 유지하기 마련이다. 그제야 비로소 학문에 대해 말할 수 있다.

人苟知學, 須時時向自心隱微處, 自參自求, 自體自認, 不拘有事無事, 閒中忙中, 綿密勿輟, 積久自徹, 仍須在應感上隨事磨練, 務使內外無閒, 心境如一, 方可言學.

＿＿이옹李顒,『이곡집二曲集』권10,「남행술南行述」

自得
스스로
터득하기

학자는 비단 책에서 이치를 구할 뿐만 아니라 자신의 마음에서도 구해야 한다. 움직임과 존재의 기미幾微를 잘 살펴서 자신에게 갖춰진 바를 잘 키우되 이를 눈으로 보고 귀로 들은 바로 어지럽혀서는 안 된다. 지리멸렬한 눈과 귀를 버리고 자유자재로 변화하는 정신을 보존한다면, 책을 펼치기만 하면 모든 이치를 얻을 수 있다. 이는 책에서 얻는 것이 아니라 내 자신에게서 얻는 것이다.

學者不但求之書, 而求諸吾心, 察於動靜有無之機, 致養其在我者, 而勿以見聞亂之. 去耳目支離之用, 全虛圓不測之神, 一開卷盡得之矣. 非得之書也, 得自我者也.

___ *진헌장陳獻章, 『명유학안明儒學案』「백사학안白沙學案·도학전서道學傳序」

自修
스스로
수양하기

옛사람의 말에 "추위를 막는 데 두꺼운 가죽 옷만 한 것이 없고, 남의
비방을 그치게 하는 데 스스로 수양하는 것만 한 것이 없다"[1]란 말이
있다. 수양이 지극한 경지에 다다른다면 어찌 남들의 비방이 그치지
않겠는가? 남의 비방이 자신에게 그다지 해가 되지 않는다고 말하지
말라. 그 재앙이 장차 커질 것이다.[2]

古人有言, 禦寒莫若重裘, 止謗莫如自修. 修之至極, 何謗不息? 勿曰無
害, 其禍將大.

___ 장구령張九齡, 『곡강집曲江集』 권16, 「상요령공서上姚令公書」

---

1 이 표현은 진수陳壽 『삼국지三國志』 「위서魏書·왕창전王昶傳」에 보인다.
2 이 표현은 『대대례기』 「무왕천조武王踐阼」에 보인다. "毋曰胡害, 其禍將大."

自覺
스스로
깨닫기

학문은 쉽고 어렵다는 구분이 없고, 사람이 스스로 깨닫는 데 달려 있을 뿐이다. 자신의 재주가 퇴보했음을 스스로 깨닫는 것이 바로 전진이고, 자신의 재주에 문제가 있음을 스스로 깨닫는 것이 바로 좋은 약이 된다.

學無難易, 在人自覺耳. 才覺退, 便是進也. 才覺病, 便是藥也.

___ *진헌장, 『명유학안』「백사학안·여담민택與湛民澤」

自省
스스로
반성하기

『논어』「이인里仁」에 나오는 "현명한 사람을 보면 그와 같아질 것을 생각한다"는 말은 약간이라도 그 사람만 못한 구석이 있다면, 그건 내가 그 사람과 동격同格이 아니라는 뜻이다. "현명하지 못한 사람을 보면 속으로 스스로를 반성한다"[1]는 말은 순임금 같은 성인조차 우禹에게 요임금의 못난 아들 단주丹朱를 경계警戒로 삼으라는 충고를 들었던 경우를 가리킨다.[2] 이는 학자들의 가장 일상적인 공부거리이지만 그 뜻을 실현하는 경지에 다다르면 성현의 지위에 오를 수 있다.

見賢思齊, 才有一分不如, 便不是齊. 見不賢內自省, 如舜之聖, 禹尙以丹朱戒之. 此最學者日用工夫, 然格其義, 是聖賢地位.

___ *여조겸呂祖謙, 『송원학안宋元學案』「동래학안東萊學案·논어설論語說」

"실천하다 안 되는 바가 있거든 응당 그 원인을 자기 자신에게서 찾아야 한다."[3] 밖에서 어긋나는 부분이 있으면, 반드시 속에는 막힌 부분이 있는 것이다. 내 자신을 되돌아보면서 반성하는 것은 모두가 앞으로 나아가는 것이다. 이래야만 함부로 처해 있는 시대나 상황이 다르다는

---

1 『논어』「이인里仁」제14장 "見賢思齊, 見不賢內自省."
2 『상서』「익직益稷」을 보면, 우禹임금이 순舜임금에게 "단주의 오만함을 닮지 말라無若丹朱傲"며 경계하는 표현이 보인다.
3 『맹자』「이루 상」제4장에 "行有不得者, 皆反求諸己"라고 했다.

핑계로 스스로를 너그럽게 보아 넘기지 않는다.

行有不得者, 當反求諸己. 外有齟齬, 必內有窒礙. 反觀內省, 皆是進步,
不敢爲時異勢殊之說以自恕.

　　*여조겸, 『송원학안』「동래학안·여유자징與劉子澄」

觸類旁通
맞닥뜨린 일들을 잘 정리하며
두루 통달하다

모름지기 홀로 생각만 하면 꽉 막혀서 통하질 못하고, 홀로 실천만 하면 곤궁해져 나아가질 못한다. 사람의 마음엔 분명히 총명함과 오성悟性이 갖추어져 있는데, 이는 마치 불에 바람이 불면 불길이 더 타오르고 물을 아래로 흘리면 물길이 더 빨라지는 것과 마찬가지다.

그래서 태호씨太昊氏는 하늘과 땅을 살펴서 팔괘를 그렸고, 수인씨燧人氏는 때와 계절을 살펴서 불을 피웠으며, 황제黃帝 헌원씨軒轅氏는 봉황이 우는 소리를 듣고서 십이율十二律을 만들어냈고, 창힐倉頡은 새 발자국을 보고서 글자를 만들어냈으니, 이는 위대한 성인들이 신명神明에게서 배운 바를 하나의 사물로 발현해낸 것이다.

현명한 이는 먼 곳에서 배우지 않고 가까운 곳에서 배운다. 그래서 그들은 성인을 스승으로 삼는다. 옛날 안회顏回가 성인 공자로부터 배웠는데 하나를 들으면 열을 알았다. 자공은 하나를 들으면 둘을 알았는데[1], 이들 모두가 맞닥뜨린 일들을 종류별로 정리해 확장시키고, 독실하게 궁리해 공자의 가르침을 들은 것이다.[2]

비단 현명한 사람만 성인으로부터 배우는 것이 아니라 성인 역시 성인으로부터 배운다. 공자는 주나라 문왕文王과 무왕武王으로부터 배웠고, 문왕과 무왕은 상商나라 탕왕湯王으로부터 배웠으며, 상나라 탕왕은 하

---

1 『논어』「공야장公冶長」제9장 "回也聞一以知十; 賜也聞一以知二."
2 『주역』「계사전 상」제9장

夏나라 우왕禹王으로부터 배웠고, 하나라 우왕은 요임금과 순임금으로
부터 배웠다.

夫獨思則滯而不通, 獨爲則困而不就. 人心必有明焉, 必有悟焉, 如火
得風而炎熾, 如水赴下而流速. 故太昊觀天地而畫八卦, 燧人察時令而
鑽火, 帝軒聞鳳鳴而調律, 倉頡視鳥跡而作書, 斯大聖之學乎神明, 而
發乎物類也. 賢者不能學於遠, 乃學於近, 故以聖人爲師. 昔顔淵之學
聖人也, 聞一以知十; 子貢聞一以知二, 斯皆觸類而長之, 篤思而聞之者
也. 非唯賢者學於聖人, 聖人亦相因而學也. 孔子因於文武, 文武因於
成湯, 成湯因於夏后, 夏后因於堯舜.

___ 서간徐幹, 『중론中論』「치학治學」

身體力行
몸소 겪고
힘써 실천하기

책 읽기란 성현의 말씀을 몸으로 체현해야만 하는 것이다. 예를 들어 "나를 이겨 예를 실천한다"[1]나 "문을 나서서는 마치 대단한 귀빈을 뵙는 듯 해야 한다"[2]와 같은 『논어』의 말은 자기 자신을 놓고 보면서 실제로 나를 이겨 예를 실천하고 삼감敬에 집중하고 너그러움恕을 실천할 수 있는지를 확인해야 한다. 모든 일을 이와 같이 해야 비로소 유익할 것이다.

讀書, 須要將聖賢言語體之於身. 如克己復禮, 如出門如見大賓, 須就自家身上體看我實能克己復禮主敬行恕否? 件件如此, 方始有益.

__주희, 『주자어류』 권42, 「논어오이십사論語廿四·안연하顏淵下」

귀하의 편지와 공문서 한 통을 받고 보니, 모두 귀하의 학문이 어디서 힘을 얻었는지 알 수 있었습니다. 실제 일어난 상황에 정말로 탄복하는 바입니다.

오늘날 사람들이 제가 학문하는 것을 좋아하지 않는다고 함부로 말합니다만, 이것은 사실을 크게 왜곡하는 말입니다. 저는 오늘날 현명하신 주군을 보필하는 사람인데, 어찌 말 한마디라도 요임금, 순임금, 주공周公, 공자 같은 성인의 도를 등지는 경우가 있겠습니까? 단지 제가 힘쓰

---

1 『논어』 「안연」 제1장
2 『논어』 「안연」 제2장

는 바는 모두가 몸소 겪고 힘써 실천하고자 했기에, 허황된 주장을 하는 자를 용납지 않았을 뿐입니다.

承華翰及公移一通, 俱見公學問得力處, 所謂實際也, 敬服. 今人妄謂孤不喜講學者, 實爲大誣. 孤今所以上佐明主者, 何有一語一言背於堯舜周孔之道? 但孤所爲, 皆欲身體力行, 以是虛談者無容耳.

＿ 장거정, 『장문충집』 「서독書牘 10·답헌장주우산명강학答憲長周友山明講學」

修養
수양하기

수양의 목적을 살펴보면, 실제 일을 맞닥뜨렸을 때 방향을 잃지 않게 평소 단련을 해두는 데 그 목적이 있습니다. 우리가 평소에 일을 맞닥 뜨릴 때면, 늘 생각해볼 여유가 있어서 거듭해 심사숙고해보고 그 이해 득실을 따져서 취사선택할 수 있습니다. 그러나 갑자기 상황이 급변해 어떤 사태가 물밀 듯이 닥쳐오면 심사숙고할 여지가 없습니다. 이러한 때의 그 어떤 유혹이나 고난에도 평소 몸가짐을 잃지 않기 위해서는 평소에 수양을 쌓아두지 않으면 안 됩니다. 이것이 수양을 쌓는 데 결코 나태해서는 안 되는 이유입니다.

수양의 방법은 평소에 반드시 신조를 지니는 것입니다. 그 신조가 종교 적인 것이든 사회적인 것이든 상관없이, 만약 신조를 마음에 품고 있는 사람으로 하여금 저항력을 키우게만 한다면, 일을 맞닥뜨렸을 때 그 신 조에 의지하여 결정을 내릴 수 있습니다. 마음속으로는 하고 싶지만 이 를 금지하여 하지 않거나, 마음속으로는 내키지 않아도 억지로나마 반 드시 실천하는 것은 모두가 신조의 힘에 의지한 것입니다. 이런 신조는 문명화된 민족이나 야만스런 민족 모두가 지니고 있습니다. 그러나 신 조는 아주 오랜 습관에 의해 만들어진 것입니다. 이런 신조를 오랫동안 실천하다보면 반드시 적절치 않은 경우가 있기 마련인데, 그런 때 의문 스러운 생각이 점차 생겨나면서 신조의 힘을 잃고 맙니다. 이는 타고난 자연 상태를 두고 말한 것입니다.

옛 성현의 격언과 훌륭한 가르침은 비록 사람이 만든 것이긴 하지만, 이 역시 시대적인 경험으로부터 귀납적으로 얻은 원칙이니 역시 시대의 변천에 따라 그 내용이 변하지 않을 수 없습니다. 오늘날 훌륭한 말이나 행동을 살펴보면 시간이 지난 뒤 휴지조각이 되어버리기도 합니다. 그 말과 행동이 늘 사람들이 믿고 따르는 신앙으로 존재하고자 하지만, 실제로는 불가능합니다. 이로 보아 알 수 있듯이, 우리는 수양에 있어서 수양의 방법을 고민하지 않을 수 없습니다. 공자, 맹자, 노자, 장자 등의 옛 중국의 철인들 모두가 일찍이 수양에 힘을 다했고, 송나라나 명나라 유학자들은 더더욱 수양에 전심전력했습니다. 그러나 학자들이 비록 수양에 힘쓸 것을 주장하긴 했지만 결국엔 천하의 사람들을 어질고 훌륭한 선비로 탈바꿈시키지는 못했습니다. 이를 보면 수양 역시 반드시 믿고 의지할 만한 것은 아니라는 것을 알 수 있습니다. 우리가 지금을 살면서 수양을 얘기할 때는, 더더욱 옛날 도가의 철인처럼 깊은 산 속에 파묻혀 살면서 세상일에 대해 귀를 기울이지 않을 수는 없는 노릇입니다. 오늘날 사회는 갈수록 발전하고 있으며 세상일은 더더욱 번잡해지고 있습니다. 이미 사회인이 되었다면 이 사회를 버리고 다른 것을 따를 수는 없으며, 아직 사회인이 아닌 재학 중인 청년들 역시 반드시 갖가지 학문을 배워서 장래에 사회인이 될 준비를 해야만 합니다. 그 책임이 번잡하고 버겁기가 이와 같기 때문에 종종 직무에 얽매여 정신적으로 쉬지 못하다보니 인생관이 곧잘 비관적이고 염세적으로 흐르고 마는데, 특히나 뜻을 이루지 못한 사람은 더 심합니다. 오늘날의 사회가 이전과 다르기 때문입니다. 이러한 폐단을 없애고자 한다면, 사람의 정신에 긴장과 이완을 적절하게 가해야 합니다. 예를 들어 일을 마치고 난 후에는 반드시 수면을 취해야만 합니다. 정신이 피로해도 수양할 기회는 있기 마련입니다. 베이징 고등사범학교 수양회와 같은 단체의 결합은 더더욱 기뻐할 만한 일입니다. 그러나 생각건대, 수양에 대한 노력을 오로지 이런 모임에만 한정할 필요는 없습니다. 평소 수업 중에도 이런 수양은 쓰입니다. 그래서 이를 특별히 '과학적 수양'이라고 이름 붙인 것입니다.

오늘날 귀회貴會의 수양 방법에 대해 한 조목 한 조목 설명하면서, 과학적인 수양 방법이 시행될 수 있음을 증명해보이겠습니다. 귀회의 장정章程 중엔 "교훈을 힘써 실천한다"는 조항이 있습니다. 베이징 고등사범학교의 교훈은 '참됨誠' '부지런함勤' '용감함勇' '사랑함愛' 이 네 가지입니다. 이 모두는 과학적으로 시행할 수 있는 것입니다. 예를 들어 '참됨'의 뜻은 비단 남을 속이지 않는 것뿐만 아니라, 남에게 속아도 안 된다는 것입니다. 남에게 속고도 속은 줄 모른다면, 자신이 속고 있는 그 얘기 다시 남에게 전할 테니 그 해악이 남을 속이는 것과 매한가지입니다. 이 까닭에 우리는 옛사람의 책을 읽으며 그 속에 나오는 말 중에 직접 검증해낸 바가 아니면 함부로 믿지 않으며, 예를 들어 1 더하기 2는 3이라는 지극히 간단한 사실 역시 반드시 검증해봐야 합니다. 검증의 효과가 가장 큰 것으로는 과학만 한 것이 없습니다. 비유컨대 신문에 실린 기사 중 올바른 기사와 잘못된 기사가 있어서 매번 어떤 것을 따르면 좋을지 사람들을 망막하게 만들어버리곤 합니다. 과학은 그렇지 않습니다. 정말 옳은 것과 정말 그릇된 것은 전혀 뒤바뀌지 않습니다. 이는 옳은 쪽은 검증이 가능하고 그릇된 쪽은 검증할 수 없기 때문입니다. 이로 보아 알 수 있듯이, 과학의 가치는 검증에 있습니다. 이 까닭에 힘써 '참됨'을 실천하려면 과학적인 방법이 아니고서는 불가능합니다.

그다음으로 '부지런함'입니다. 모든 검증된 사안들은 한 번만으로 족한 것이 아닙니다. 우리가 옛사람의 책을 읽을 때 마음에 흡족하지 않으면 그것을 검증하기 마련입니다. 그러나 한 번 검증한 결과만 가지고 틀림없이 맞는 것이라고 판단할 수 없습니다. 그래서 반드시 두 번 세 번 검증해서 판단해야만 합니다. 만약 여러 번 검증한 결과에 오류가 없다면 옛사람의 옳고 그름을 검증할 수 있습니다. 만약 검증 결과가 옛사람의 주장과 상충한다면 더욱 상세하게 잘못된 원인을 고찰한 이후에야 비로소 판단을 내릴 수 있습니다. 이는 반복해서 살펴봐야 하는 것으로 주밀하고 상세한 것을 꺼려하지 않습니다. 그래서 부지런하게 노력하는 습관을 키울 수 있습니다. 그래서 부지런함을 힘써 실천하는 것 역시 반드시 과학에 근거해야만 합니다.

그다음이 '용감함'입니다. 용감하다는 의미는 본래 나라를 위해 몸을 바치고 비분강개하며 의를 위해 나서는 선비에게만 국한되지 않습니다. 어떤 일을 할 때, 온갖 어려움을 물리치고 그 목적을 달성할 수 있는 사람은 모두 일러 용감하다고 말합니다. 과학 탐구에는 어려움이 가장 많습니다. 예를 들어 예부터 과학자들은 종종 실험 중에 목숨까지 잃기도 합니다. 남극, 북극, 해저를 탐험하던 과학자들이 이런 부류입니다. 또 새로 밝혀낸 이론이 전승돼오던 주장과 상충될 때 종종 사회의 핍박을 받기도 합니다. 니콜라스 코페르니쿠스와 갈릴레오 갈릴레이의 비극이 이에 해당합니다. 이를 보면 학문을 연구한다는 것 역시 용감함이 없으면 안 된다는 것을 알 수 있습니다. 그런데 용감함이란 과학 속에서 키울 수 있는 것입니다. 용감함은 대개 두 가지로 나뉩니다. 첫 번째로 새로운 이론을 밝혔을 때 갖가지 어려움과 장애를 물리치는 것입니다. 두 번째로 이미 밝혀낸 뒤 세상의 비난과 비웃음을 두려워하지 않고 꿋꿋하게 주장을 견지하는 것입니다. 이 두 가지는 모두가 과학으로부터 생겨난 것입니다.

다음은 '사랑함'입니다. 사랑이 범위에는 크고 작은 차이가 있습니다. 야만적인 시기엔 자기 자신과 가족처럼 자신과 매우 가까운 사람을 사랑할 줄만 알았습니다. 이외 자신과 좀 소원한 사람에 대해서는 곧잘 꺼리고 싫어하는 마음을 품었습니다. 그래서 사람이 사람을 잡아먹는 사태가 종종 있었던 것입니다. 이후 사람의 지능이 점차 발달하면서 사람의 범위도 점차 확대됐습니다. 그러나 여전히 나와 너를 구분하는 차별적 견해를 완전히 제거하지는 못했습니다. 제1차 세계대전을 예로 들면, 체결한 협약이나 패전한 독일이나 오스트리아에 대해 모두가 내가 옳고 남이 그르다는 식이었으며 서로 원수를 대하듯 했습니다. 이런 상황에서는 사랑을 널리 펼치고자 해도 매우 어려웠습니다. 그러나 유독 학술에서만큼은 이렇지 않았습니다. 모두를 동등하게 바라보면서 지역을 구분하지 않았습니다. 평소 적국이었던 나라라 할지라도 학문을 논할 때는 적국 사람의 주장에 진리가 담겨 있다면 자신의 주장을 굽히고 그 주장을 따르지 않는 경우가 없었습니다. 이걸 보면 사랑이란 것이 학술의 영역에서 가장 광범위하게 펼쳐지는 것임을 알 수 있습니다. 또 인류는 남을 질투하는 마음이 가장 심해서, 자신이 추종하는 바만 받들어 모시고 그 외에는 경시해버린 채,[1] 서로 문파를 만들어 대립합니다. 그러나 이 역시 문학계에 국한될 뿐이고, 과학에 있어서는 언제나 실험과 추리를 통해 얻은 유일한 진리뿐이어서 사사로운 견해로 모

---

1 한유韓愈의 「원도原道」에 "자신이 추종하는 바는 주인처럼 받들어 모시고, 그 외에는 노비마냥 경시해버린다入者主之, 出者奴之"라고 했다.

든 것을 뒤바꿔버리는 것을 용납하지 않습니다. 이 까닭에 질투할 틈이 없고, 사람의 마음을 쉽게 키울 수 있습니다.

이상 얘기한 바는 그저 "교훈을 힘써 실천한다"란 구절의 뜻을 부연한 것입니다. 다시 귀교의 장정을 살펴보면 정좌란 조항이 있습니다. 이는 도가에서 전승돼온 가르침을 본받은 것입니다. 불교의 좌선 역시 이에 속합니다. 그러나 정좌는 아주 오랫동안 전승되었으나 결국엔 사회에까지 보급된 적이 없었습니다. 오늘날 일본에서 정좌를 주장하는 사람이 있는데 오로지 과학적인 논리로 정좌를 해석하고 있습니다. 중국에서는 장웨이차오蔣維喬 선생이 이와 같은 주장을 하고 있습니다. 그래서 장웨이차오 선생의 주장을 믿고 따르는 이들이 많은데, 삽시간에 각지로 퍼져나갔습니다. 이 역시 수양이 과학에 근거하고 있는 바입니다. 또 "술을 마시지 않는다"와 "담배를 피우지 않는다"는 두 조항 역시 과학의 도움 없이는 사람들이 받아들이게 하기 쉽지 않습니다. 술을 마시고 담배를 피우는 기호는 본래 사람에게 정당한 즐길 거리가 없기에 부득이하게 술과 담배로 소일의 도구를 삼았던 것인데, 이것이 오래 되면서 고질병이 돼버린 것입니다. 오늘날 과학이 발달하면서 즐길 거리가 날로 많아지니, 술과 담배 같은 백해무익한 소일거리를 일삼지 않아도 됩니다. 과학에 대한 문제는 종종 사람의 흥미를 불러일으키기 때문에, 피로를 느끼지 못할 것이니 술과 담배는 자연 쓸모가 없어질 것입니다.

오늘 얘기한 것은 그저 생각이 미치는 바를 간략하게나마 진술한 것입니다. 주의해야 할 것은 학생들이 수업 이외에 따로 수양할 필요를 말하는 것이 아니라는 점입니다. 그저 수업에서도 수양을 쌓는 것이 가능하며 수양의 성과를 언제 어디서라도 사용할 수 있게 한 뒤, 이런 상황이 오래도록 지속되어 익숙해지면 어떤 일을 맞닥뜨리든 간에 당황해서 어찌할 바를 모르는 지경에 빠지지 않을 거라는 점입니다.

査修養之目的, 在使人平日有一種操練, 俾臨事不致措置失宜. 蓋吾人平日遇事, 常有計較之餘暇, 故能反復審慮, 權其利害是非之輕重而定取舍. 然若至倉卒之間, 事變橫來, 不容有審慮之餘地, 此時而欲使誘惑困難不能隳其操守, 非憑修養有素不可, 此修養之所以不可緩也.

修養之道, 在平日必有種種信條, 無論其爲宗敎的或社會的, 要不外使服膺者儲蓄一種抵抗之力, 遇事卽可憑之以定抉擇. 如心所欲作而禁其不作, 或心所不欲而强其必行, 皆依於信條之力. 此種信條, 無論文明野蠻民族均有之. 然信條之起, 乃由數千萬年習慣所養成, 及行之旣久, 必有不適之處, 則懷疑之念漸興, 而信條之效力遂失. 此猶就其天然者言也. 乃若古聖先賢之格言嘉訓, 雖屬人造, 要亦不外由時代經驗歸納所得之公律, 不能不隨時代之變遷而易其內容. 吾之今日所見爲嘉言懿行者, 在日後或成故紙, 欲求其能常系人之信仰, 實不可能. 由是觀之, 則吾人之於修養, 不可不硏究其方法. 在昔吾國哲人, 如孔孟老莊之屬,均曾致力於修養, 而宋明儒者尤專力於此. 然學者提倡雖力, 卒不能使天下之人盡變爲良善之士, 可知修養亦無一定之必可恃者也. 至於吾人居今日而言修養, 則尤不能如往古道家之蟄影深山, 不聞世事. 蓋今日社會愈進, 世務愈繁. 已入社會者, 固不能舍此而他從, 卽未入社會之學校靑年, 亦必從事於種種學問, 爲將來入世之準備. 其責任之繁重如是, 故往往易爲外務所縛, 無精神休假之餘地, 常易使人生觀陷於悲觀厭世之域, 而不得志之人爲尤甚. 其故卽在現今社會與從前不同. 欲補救此弊, 須使人之精神有張有弛. 如作事之後, 必繼之以睡眠, 而精神之疲勞, 亦必使有機會得以修養. 此種團體之結合, 尤爲可喜之事. 但鄙人以爲修養之致力, 不必專限於集會之時, 卽在平時課業中亦可利用其修養. 故特標此題曰: "科學的修養".

今卽就貴會之修養法逐條說明, 以證科學的修養法之可行. 如貴會簡章有力行校訓一條. 貴校校訓爲誠勤勇愛四字. 此均可於科學中行之. 如誠 字之義, 不但不欺人而已, 亦必不可爲他人所欺. 蓋受人之欺而不自知, 轉以此說復詔他人, 其害與欺人者等也. 是故吾人讀古人之書, 其中所言苟非親身實驗證明者, 不可輕信, 乃至極簡單之事實, 如一加二爲三之數, 亦必以實驗證明之. 大實驗之用最大者, 莫如科學. 譬如報紙紀事, 臧否不一, 每使人茫無適從. 科學則不然. 眞是眞非, 絲毫不能移易. 蓋一能實驗, 而一不能實驗故也. 由此觀之, 科學之價值在實驗. 是故欲力行"誠"字, 非用科學的方法不可.

其次"勤", 凡實驗之事, 非一次所可了. 蓋吾人讀古人之書而不慊於心, 乃出之實驗. 然一次實驗之結果, 不能卽斷其必是, 故必斷之以再以三. 使有數次實驗之結果, 如不誤, 則可以證古人之是否. 如與古人之說相刺謬, 則尤必詳考其所以致誤之因, 而後可以下斷案. 凡此者反復推尋, 不憚周詳, 可以養成勤勞之習慣. 故"勤"之力行亦必依賴夫科學.

再次"勇", 勇敢之意義, 固不僅限於爲國捐軀, 慷慨赴義之士, 凡作一事, 能排萬難而達其目的者, 皆可謂之勇. 科學之事, 困難最多. 如古來科學家, 往往因試驗科學致喪其性命, 如南北極及海底探險之類. 又如新發明之學理, 有與舊傳之說不相容者, 往往遭社會之迫害, 如哥白尼賈利來之慘禍. 可見研究學問, 亦非有勇敢性質不可, 而勇敢性質, 卽可於科學中養成之. 大抵勇敢性有二: 其一發明新理之時, 排去種種之困難阻礙, 其二, 旣發明之後, 敢於持論, 不懼世俗之非笑. 凡此二端, 均由科學所養成.

再次"愛", 愛之範圍有大小. 在野蠻時代, 僅知愛自己及與己最接近者, 如家族之類. 此外稍遠者, 輒生嫌忌之心. 故食人之擧, 往往有焉. 其後人智稍進, 愛之範圍漸擴, 然猶不能擧人我之見而悉除之. 如今日歐洲大戰, 無論協約方面或德奧方面, 均是己非人, 互相仇視, 欲求其愛之普及甚難. 獨至於學術方面則不然, 一視同仁, 無分畛域, 平日雖屬敵國, 及至論學之時, 苟所言中理, 無有不降心相從者. 可知學術之域內, 其愛最薄. 又人類嫉妒之心最盛, 入主出奴, 互為門戶. 然此亦僅限於文學耳, 若科學, 則均由實驗及推理所得唯一眞理, 不容以私見變易一切. 是故嫉妒之技無所施, 而愛心容易養成焉.

以上所述, 僅就力行校訓一條引申其義. 再閱簡章, 有靜坐一項. 此法本自道家傳來. 佛氏之坐禪, 亦屬此類. 然歷年旣久, 卒未普及社會, 至今日日本之提倡此道者, 純以科學之理解釋之. 吾國如蔣竹莊先生亦然, 所以信從者多, 不移時而遍於各地. 此亦修養之有賴於科學者也. 又如不飮酒不吸煙二項, 亦非得科學之助力不易使人服行. 蓋煙酒之嗜好, 本由人無正當之娛樂, 不得已用之以爲消遣之具, 積久遂成痼疾. 至今日科學發達, 娛樂之具日多, 自不事此無益之消遣. 如科學之問題, 往往使人興味加增, 故不感疲勞而煙酒自無用矣.

今日所述, 僅感想所及, 約略陳之. 惟宜注意者, 鄙人非謂學生於正課科學之外, 不必有特別之修養, 不過正課之中, 亦不妨兼事修養, 俾修養之功, 隨時隨地均能用力, 久久純熟, 則遇事自不致措置失宜矣.

__ 차이위안페이蔡元培, 「과학의 수양科學之修養」

躬行實踐
몸소
실천하기

성현의 의리는 사서와 오경에 실려 있으나, 그 요체는 내 몸에 달려 있다. 만약 지금 각자 실질적인 수양을 하지 않고 허물을 고쳐 훌륭해지는 것을 자신의 할 일로 삼지 않는다면, 설령 『십삼경주소十三經注疏』『사서대전四書大全』『오경대전五經大全』을 꼼꼼하게 분석했다 하더라도 끝내 나 자신과는 아무런 상관이 없을 것이다. 성현의 학문이 가장 중시하는 것은 자신의 의지를 참되게 하는 것이다. 『대학』에서 '의지를 참되게 하는 것誠意'에 대해 설명하며 언급한 '스스로를 속이기自欺'와 '스스로 만족하기自慊'[1]는 모두가 자기 자신만의 은밀한 내면에서 교정할 수 있는 것이다. 만약 그저 겉으로 드러나는 행동거지만 대충 꾸미면서 정말 마음을 쓰면서 다잡지 않는다면, 겉으로는 아무런 흠결이 없더라도 결국 이리저리 눈치 보며 올바름을 자신의 안이 아닌 밖에서 다짜고짜 끌어오려다보니 일생을 고생하더라도 결국 위선적인 시골 선비가 될 뿐이다.

聖賢義理, 載於五經四書, 而其要在於吾身. 若舍目前各人進修之實, 不以改過遷善爲務, 縱將注疏大全辨析毫釐, 與己終無干涉. 聖學首重誠意, 自欺自慊, 皆在隱微獨知處勘證. 若徒彌縫形迹, 不實在心地打點, 卽外面毫無破綻, 總是瞻前顧後, 義襲而取, 苦力一生, 究竟成一鄕愿.

___ *탕빈湯斌, 『청유학안』「잠암학안潛庵學案·지학회약志學會約」

---

1 『대학』 제6장 "所謂誠其意者: 毋自欺也, 如惡惡臭, 如好好色, 此之謂自謙, 故君子必愼其獨也." 여기서 '자겸自謙'의 '겸謙'은 '겸慊'의 뜻이다.

役古而不爲古役
옛것을 부릴 뿐 옛것에
부림을 당하지 않기

만약 옛사람을 활용하되 옛사람에게 미혹당하지 않고 옛사람을 부리되 옛사람에 의해 부림을 당하지 않는다면, 다양한 책의 내용은 마치 나를 위해 조사해준 결과처럼 여겨지고 옛사람은 마치 나의 개인 서기書記라도 된 것처럼 느껴질 것이니, 책이 많을수록 더더욱 도움이 될 것이다.

如能用古人而不爲古人所惑, 能役古人而不爲古人所奴, 則載籍皆似爲我調查, 而使古人爲我書記, 多多益善矣.

＿ 쑨원孫文, 『쑨원학설孫文學說』 제3장[1]

---

1 이 단락은 쑨원의 『건국방략建國方略』 중 「행이지난심리건설行易知難心理建設」의 제3장 「이작문위증以作文爲證」에서 나온 것이다.

解釋註疏
주소를
풀이하기

학자들은 대부분 경서의 주소註疏를 풀이하는 데 빠져버리곤 하는데,
이런 공부에는 그리 많은 노력을 기울일 필요가 없다.

學者多蔽于解釋註疏, 不須用功深.

___ *정이程頤, 『송원학안宋元學案』「이천학안 상伊川學案上·어록」

因果
원인과
결과

내 마음 속에 있는 앎이란 일종의 그림쇠나 곱자 같은 것이다. 내 마음 속의 앎으로 집안을 가지런히 하고 나라를 다스리고 천하를 평안하게 하는 것은 그림쇠로 동그라미를 그리고 곱자로 네모를 그리는 것과 같다. 굳이 집, 나라, 천하로부터 앎을 완성하려는 것은 마치 동그라미나 네모로부터 그림쇠나 곱자를 얻으려는 것과 같다. 학자라면 앞으로 학문하는 데 있어서 그림쇠와 곱자에 힘을 쏟아야겠는가? 아니면 동그라미와 네모에 힘을 쏟아야겠는가? 너무나 당연한 일이라 더 이상 따질 필요도 없겠다!

夫吾心之知, 規矩也. 以其齊家治國平天下, 猶規矩以求方圓也. 必須從家國天下以致知, 是猶以方圓求規矩也. 學者將從事於規矩乎? 抑從事於方圓乎? 可以不再計矣!

___ *황종희黃宗羲, 『청유학안』「남뢰학안南雷學案·여우인논학서與友人論學書」

疑問
의문 품기

앞선 성인이 남긴 업적 중 가르침만큼 위대한 것은 없다. 그 성인들은
박학다식했지만 의문이 있으면 곧바로 남에게 물으려 했다.[1] 그래서 성
인들은 자신의 지식을 성취하고 덕과 도의를 세울 수 있었던 것이다. 공
자께서도 배우길 좋아하고 남을 가르치는 일을 지겨워하지 않으셨다.[2]

先聖遺業, 莫大敎訓. 博學多識, 疑則思問. 智明所成, 德義所建. 夫子
好學, 誨人不倦.

__왕부王符, 『잠부론潛夫論』 「서록敍錄」

의문이 생겨야 남에게 묻기 마련이고, 남에게 물은 뒤에야 알 수 있다.
앎이 진실해야 확실히 믿을 수 있다. 그래서 의문이란 도로 나아가는
싹이 된다. 확실히 믿을 수 있어야 스스로 갖출 수 있다. 그래서 『논어』
「헌문憲問」에서는 "옛날 학자들은 자신의 위해 학문을 했다"[3]고 말했던
것이다.

疑而後問, 問而後知, 知之眞則信矣. 故疑者進道之萌芽也. 信則有諸
己矣. 『論語』曰: 古之學者爲己.

__ *진헌장, 『명유학안』 「백사학안·어록」

---

1 『논어』 「계씨」 제10장 "孔子曰, "君子有九思: 視思明, 聽思聰, 色思溫, 貌思恭, 言思忠, 事
思敬, 疑思問, 忿思難, 見得思義.""
2 『논어』 「술이述而」 제2장 "子曰: 默而識之, 學而不厭, 誨人不倦, 何有於我哉!"
3 『논어』 「헌문」 제25장 "子曰: 古之學者爲己, 今之學者爲人.""

名實相符
명성과
실질의 일치

명성과 실질은 마치 형체와 그림자의 관계와 같다. 덕과 재능을 두루 충분히 갖췄다면, 그 사람의 명성 역시 분명 훌륭할 것이며, 용모가 곱다면 그림자 역시 분명 아름다울 것이다. 오늘날 자신의 몸과 마음은 닦지 않으면서 세상 사람들에게 훌륭한 명성을 얻기를 바라는 것은, 마치 외모는 매우 추악한데도 거울에 아름답게 비치기를 바라는 것과 같다. 뛰어난 선비는 명성을 잊어버리고, 보통 선비는 명성을 세우며, 못난 선비는 명성을 훔친다. 명성을 잊고 사는 이는 도를 체득하고 덕에 합치되어 귀신으로부터 복과 도움을 누리는데, 이는 명성을 좇을 수 있는 방법은 아니다. 명성을 세우는 이는 몸과 마음을 닦고 신중하게 행동하여 자신의 광영이 드러나지 않을까 두려워하는데, 이는 명성을 남에게 양보할 수 있는 방법은 아니다. 명성을 훔치는 이는 겉모습은 후덕한 척하면서 간사함을 깊이 감춰두고는 헛되이 화려하기만 한 허황된 모습만을 추구하는데, 이는 명성을 얻을 수 있는 방법은 아니다.

名之與實, 猶形之與影也. 德藝周厚, 則名必善焉. 容色姝麗, 則影必美焉. 今不脩身而求令名於世者, 猶貌甚惡而責姸影於鏡也. 上士忘名, 中士立名, 下士竊名. 忘名者, 體道合德, 享鬼神之福祐, 非所以求名也. 立名者, 脩身愼行, 懼榮觀之不顯, 非所以讓名也. 竊名者, 厚貌深姦, 干浮華之虛構, 非所以得名也.

__ 안지추顏之推, 『안씨가훈顏氏家訓』 「명실名實」

究心實學
실질적인 학문을
전심전력 연구하기

아버지께서는 어려서부터 세상 곳곳에 대한 일에 대해 묻기를 좋아하셨다. 산과 강의 지형地形, 험난한 요새, 병사와 병마, 식량과 재화, 전장典章 제도의 연혁에 대해 모두 전심전력 연구하셨다. 그리고 역사서와 함께 그 주소注疏를 읽으면서 역사서 중 제도, 지리 등을 다룬 '서書'와 '지志'가 사건을 햇수 순으로 열거한 '연표年表'와 서로 다른 부분이 있는지를 따지며 바로 잡으셨다. 남들이 소홀히 여기는 일도 아버지는 반드시 신중하고 꼼꼼하게 살피신 뒤 다시 직접 보고 들을 바로 이를 고증하셨다.

自少喜從人間問四方事. 至於江山險要, 土馬食貨, 典制沿革, 皆極意研究. 讀史讀注疏, 於書志年表考駁同異. 人之所忽, 必詳愼搜閱之, 而更以聞見證之.

__ *왕부지王夫之, 『청유학안淸儒學案』「선산학안船山學案·부록附錄」

定趨向
나아갈 바를
정하기

뿌리는 반드시 먼저 북돋아줘야만 바로 서서 자라날 방향을 잡을 수 있다. 자라날 방향이 올바르다면 그 조예의 깊이는, 힘써 행하는지 힘써 행하지 않는지 여부에서 갈리기 마련이다.

根本須是先培壅, 然後可立趨向也. 趨向既正, 所造淺深, 則有勉與不勉也.

___ *정호程顥, 『근사록』 권2, 「위학爲學」

實行
실제로
행하기

배워서 해박한 것은 깨달은 바의 요체만 못하고, 깨달은 바의 요체는
행하는 실질만 못하다.

學之之博, 未若知之之要. 知之之要, 未若行之之實.

___ 주희, 『주자어류』 권13, 「학 7·역행力行」

학문하는 것은 밥을 먹는 것과 같아서, 집에서 늘 먹던 밥이든 아니든
상관없이 먹어서 배에만 들어가야만 배가 불러진다. 만약 실제로 먹는
것이 아니라 입으로 말만 하는 것이라면, 비록 그 어떤 훌륭한 음식을
얘기하든 그 어떤 훌륭한 맛을 얘기하든 귀담아 듣는 것이 아닌 것도
아니건만, 결국 배고픔을 해결하지는 못한다.

爲學如喫飯, 無論家常飯食, 須是喫在腹裏, 方纔會飽. 若不實在喫了,
只向口頭去講, 雖說甚麼精饌, 說甚麼美味, 非不傾耳可聽, 終久濟不
得饑.

___ *장백행張伯行, 『청유학안清儒學案』 「경암학안敬庵學案·곤학록困學錄」

實地工夫
실질적인
공부

현명한 사대부로서 학문이 매우 올바르고 식견도 매우 분명하건만, 그
사람의 도가 결국엔 주위 사람 모두에게 신뢰를 받지 못하는 것은, 오
로지 실질에 대한 공부가 결여되어 있기 때문이다.

賢士大夫, 蓋有學甚正, 識甚明, 而其道終不能孚格遠近者, 只爲實地
欠工夫.

___ *여조겸, 『송원학안宋元學案』「동래학안東萊學案 · 여진정기서與陳正己書」

涵養
마음을
갈고 닦기

마음을 갈고 닦는 것과 돌이켜 스스로를 살피는 것은 비록 행동할 때나 가만 있을 때 번갈아가며 온힘을 다해야 하지만, 분명 가만 있을 때는 마음을 갈고 닦는 공부를 하는 경우가 대부분이고 행동할 때는 돌이켜 스스로를 살피는 공부를 하는 경우가 손쉬운 편이다.

涵養省察, 雖是動靜交致其力, 然必靜中涵養之功多, 則動時省察之功易也.

__ *설선薛瑄, 『명유학안明儒學案』「하동학안河東學案」

心不外馳
마음이 밖으로
치달리게 하지 않기

학문에 종사하려면 마음이 밖으로 치달리지 않아야 한다. 이것이 바로 맹자가 말한 "잃어버린 마음을 찾아오는 것"[1]이다. 자하子夏가 "널리 배우고 학문을 향한 뜻을 굳건히 하고 모르는 것을 절실하게 물으면서 자신의 주변 일부터 생각한다면 어짊은 그 안에 있기 마련"[2]이라고 말했던 것과 같은 의미다. 이는 학문을 벗어나 아무것도 없는 허공에서 따로 마음을 찾아오라는 말이 아니다.

從事學問, 則心不外馳, 卽所以求放心. 如子夏博學篤志, 切問近思, 仁在其中者. 非謂學問之外, 而別求心於虛無也.

___ *담약수,『명유학안』「감천학안甘泉學案 1·논학서論學書·답중갈答仲鶡」

---

1 『맹자』「고자 상」제11장 "求放心."
2 『논어』「자장子張」제6장 "子夏曰: 博學而篤志, 切問而近思, 仁在其中矣."

心定心淸
마음을 확고히 하고
맑게 하기

마음을 확고히 하지 않은 채 학문에 매진할 수 있는 사람은 없다. 사람의 마음이란 모든 일의 주체이거늘, 동쪽으로 서쪽으로 이리저리 옮겨 다녀서야 어쩌하겠는가!

未有心不定而能進學者. 人心萬事之主, 走東走西, 如何了得!

__주희, 『주자어류』 권12, 「학 6·지수持守」

물이 맑으면 터럭도 비치고, 마음이 맑으면 천리天理가 보인다.

水淸則見毫毛, 心淸則見天理.

__ *설선薛瑄, 『명유학안明儒學案』 「하동학안河東學案」

心如穀種
마음은 곡식의
씨앗과 같다

사람의 마음은 곡식의 씨앗과 같아서 온통 생기가 가득한데, 그 생기를 곡식 속에 꽉 잡아두고자 하다가 막히고 만다. 생기란 늘 존재하는 것이므로 생기가 나오도록 길을 틔워주기만 하면 된다. 사람의 마음은 또 맑은 거울과 같아서 거울 전체가 온통 밝은 빛인데 나쁜 습관에 때가 타서 어두워진다. 그러나 그 밝음은 있지 않은 적이 없었으니 때를 닦아내기만 하면 된다. 오로지 의식의 근원에서 마음속 도적이 느껴지는 때는 이를 제거하기가 어렵다. 더군다나 여기에다 기질이 이러한 마음을 얽매고 외물外物이 이러한 마음을 덮어버리니 안팎으로 협공을 당해, 더더욱 보존할 생기가 없게 되고 볼만한 밝은 빛이 없어진다. 이러한 사람이 바로 마음을 잃어버린 사람이다. 군자가 혼자 있을 때 삼가기를 정성스레 하는 것은 바로 이 때문이다.

人心如穀種, 滿腔都是生意, 欲錮之而滯矣. 然而生意未嘗不在也, 疏之而已耳. 又如明鏡, 全體渾是光明, 習染薰之而暗矣. 然而明體未嘗不存也, 拂拭之而已耳. 惟有內起之賊, 從意根受者不易除, 更加氣與之拘, 物與之蔽, 則表裏夾攻, 更無生意可留明體可觀矣, 是爲喪心之人, 君子惓惓於謹獨, 以此.

___ *유종주劉宗周, 『명유학안』 「즙산학안蕺山學案·어록語錄·경진庚辰」

遍布周滿
고루 펼치고
두루 채우기

한 제자가 물었다. "주희 선생께서 책 읽기란 반드시 '고루 펼치고 두루 채운다'[1]는 네 마디의 실천이 필요하다고 하셨는데 이에 대해 설명해주십시오." 육세의陸世儀가 이렇게 답했다. "고루 펼치고 두루 채운다는 것은 그저 흘리거나 빠트리는 바가 없다는 뜻이다." "어떻게 해야 흘리거나 빠트리는 바가 없을 수 있습니까?" "널리 배우고, 자세히 따지고, 신중하게 생각하고, 분명하게 판단하고, 충실하게 행하는 일[2]에 하나하나 차근차근 힘을 쏟는다면 흘리거나 빠트리는 바가 없을 것이다."

問: 朱子有言, 讀書須是遍布周滿四字, 請下注脚. 曰: 遍布周滿只是無滲漏. 曰: 如何便無滲漏? 曰: 學問思辨行, 步步著力, 便無滲漏.

___ *육세의, 『청유학안淸儒學案』「부정학안상桴亭學案 · 사변록집요思辨錄輯要」

---

1 『주자어류朱子語類』「학學」 4「독서법讀書法 상」 "讀書, 須是遍布周滿."
2 『중용』 제20장 "博學之, 審問之, 愼思之, 明辨之, 篤行之."

爲學爲道
학문하기와
도를 행하기

학문하면 날로 보태지는 바가 있지만, 도를 추구하면 날로 덜어지는 바가 있다. 도를 추구하며 덜어내고 또 덜어내다보면 아무것도 하지 않는 경지에 도달하는데, 이렇게 되면 아무것도 하지 않지만 오히려 하지 않는 일이 없게끔 된다.

爲學日益, 爲道日損, 損之又損, 以至於無爲, 無爲而無不爲.

__ 노자, 『도덕경道德經』 제48장

法自然
스스로 그러함을
본받기

사람은 땅을 본받고, 땅은 하늘을 본받고, 하늘은 도를 본받고, 도는
스스로 그러함을 본받는다.

人法地, 地法天, 天法道, 道法自然.

__ 노자, 『도덕경』 제25장

淸代學者治學方法
청대 학자들의
학문하는 방법

기존의 중국 학술 중 오로지 청대의 '박학樸學(고증학)'만이 확실하게 '과학'적인 정신을 갖추고 있었다. '박학'이란 명사가 포함하는 바는 매우 넓어서 크게 네 가지로 나눠야 한다.

(1) 문자학文字學: 자음의 변화, 문자의 가차假借, 성운聲韻의 통용 등까지 포함한다.

(2) 훈고학訓詁學: 과학적인 방법과 객관적인 증거를 사용해 옛 서적의 글자 뜻을 풀이한다.

(3) 교감학校勘學: 과학적인 방법으로 옛 서적의 글자 중 잘못된 부분을 교정한다.

(4) 고정학考訂學: 옛 서적의 진위, 옛 서적의 저자, 저자에 관한 모든 문제를 판별한다.

박학의 범위가 매우 넓기 때문에 모든 방면을 포괄할 만한 명칭을 찾기가 쉽지 않다. '박학'은 '한학漢學'이나 '정학鄭學'이라고도 한다. 그러나 이런 명칭들은 모두 그다지 만족스럽지 않다. 비교해보자면 한학이란 명칭은 비록 합당하진 않지만 그 시대의 역사적 배경을 보여줄 수가 있다. 한학은 '송학宋學'에 대비해 말한 것으로, 청대 학자들은 송대 이래의 성리性理 공담空談에 불만을 품었기에 한유漢儒를 끌어와 송유宋儒를 제압하고자 했던 것이다. 이 때문에 잠시나마 이 명칭을 사용하도록 하자.

한학이란 명사는 이 학파 학자들의 공통된 취향을 매우 잘 드러내 보여준다. 이 학파의 공통된 취향은 송대 이래 학자들이 주관적인 견해로 옛것을 고증하는 방법을 사용하는 데 대해 불만을 품고 있는 것이었다. 이런 소극적인 동기는 경학經學에서 발생한 문제인데, 이후 점점 확충돼서 앞에서 말한 네 가지 과학으로 변화됐다. 현재 먼저 한학가漢學家들이 송학가宋學家들을 공격했던 사안을 몇 가지 살펴보자.

– 함부로 옛 서적의 글자를 고쳤다.

– 옛 독음讀音을 몰라 후세의 독음으로 고대의 운문을 읽으면서, 억지로 옛 독음을 고쳐서는 '협음叶音'[1]이라고 불렀다.

– 글자를 덧붙여 경서를 풀이했다. 예를 들어 『대학』의 '앎을 완성한다致知'란 표현에 '타고난 어짊良'이란 표현을 삽입해 '타고난 어진 앎을 완성한다致良知'라고 풀이했다.[2]

– 확실한 뜻도 모르면서 글자만 보고 대충 뜻을 꿰다 맞춘 것이다. 예를 들어 『논어』 「헌문」에서 "군자치기언이과기행君子恥其言而過其行"이라

---

1 협운叶韻이라고도 한다. 예를 들어 『시경』 「주남周南·관저關雎」의 "參差荇菜, 左右芼之. 窈窕淑女, 鐘鼓樂之" 구절을 보면 여기서 압운자押韻字는 '모芼'와 '낙樂'인데 전자는 받침이 없는 음성운陰聲韻이고 후자는 폐색閉塞 받침 -k가 들어 있는 입성운入聲韻이다. 사실 중국 고대에는 음성운과 입성운이 서로 통용通用되어 압운될 수 있었으나 송대엔 이러한 사실을 알지 못했다. 그래서 이러한 문제를 해결하기 위해 '모芼'를 함부로 '낙樂'과 어울리는 협음叶音 '막邈'으로 고쳐 읽었다. 하지만 이 같은 방법은 당시 이해할 수 없는 옛 운문의 압운을 임시방편으로 맞추어 읽은 것일 뿐이었다.

2 이렇게 풀이한 이는 바로 왕수인王守仁이다. 이 책 제51항 참고.

는 구절엔 본래부터 잘못된 부분이 있었다. 그래서 "그리고"의 뜻을 가진 '이而'자가 아무래도 부드럽게 풀이되지 않았다. 송유는 억지로 이를 "부끄러워한다는 것은 감히 다하지 못한다는 뜻이고, 지나치다는 것은 여유롭고자 한다는 말이다恥者, 不敢盡之意. 過者, 欲有餘之辭"[1]라고 풀었다.[2] 이는 본문의 '이而'가 '지之'의 오자誤字임을 몰랐기 때문이다.(황간皇侃의 『논어의소論語義疏』가 이와 같이 돼 있다.[3])

이 네 가지는 그저 가장 큰 허점만 열거한 것에 불과하다. 지금 한학가들이 이런 주관적인 방법을 바로잡은 예를 몇 가지만 들어보자. 당나라 현종玄宗은 『상서尙書』 「홍범洪範」의 "무편무파, 준왕지의無偏無頗, 遵王之義"라는 구절을 읽다가, 다른 구절들은 모두 압운押韻이 되는데 이 두 구절만 압운이 되지 않는다는 것을 발견했다. 그러고는 칙령으로 '파頗' 자를 '피陂'자로 고치게 해서 '의義'자와 압운이 되게 만들었다.[4] 고염무顧炎武는 옛 독음을 연구하다가, 당 현종이 글자를 고친 것이 잘못된 것임

---

1 이는 주희의 『논어집주』의 풀이다.
2 이런 풀이를 따르면 위의 인용문은 "군자는 말을 부끄럽게 여기고, 실천은 지나치게 한다"는 의미가 된다.
3 『논어의소』에서는 "군자는 자신의 말을 돌아보고 행동에 신중하다. 만약 헛되이 말을 뱉은 뒤 이를 제대로 실천하지 못한다면 이것이 말이 그 행실을 뛰어넘은 것이 된다. 군자는 이를 부끄러워 하지만 소인은 그렇지 않다君子之人, 顧言愼行. 若空出言而不能行遍, 是言過其行也. 君子恥之, 小人則否"라고 했다. 이러한 풀이를 따르자면 『논어』의 문장은 "군자는 자신의 말이 자신의 행동을 앞지르는 것을 부끄러워한다"는 뜻으로 풀이된다.

을 파악했다. 왜냐하면 옛 독음에서는 '의義'자가 '아' 발음으로 읽혔기 때문에, '파頗'자와 압운이 되었던 것이다. 그는 『주역周易』 「정괘鼎卦·상전象傳」의 "역이혁, 실기의야. 복공속, 신여하야鼎耳革, 失其義也. 覆公餗, 信如何也"와 『예기禮記』 「표기表記」의 "인자우야, 도자좌야, 인자인야, 도자의야仁者右也, 道者左也, 仁者人也, 道者義也"에서 '의'자가 '아'라는 발음으로 읽혔음을 증명했다. 그래서 '좌' '하何' '파頗'와 압운이 된 것이다.[5]

확실한 뜻도 모르면서 글자만 보고 대충 뜻을 끼워다 맞춘 경우는 또 있다. 예를 들어 『도덕경道德經』 제55장의 "행어대도 유시시외行於大道 唯施是畏"란 구절에 대해 왕필王弼이나 하상공河上公은 모두 '시施'를 '시위施爲'로 풀었다.[6] 왕념손王念孫은 이 구절의 '시施'자는 응당 '이迤'로 읽어야 하며 뜻을 '사邪'로 풀어야 한다는 사실을 증명했다. 그가 예로 든 증거는 매우 많았다. (1)『맹자』 「이루離婁 하」의 "시종량인지소지施從良人之所之"란 구절에 조기趙岐는 "여기서 '시'는 비스듬히 따라갔다는 뜻이다施者, 邪施而行"라고 주석을 달았다. 정공저丁公著는 '시施'자의 음이 '이迤'라고 했다. (2)『회남자淮南子』 「제속훈齊俗訓」에 "거비자 비비사시야去非者 非批邪施

4 구체적인 내용은 『당대조령집唐大詔令集』 권81 「개상서」 「홍범」 무파위무피칙改 '尙書' 「洪範」 無頗爲無陂敓)에 보인다.
5 구체적인 내용은 『정림문집亭林文集』 권4 「답이자덕서荅李子德書」에 보인다.
6 여기서 '시위'施爲란 "인위적인 행위를 한다"는 말이다. 이러한 풀이를 따르자면 이 구절은 "진정한 도를 행함에 있어서, 오로지 인위적인 행위를 할까만을 저어한다"란 뜻이다.

也"라는 구절에 고유高誘는 "'시'자는 자잘하다는 뜻이다施, 微曲也"라고 주석을 달았다. (3)『회남자』「요약훈要略訓」에 "접경직시接徑直施"라는 구절에 고유高誘는 "'시'자는 비스듬하다는 뜻이다"라고 주석을 달았다. 이상세 가지 증거는 '시施'자와 '이迤'자가 통용된다는 사실을 말해준다.『설문해자』에서는 "'이'자는 비껴간다는 뜻이다迤, 褒行也"라고 했다. (4)『사기史記』「굴원가생열전屈原賈生列傳」에 실린 가의賈誼의「복조부鵩鳥賦」중 "경자일시혜庚子日施兮"[1]란 구절을『한서漢書』에서는 "경자일사庚子日斜"라고 쓰고 있다. (5)『한비자』「해로解老」에서는『도덕경』의 제55장에 대해 "이른바 진정한 도란 올바른 도이고, 이른바 외모를 꾸미는 것이란 잘못된 것이다所謂大道也者, 端道也. 所謂貌施也者, 邪道也"라고 했다. 이상의 두 가지 증거에 근거해 '시施'자를 '사邪'자로 풀이해야 한다는 것이 증명됐다.[2] 이런 고증 방법은 정말이지 사람을 탄복하게 만들지 않는가?

이 몇 가지 예는 한학가의 방법론을 보여준다. 그들이 보여준 방법론의 근본적인 관념은 이렇게 나누어 설명할 수 있다.

– 옛 서적을 연구한다는 것은 결코 독창적인 견해를 갖는 것을 허락하지 않는 것이 아니지만, 새로운 견해를 수립할 때마다 반드시 객관적인 증거를 갖춰야만 한다.

---

1 "경자庚子일 해는 비스듬히 기우네."
2 이상의 고증은 왕념손王念孫의『독서잡지여편讀書雜志餘編』상편에 보인다.

– 한학가의 '증거'는 모두가 '예증例證'이다. 예증이란 예를 열거하여 증거로 삼는 것을 말한다. 앞서 열거한 세 가지 안건을 보면 '예증'의 의미를 확실히 알 수 있을 것이다.

– 예를 열거해 증거로 삼는 것은 귀납적인 방법이다. 열거한 예가 많지 않으면 그것은 유추의 증명 방법이다. 열거한 예가 많으면 그것은 바로 정당한 귀납법이 된다. 유추와 귀납은 그저 정도의 차이가 있을 뿐 사실은 그 성질이 근본적으로 같다.

– 한학가의 귀납 방법은 완전히 피동적인 것이 아니라, '가설'을 잘 사용했다. 이는 그들이 주희와 구별되는 가장 큰 차이점이다. 그들이 예를 열거해 증거로 삼을 수 있었던 까닭은 바로 그들이 일련의 개체들을 관찰한 뒤 머릿속으로 먼저 하나의 가설로서의 원칙을 세운 뒤에 그 원칙을 갖고 있는 예들을 사용해 같은 종류의 예들을 증명했기 때문이다. 그들은 실제로는 개체의 예를 사용했지만, 사유에 있어서는 사실 그런 개체의 예들이 보여주는 원칙을 연역해냈다. 그래서 그들의 방법은 귀납과 연역을 동시에 사용하는 과학적인 방법이었다. 앞서 열거한 첫 번째 안건을 보면 고염무는 아주 많은 예를 연구한 뒤 "'의義'자의 옛 독음은 모두가 '아'였다"는 원칙을 확보했다. 이것은 귀납적인 방법이다. 나중에 그는 "무편무파, 준왕지의無偏無頗, 遵王之義"란 구절을 예로 맞닥뜨렸을 때 곧바로 자신의 원칙을 사용해 이 구절을 풀이해, 이 '의'자

의 옛 독음은 '아'로 읽기에 '파'자와 압운이 된다고 말할 수 있었다. 이는 원칙의 응용이며 연역법이다. 원칙이라면 모든 '의'자를 총괄해야만 한다. 그러므로 반드시 '의'를 '아'로 읽는" 예를 들어서, 이 '가설'이 확실히 원칙임을 증명해야만 한다. 인도의 전통논리학인 인명학因明學에는 '삼지三支'라는 개념[1]이 있고, 그중 '유喩'는 다시 '유체喩體(대전제)'와 '유의喩依(예)'를 갖추는데 이것과 같은 이치다.

___후스, 『후스문존胡適文存』 제1집 권2 「청대 학자의 치학 방법清代學者的治學方法」

(1922)

---

1 삼지三支는 종宗, 인因, 유喩를 가리킨다. 종宗은 증명되는 것이고, 인因은 종宗을 성취시키는 이유며, 유喩는 종宗을 증명하기 위해 도와주는 비유다. 이중 유喩는 다시 유체喩體(대전제)와 유의喩依(예例)로 나뉜다.

深入
깊이 파고
들어가기

책을 읽다가 견해를 갖췄다 해도, 그것이 반드시 옳은 것은 아니기에 그것에 집착해서는 안 된다. 그 견해를 옆에 미뤄두고 더 책을 읽다보면 새로운 견해가 나오기 마련이다. 만약 한 가지 견해에만 집착하면 자신의 마음이 자신의 그 견해에 뒤덮이고 만다. (…) 성인은 두루 통달해 있어서 매사에 지극한 부분에 대해 말한다. 학자들은 책을 많이 읽고 서로 계발해주면서, 매사에 지극한 부분까지 궁구窮究해야 한다. 이것이 이른바 "자신의 몸에 뿌리를 두고 백성에게 증명하며, 하나라 우왕禹王, 상나라 탕왕湯王, 주나라 문왕文王 때와 비교해 따져봐도 어긋나지 않고, 천지 사이에 수립하여 시행해봐도 어그러지지 않고, 천지조화天地造化를 이끄는 귀신에게 물어봐도 아무 의문스러운 점이 없고, 100세대를 지나 나타날 성인聖人이라도 전혀 헷갈리지 않는"[1] 경지다. 이런 경지에 다다라서야 비로소 옳다고 할 수 있을 것이다. 『논어』「자장子張」에서 "덕을 가지고 있어도 널리 펼치지 못함"[2]을 언급했고, 『주역』「건괘乾卦」에는 "마음을 넓게 가지며 지낸다"[3]고 했다. 성인께서 이처럼 널리 펼치고 넓게 갖는 의미를 여러 차례 언급했으니 학자들은 이를 체득해야만 한다.

---

1 『중용』 제20장
2 『논어』「자장」 제2장
3 『주역』「건괘乾卦·문언전文言傳」

讀書若有所見, 未必便是, 不可便執着. 且放在一邊, 益更讀書, 以來新見. 若執着一見, 則此心便被此見遮蔽了. (…) 聖人七通八達, 事事說到極致處. 學者須是多讀書, 使互相發明, 事事窮到極致處. 所謂"本諸身, 徵諸庶民, 考諸三王而不繆, 建諸天地而不悖, 質諸鬼神而無疑, 百世以俟聖人而不惑." 直到這箇田地, 方是. 『語』云: "執德不弘." 『易』云: "寬以居之." 聖人多說箇廣大寬洪之意, 學者要須體之.

__주희, 『주자어류』 권11, 「학 5 · 독서법 하讀書法下」

途徑
경로

어떤 이가 이렇게 물었다. "학문이란 어떻게 시작해서 어떻게 끝납니까?" 순자가 대답했다. "그 경로는 경서를 외우는 것으로 시작해서 예를 익히는 것에서 끝난다. 그 뜻인즉 선비가 되는 것으로 시작해서 성인이 되는 것으로 마친다는 말이다."

學惡乎始, 惡乎終? 曰: 其數則始乎誦經, 終乎讀禮, 其義則始乎爲士, 終乎爲聖人.

__ 순자荀子, 『순자』「권학勸學」

力行
힘써
실천하기

하늘이 사람을 낳으셨으나, 사람은 어리석고 완고하여 타고난 성정을
좇으며 멋대로 굴었고 미개했다. 이에 사람에게 하늘의 이치를 가르치
고자 『법언』의 「학행」을 지었다. (…) 학문을 함에 있어서 실천하는 것
을 최고로 친다. 주장을 펼치는 것이 그다음이고, 남을 가르치는 것이
또 그다음이다. 이러한 바가 없으면 그냥 보통 사람일 뿐이다.

天降生民, 侄佫顓蒙, 恣乎情性, 聰明不開. 訓諸理, 譔「學行」. (…) 學,
行之, 上也. 言之, 次也. 敎人, 又其次也. 咸無焉, 爲衆人.

__양웅揚雄, 『법언法言』「서序·학행學行」

大義爲先
대의요지를
우선시하기

무릇 학자는 경전의 대의요지를 우선시하고, 경전에 나오는 시시콜콜한 사물의 이름 따위는 뒤로 미룬다. 대의요지를 들면 사물의 이름은 뒤따라오기 마련이다. 그러나 어리석은 유생의 박학다식이란, 시시콜콜한 사물의 이름에 신경 쓰고 경전에 나오는 기물器物에 대해 상세하게 따지며 훈고訓詁에 집착하고 장구章句를 추린다. 그렇게 해서는 경전에 담긴 대의요지의 궁극적인 가르침을 통괄해낼 수 없고, 선왕先王이 마음을 깨달을 수 없다. 이는 여사女史 관직에 있는 이가 별생각 없이 『시詩』를 독송하고, 나이가 어린 내수內豎 관직에 있는 이가 아무것도 모르고 명령만 전하던 것과 다를 바 없다. 그래서 학자에게 심사숙고하게 하면서도 도를 깨닫게 하지 못한다면 세월만 소비할 뿐 성취하는 바가 없을 것이다. 그래서 군자는 반드시 자신을 가르칠 스승을 골라야만 한다.

凡學者大義爲先, 物名爲後, 大義擧而物名從之. 然鄙儒之博學也, 務於物名, 詳於器械, 矜於詁訓, 摘其章句, 而不能統其大義之所極, 以獲先王之心. 此無異乎女史誦『詩』, 內豎傳令也. 故使學者勞思慮而不知道, 費日月而無成功. 故君子必擇師焉.

__ 서간, 『중론中論』 「치학治學」

壹志凝神
뜻을 한결같이 하고
정신을 집중하기

요리사가 문혜군文惠君을 위해 소를 잡는데, 손을 대 어깨를 기대고 발로 밟으며 무릎으로 누르니 쩍 하니 가죽과 살이 갈라지는 소리가 울린다. 칼을 들이대니 쩍 하는 소리가 더 크게 났다. 그런데 그 소리는 음율에 들어맞아서, 은나라 탕왕의 음악인 '상림桑林'에 맞춰 추는 춤사위와 합치됐고, 요임금 때 연주되던 '함지咸池'라는 음악의 악장樂章인 '경수經首'의 운율韻律에 들어맞았다. 이를 본 문혜군이 말했다.

"아! 훌륭하구나! 사람의 기술이 어찌하면 이런 경지에 다다를 수 있는가?" 요리사는 칼을 내려놓고서 이렇게 대답했다. "제가 정말 좋아하는 것은 도인데, 이는 기술을 넘어선 것입니다. 당초 제가 소를 잡을 땐 제 눈에 보이는 거라곤 소의 겉모습밖에 없었습니다. 3년이 지나서는 소의 전체 겉모습만 본 적이 없습니다. 지금은 정신으로 소를 맞닥뜨릴 뿐 눈으로 소를 보지 않습니다. 눈과 같은 감각기관이 활동을 멈추면서 정신이 활동하는데, 소가 타고난 천연天然의 결을 따라 뼈와 살과 틈새를 칼로 가르며 그 비어 있는 틈새로 칼을 이끄니 소가 타고난 본래의 구조를 따릅니다. 이리되면 칼이 뼈에 붙은 살이나 근육이 엉킨 곳을 지나더라도 아무 문제가 없었으니 하물며 큰 관절이나 뼈야 말해 무엇 하겠습니까! 훌륭한 요리사는 한 해마다 칼을 바꾸는데 이는 살과 근육을 가르기 때문입니다. 평범한 요리사는 한 달마다 칼을 가는데 이는 뼈를 쪼개기 때문입니다. 지금 제 칼은 사용한 지 19년이 되었고 잡은 소는 1000두를 헤아립니다. 그러나 칼날은 숫돌에서 막 새로 간 듯 날카롭습니다. 소의 관절에는 틈새가 있고 제 칼날은 두껍지 않습니다. 두껍지 않은 칼로 틈새를 파고드니 그 틈새가 넓디넓어 칼날을 움직이는데 반드시 여유가 있습니다. 이 까닭에 19년이 지났건만 칼날은 숫돌에서 막 새로 간 듯 날카롭습니다. 비록 그렇긴 하지만 저도 매번 뼈와 살과 근육이 뒤엉킨 부분에 다다르면 역시 그 어려움을 알아보고는 전전긍긍하며 아주 조심하면서 시선을 집중하고 움직임을 늦춥니다. 그리고 칼을 아주 조금씩 움직이면 쩍 하며 소가 해체되는데, 마치 흙덩이가 땅에 무너져 내리는 것 같습니다. 그러면 칼을 잡고 일어서서 사방을 둘러본 뒤, 득의양양하며 칼을 닦은 뒤 챙겨둡니다."

이 말은 들은 문혜군이 이렇게 말했다. "훌륭하구나! 내 요리사의 말을 들었으되 오히려 양생養生의 법도를 깨달았도다."

庖丁爲文惠君解牛, 手之所觸, 肩之所倚, 足之所履, 膝之所踦, 砉然嚮然, 奏刀騞然, 莫不中音, 合於桑林之舞, 乃中經首之會. 文惠君曰: 譆! 善哉! 技蓋至此乎? 庖丁釋刀對曰: 臣之所好者道也, 進乎技矣. 始臣之解牛之時, 所見无非全牛者. 三年之後, 未嘗見全牛也. 方今之時, 臣以神遇而不以目視, 官知止而神欲行, 依乎天理, 批大卻, 導大窾, 因其固然, 技經肯綮之未嘗, 而況大軱乎! 良庖歲更刀, 割也. 族庖月更刀, 折也. 今臣之刀, 十九年矣, 所解數千牛矣, 而刀刃若新發於硎. 彼節者有間, 而刀刃者無厚, 以無厚入有間, 恢恢乎其於遊刃必有餘地矣. 是以十九年而刀刃若新發於硎. 雖然, 每至於族, 吾見其難爲, 怵然爲戒, 視爲止, 行爲遲. 動刀甚微, 謋然已解, 如土委地. 提刀而立, 爲之四顧, 爲之躊躇滿志, 善刀而藏之. 文惠君曰: 善哉! 吾聞庖丁之言, 得養生焉.

＿ 장주莊周, 『장자』「양생주」

培養
몸과 마음을
잘 키우기

학자는 반드시 몸과 마음을 잘 키워야만 한다. 오늘날 키우는 데 노력을 기울이지 않는다면 어떻게 이치를 궁구할 수 있겠는가? 정이程頤 선생은 이렇게 말씀하셨다. "낯빛과 몸가짐을 조심하고 생각을 가지런히 하니 '삼감敬'이 저절로 생겨난다. '삼감'은 오로지 마음을 하나로 모으는 것이다."[1] 이러한 자세를 유지할 수만 있으면 자연스레 하늘의 이치가 밝혀진다.

學者須是培養. 今不做培養工夫, 如何窮得理? 程子言: 動容貌, 整思慮, 則自生敬. 敬只是主一也. 存此, 則自然天理明.

___ *주희, 『송원학안』 「회옹학안晦翁學案」

---

1 『河南程氏遺書』 권15 「이천선생어(伊川先生語)」 1 "但惟是動容貌, 整思一作心. 慮則自然生敬, 敬只是主一也."

內外相合
몸의 안팎을
합치시키기

당唐, 우虞, 하夏, 상商, 주나라 때는 위로 펼치는 정치를 '황극皇極'이라 했고, 아래로 시행하는 가르침으로 '대학大學'을 만들었으며, 이를 천하에 실천하는 것을 일컬어 '중용中庸'이라 했다. 한나라 이후로는 이 세 가지에 밝은 사람이 없었다.

요즘 세상의 학문이 마음으로부터 시작하면서 황극, 대학, 중용이 비로소 밝아지기 시작했다. 그러나 당, 우, 하, 상, 주나라 때는 내 몸의 안팎이 합치되지 않은 경우가 없었기에, 마음을 쓰지 않아도 도는 저절로 보존됐다. 오늘날엔 도를 실천함에 있어서, 내 마음 안으로부터 나와 밖을 다스리려 하기에 늘 합치되지 않는 것이다.

唐虞三代, 上之治爲皇極, 下之敎爲大學, 行之天下謂之中庸. 漢以來, 無能明之者. 今世之學, 始于心, 而三者始明. 然唐虞三代, 內外無不合, 故心不勞而道自存. 今之爲道者, 務出內以治外, 故常不合.

__ *섭적葉適,『송원학안宋元學案』「수심학안水心學案 하·황극대학중용삼론총술皇極大學中庸三論總述」

有恥
수치심을
지니기

제가 말하는 성인의 도란 어찌하는 것이겠습니까? 바로 "몸소 행함에 수치심을 지니고"[1] "모든 학문에서 두루 배우는 것"[2]을 말합니다. 이 한 몸으로부터 천하와 국가에 이르기까지가 모두 학문의 내용입니다. 아들 노릇, 신하 노릇, 아우 노릇, 벗 노릇으로부터 출입 왕래, 벼슬을 받거나 그만둠, 무엇을 취하거나 내주는 것까지 모두가 수치심을 지니고 있는 일들입니다.

맹자가 말하길 "수치스러워하는 것은 사람에게 있어서 매우 중요한 일이다!"[3]라고 했습니다. 나쁜 옷과 나쁜 음식을 수치스러워 하는 것이 아니라,[4] 보잘것없는 사내와 아낙까지 임금의 은택을 입지 못했다는 것을 수치스러워 합니다.[5] 그래서 맹자가 "만물이 모두 나에게 갖추어져 있으니, 스스로를 반성해서 참되다"[6]라고 한 것입니다. 아아! 선비가 맨 먼저 수치심을 언급하지 않는다면 근본이 없는 사람이 되고 맙니다. 옛것을 좋아하고 견문을 넓히지 않는다면, 공허한 학문이 되고 맙니다. 근본이 없는 사람이 공허한 학문을 얘기하니, 전 그들이 날마다 성인

---

1 『논어』「자로」 제20장
2 『논어』「옹야」 제25장
3 『맹자』「진심 상」 제8장
4 『논어』「이인」 제9장 "士志於道, 而恥惡衣惡食者, 未足與議也."
5 『맹자』「만장 상」 제6장 "思天下之民, 匹夫匹婦, 有不被堯舜之澤者, 若己推而內之溝中."
6 『맹자』「진심 상」 제4장 "萬物皆備於我矣, 反身而誠, 樂莫大焉."

을 다루지만 도리어 성인에게서 점점 더 멀어지는 것만 봤습니다.("수치

스럽다는 것을 안다는 것은 용감함에 가깝다知恥近乎勇"[1])

愚所謂聖人之道者如之何? 曰: 博學於文, 曰: 行己有恥. 自一身以至
於天下國家, 皆學之事也. 自子臣弟友以出入往來辭受取與之間, 皆有
恥之事也. 恥之於人大矣! 不恥惡衣惡食, 而恥匹夫匹婦之不被其澤,
故曰: 萬物皆備於我矣, 反身而誠. 嗚呼! 士而不先言恥, 則爲無本之
人. 非好古而多聞, 則爲空虛之學. 以無本之人, 而講空虛之學, 吾見其
日從事於聖人而去之彌遠也.

___ *고염무顧炎武, 『청유학안』「정림학안亭林學案 하·여우인논학서與友人論學書」

---

1 『중용』 제20장

有源無源
샘솟음이
있고 없음의 차이

왕수인 선생님께서 말씀하셨다. "크기가 수 경頃에 이르지만 물이 샘솟지 않는 저수지의 물은, 크기는 비록 몇 자에 불과하지만 물이 샘솟는 우물물에 그 생기가 다하지 않는 것만 못하다." 이때 선생님은 저수지 옆에 앉아 계셨고, 그 옆에는 우물이 있었다. 그래서 이를 학문에 비유하셨던 것이다.

與其爲數頃無源之塘水, 不若爲數尺有源之井水, 生意不窮. 時先生在塘邊坐, 傍有井, 故以之喩學云.

__왕수인王守仁, 『전습록傳習錄』 상

存中應外
속의 것을 보존하면서
밖의 일에 대응하기

뜻과 기는 서로 다른 두 가지 존재가 아니다. 뜻이란 바로 기의 정령精靈
이 머무는 곳이다. 뜻이 어딘가를 향해 나아가면, 기 역시 그곳으로 나
아간다. 그래서 뜻을 견지한다는 것은 바로 기를 함부로 사납게 부리
지 않고[1] 모두를 한결같이 통제한다는 것이다. 예를 들어 뜻이 손을 쥐
려 한다면 쥘 수 있고 뜻이 발을 옮기려 한다면 옮기기 마련이니, 어디
안팎이 일치되지 않겠는가? 속의 것을 보존하면서 밖의 일에 대응하는
것은 본래가 밖의 일을 통제하려는 마음인 것이니 이것이 속의 것이 아
니란 말인가? 그러므로 안팎을 나눌 필요가 없는 것이다.

志氣不是兩物, 志卽氣之精靈處, 志之所至, 氣亦至焉, 故持志卽無暴
氣, 都一齊管攝. 如志欲手持則持, 志欲足行則行, 豈不內外一致? 存中
應外, 固是制外之心, 非由中乎? 不必分內外.

___ *담약수湛若水, 『명유학안明儒學案』「감천학안甘泉學案 1 · 어록語錄」

---

1 『맹자』「공손추 상」제2장 "夫志, 氣之帥也, 氣, 體之充也. 夫志至焉, 氣次焉, 故曰: 持其
志, 無暴其氣."

志專養厚
뜻에 전심전력하고
수양을 도탑게 하기

사람이 처음 학문을 시작할 때는 가지런하고 엄숙한 마음가짐을 크게
가져야만, 비로소 뜻을 확립하는 데 전심전력할 수 있다. 학문이 이루
어졌으면 서글서글하고 평온한 마음가짐을 크게 가져야만, 비로소 수
양하는 데 도타워진다.

人之初學, 要整齊嚴肅之意多, 方見得立志之專. 學之既成, 要溫厚和平
之意多, 方見得所養之厚.

___ *장백행張伯行, 『청유학안淸儒學案』「경암학안敬庵學案·곤학록困學錄」

志堅
뜻을
굳세게 하기

굳건한 뜻은 공적과 명성의 주인이요, 게으르지 않는 것은 모든 좋은
일의 스승이다. 산을 오를 때, 험난하다고 멈추지 않으면 반드시 산봉
우리에 오를 것이다. 좋은 일을 많이 하면서 궁핍하다고 원망하지 않으
면 반드시 좋은 명성을 오래도록 누릴 수 있다.

堅志者, 功名之主也. 不惰者, 衆善之師也. 登山不以艱險而止, 則必臻
乎峻嶺矣. 積善不以窮否而怨, 則必永其令問矣.

___ 갈홍葛洪, 『포박자抱朴子』「외편外篇 · 광비廣譬」

鞭辟近裏
자신을 채찍질하여
안으로 다가서기

학문이란 자신을 채찍질하여 더 깊이 들어가며 자신을 이끌어가야 할 뿐이다. 그래서 자하가 "모르는 것을 절실하게 물으면서 자신의 주변 일부터 생각하면 어짊은 그 안에 있기 마련"[1]이라 한 것이다.
學只要鞭辟近裏, 著己而已, 故'切問而近思', 則'仁在其中矣'.

__주희, 『근사록近思錄』 권2, 「위학爲學」

---

1 『논어』 「자장」 제6장 "子夏曰: 博學而篤志, 切問而近思, 仁在其中矣."

博文約禮
학문으로 두루 넓히고
예로 간추리기

안회顔回 선생께서 "학문으로 나를 넓히고 예로 나를 간추린다"[1]고 하셨는데 유교에서 사람에게 가르치는 것은 오로지 이 두 가지뿐이니, 이 두 가지로써 서로 계발하게끔 해야만 한다. 예로 간추리는 공부가 깊어지면 학문으로 넓히는 공부도 더욱 밝아진다. 학문으로 넓히는 공부가 지극해지면 예로 간추리는 공부도 더욱 꼼꼼해진다.

博我以文, 約我以禮. 聖門敎人只此兩事, 須是互相發明. 約禮底工夫深, 則博文底工夫愈明, 博文底工夫至, 則約禮底工夫愈密.

__ 주희, 『주자어류』 권36, 「논어 18·안연위연탄장顔淵喟焉歎章」

제자가 물었다. "학문으로 넓히기만 하고 예로 간추리지 않는다면 공허해지고 말 테니 어떻습니까?" 주희 선생께서 이렇게 답하셨다. "학문으로 넓히기만 하고 예로 간추리지 않는다면 그저 하릴없이 많이 보기만 하고 많이 기억할 뿐 돌아갈 바가 없다."

問: 博文不約禮, 必至於汗漫, 如何? 曰: 博文而不約禮, 只是徒看得許多, 徒記得許多, 無歸宿處.

__ 주희, 『주자어류』 권35, 「논어 15·옹야雍也 4」

---

1 『논어』 「자한」 제10장

학문하는 데는 반드시 먼저 큰 근본을 세워야 한다. 처음엔 매우 단출하겠지만 중간에 매우 커지고, 마지막에 다다라서는 다시 간추릴 수 있다. 맹자는 "널리 공부하고 상세히 풀이하는 것은 반대로 간추리는 것을 풀이하기 위해서다"[1]라고 말했다. 그래서 반드시 먼저 『논어』『맹자』『대학』『중용』을 읽어서 성현의 뜻을 살핀다. 사서를 읽어서 나라의 존망치란存亡治亂의 자취를 살피고, 제자백가의 책을 읽어서 잡다한 병폐를 확인한다. 이런 과정은 순서가 있어서 뛰어넘을 수 없다. 요즘 학자들은 대부분 간추리는 것만 좋아하고 넓히는 것을 추구하지 않는다. 그러나 넓히는 것을 추구하지 않고서 어떻게 그것을 간추렸음을 증명할 수 있단 말인가! 예를 들어 어떤 사람이 간추리길 좋아하면 그저 중노릇을 하면서 자기 한 몸을 깨달을 뿐이다. 또 오로지 넓히는 것만 추구하고 간추림을 돌아보지 않는다면, 오늘 하나의 제도를 살펴보고 내일 또 다른 제도를 살펴보는 것에 불과하다. 이는 공부라고 하기엔 공허한 것이다. 요컨대 두 가지 모두 아무런 이로움이 없는 것이다.

爲學須是先立大本. 其初甚約, 中間一節甚廣大, 到末梢又約. 孟子曰: 博學而詳說之, 將以反說約也. 故必先觀『論』『孟』『大學』『中庸』, 以考聖賢之意. 讀史以考存亡治亂之跡, 讀諸子百家以見其駁雜之病. 其節目

---

1 『맹자』「이루 하」 제15장

自有次序, 不可踰越. 近日學者多喜從約, 而不於博求之. 不知不求於
博, 何以考驗其約! 如某人好約, 今只做得一僧, 了得一身. 又有專於博
上求之, 而不反其約, 今日考一制度, 明日又考一制度, 空於用處作工夫,
其病又甚於約而不博者. 要之, 均是無益.

　　__주희, 『주자어류』 권11, 「학 5·독서법하」

博學
두루 넓게
배우기

공자께서 말씀하셨다. 군자는 한 가지 구실밖에 못하는 그릇이 되어서는 안 된다.

子曰: 君子不器.

__공자, 『논어』「위정爲政」

군자는 해박해진 뒤에는 익숙해지지 않음을 걱정하고, 이미 익숙해진 뒤에는 실천할 수 없음을 걱정하며, 이미 실천할 수 있게 된 뒤에는 겸양하지 못할까 걱정한다.[1]

君子博學, 患其不習. 旣習之, 患其不能行之. 旣能行之, 患其不能以讓也.

__유향劉向, 『설원說苑』「담총談叢」

공자의 문하에서는 오경五經을 익힌다. 오경을 모두 익혔으면 성인에 가까워진 인재라고 할 수 있겠다. 안회는 "학문으로 나를 넓힌다"[2]고 했는데, 영리한 사람이라야 넓힐 수 있다. 안회가 "넓힌다"고 한 것이 어찌

---

1 이 구절은 사실 『대대례기』「증자입사曾子立事」의 "君子旣學之, 患其不博也. 旣博之, 患其不習也. 旣習之, 患其無知也. 旣知之, 患其不能行也. 旣能行之, 貴其能讓也. 君子之學, 致此五者而已矣"라는 표현을 축약한 것으로 보인다.

2 『논어』「자한」 제10장

한 가지 경서를 가리킨 말이겠는가? 오경과 함께 여러 일에 해박하지 못하며 두루 살펴보는 것을 좋아하지 않고 옛것을 되새겨 새로운 것을 깨닫는 현명함이 없고 어리석게 고집피우며 살펴보지 않는 몽매함만 있는 사람이라면 한 가지 경서로 충분하다고 여기는 것이 당연한 일이다. 방문을 열어 햇빛을 들어오게 해도 방의 어두운 부분까지 비추지 못할 때 창문을 열면 보탬이 될 것이다. 한 가지 경서에 대한 풀이는 마치 햇빛과 같은 것이고, 전주傳注로 경서를 보조하는 것은 마치 창문과 같은 것이다. 제자백가의 주장 역시 사람을 밝혀주기에, 그저 창문만 열어 햇빛을 방 안에 비추게 하지 않는다. 이 까닭에 햇빛이 방 안을 비춘다는 것은 마치 도를 추구하는 학문이 가슴 속에서 밝혀지는 것과 같다. 방문을 열어 햇빛을 받으며 높다란 집에 앉아 있다가 높은 누대樓臺 위에 올라 사방의 뜨락을 둘러보는 것은 모든 사람이 바라는 바다. 방문을 닫고 틀어박혀 어두운 곳에 구덩이를 파서 드러누워 마치 황천黃泉과도 같은 상황을 만드는 것은 모든 사람이 싫어하는 바다. 마음을 닫고 생각을 막아버리고 먼 곳을 내다보지 않는 자는 이미 죽은 사람에 속한다고 해야 할 것이다.

夫孔子之門, 講習五經, 五經皆習, 庶幾之才也. 顔淵曰: 博我以文. 才智高者, 能爲博矣. 顔淵之曰博者, 豈徒一經哉? 我不能博五經, 又不能博衆事, 守信一學, 不好廣觀, 無溫故知新之明, 而有守愚不覽之闇, 其

謂一經是者, 其宜也. 開戶內日之光, 日光不能照幽, 鑿牕啓牖, 以助戶
明也. 夫一經之說, 猶日明也. 助以傳書, 猶牕牖也. 百家之言, 令人曉
明, 非徒牕牖之開, 日光之照也. 是故日光照室內, 道術明胸中. 開戶內
光, 坐高堂之上, 眇升樓臺, 窺四鄰之庭, 人之所願也. 閉戶幽坐, 向冥
冥之內, 穿壙穴臥, 造黃泉之際, 人之所惡也. 夫閉心塞意, 不高瞻覽
者, 死人之徒也哉!

___ 왕충王充, 『논형論衡』「별통別通」

제자가 물었다. "공자께서 사람을 가르칠 때는 먼저 학문으로 넓힌 뒤
예로써 간추리셨습니다. 주희 선생 역시 먼저 사람에게 넓힌 뒤에 간추
림을 추구하도록 하셨습니다. 그래서 정이 선생은 수년간 불가와 도가
를 두루 살펴보신 뒤에 되돌아 나와 간추림을 추구하셨습니다. 오늘날
우리가 학문함에 있어 불가나 도가 따위도 응당 두루 섭렵해야 할까
요, 하지 말아야 할까요?" 육세의 선생께서는 이렇게 답하셨다. "불가
와 도가까지 두루 살펴본 유자에 대해 논한다면, 그런 분이 어찌 정이
선생뿐이겠는가? 주희 선생 역시 이동李侗 선생을 뵙기 전에 선종禪宗을
공부한 적이 있으니, 단지 각자의 역량이 다를 뿐이었다. 불가와 도가
를 드나들며 두루 살펴보면서도 전혀 미혹되지 않으셨던 이는 정호程顥
선생이다. 불가와 도가를 배운 뒤에 그 그릇됨을 깨달은 이가 주희 선

생과 나흠순羅欽順이다. 처음에 불가와 도가를 배웠다가 이를 버렸으나 결국엔 약간 물들어버리고만 경우가 바로 왕수인王守仁이다. 우리는 위대한 선비가 되고자 하고 성인의 도를 추구하는 유가의 책무를 짊어지고자 하면서, 어찌 불가와 도가의 책을 덮어둔 채 들춰보지 않을 수 있겠는가? 그러나 각자 자신의 역량이 어떠한지 잘 살펴야만 한다. 만약 자신의 역량이 부족하다면, 이단異端을 음란한 소리와 아름다운 여색으로 여기고 아예 멀리하라는 앞선 선비들의 훈계[1]를 굳게 지키는 것이 낫다. 앞선 선비들은 절대 남을 속이는 말을 하지 않고 절대 남을 잘못된 길로 이끌지 않으실 것이니, 스스로 일상적인 것을 싫어하고 새로운 것을 좋아하며 그저 해박하고자 힘쓰기만 한다면 결국엔 나락으로 떨어지고 말 것이다."

問: 孔子敎人, 先以博文約禮. 朱子亦使人先博而後求之約, 故程子爲學, 泛濫於釋老者數年, 然後反而求之. 今吾輩爲學, 如釋老之類, 亦當博涉否? 曰: 若論泛濫釋老, 豈特程子, 卽朱子未見李延平亦嘗學禪, 只是各人力量不同. 有與之出入泛濫而不爲之惑者, 大程子是也. 有學焉而後知其非者, 朱子與羅整庵是也. 有始而學焉而棄焉而終未免稍涉其

---

1 『논어』「위정」제16장의 "子曰: 攻乎異端, 斯害也已"란 구절에 대한 『논어집주』의 주석을 보면 "程子曰: 佛氏之言, 比之楊墨, 尤爲近理, 所以其害爲尤甚. 學者, 當如淫聲美色以遠之, 不爾則駸駸然入於其中矣"라고 했다.

餘習者, 陽明是也. 吾輩欲爲大儒, 欲任斯道之責, 二氏之書, 豈得閉而不窺? 然須各人自審力量何如. 若力量不足, 不如且守先儒淫聲美色之訓. 蓋先儒決不作欺人語, 決不誤人, 不可厭常喜新, 貪多務博, 遂至墮坑落塹也.

___ *육세의, 『청유학안』「부정학안상·사변록집요」

博學約文[1]
널리 배운 뒤
학문을 간추리기

학문에서 널리 배운다는 것은, 연구할 때야 자연스레 다뤄야 할 분야가 많아지게 되지만 실천할 때가 되면 그저 한 마디가 되기에 이를 간추린다고 한 것이다. 학문에서 널리 배우면서 이를 예로 간추리지 않는다면 어떻게 도에 위배되지 않는지를 알 수 있겠는가? 그저 간추릴 줄만 알고 학문에서 두루 배우지 않는다면 이른바 '간추림'이 옳은 것인지 옳지 않은 것인지를 알 수 없고, 또한 도에 위배되지 않을 수 없는 경우도 있을 것이다.

博學於文, 考究時自是頭項多. 到得行時, 卻只是一句, 所以爲約者. 博學而不約之以禮, 安知不畔於道? 徒知要約, 而不博學, 則所謂約者未知是與不是, 亦或不能不畔於道也.

__ 주희, 『주자어류』 권33, 「논어 15·옹야雍也 4」

---

1 이는 『논어』 「옹야」 제25장 "博學於文, 約之以禮"란 표현을 축약한 것이다.('지之'를 '문文'의 대명사로 본 것이다.)

求放心
잃어버린
마음을 찾기

맹자께서 말씀하셨다. "학문의 길에 다른 방도란 없다. 잃어버린 자신의 마음을 찾는 것일 뿐이다."

孟子曰: 學問之道無他, 求其放心而已矣.

__맹자, 『맹자』 「고자 상」

"학문의 길에 다른 방도란 없다. 잃어버린 마음을 찾는 것일 뿐이다." 그대들이 학문을 함에 있어서도 여기에 절실한 노력을 기울여야만 한다. 배우고 묻는 것에는 본래가 여러 갈래가 있는 법이지만, 맹자는 이외에 다른 방도는 없다고 여겼다. 몸이 집이라면 마음은 그 집의 주인과 같은 것이다. 집에 주인이 있어야 문 앞을 쓸고 할 일을 가지런히 할 수 있다. 만약 집 주인이 없으면, 그 집은 텅 비어 황량한 폐가에 불과할 뿐이니 실로 무슨 쓸모가 있겠는가?

"學問之道無他, 求其放心而已." 諸公爲學且須於此着切用工夫. 且學問固亦多端矣, 而孟子直以爲無他. 蓋身如一屋子, 心如一家主. 有此家主, 然後能灑掃門戶整頓事務. 若是無主, 則此屋不過一荒屋爾, 實何用焉?

__주희, 『주자어류』 권59, 「맹자 9 · 인인심야장仁人心也章」

학문을 하는 요체는 오로지 자신의 잃어버린 마음을 찾는 데 있다. 그 마음을 함부로 굴리며 갈무리하지 않는다면 그 마음을 어찌 통제할 수 있겠는가? 다른 노력들은 좀 느긋하게 하더라도, 마음을 확고히 세우고 결코 뒤죽박죽되지 않아야 자연스레 사방을 두루 비출 수 있다.

爲學大要只在求放心. 此心泛濫, 無所收拾, 將甚處做管轄處. 其他用功須閒漫, 須先就自心上立得定, 決不雜, 則自然光明四達.

___ *주희, 『송원학안』「회옹학안」

어짊이란 사람의 마음이다. 마음이 사람에게 있다는 것이 바로 사람이 되는 까닭이며, 금수나 초목과는 다른 이유다. 그러니 어찌 마음을 잃어버리고는 찾지 않을 수 있겠는가? 옛사람이 잃어버린 자신의 마음을 찾았던 것은, 마치 먹는 데 있어서 굶주리고 마시는 데 목마른 경우와 별반 다르지 않았다. 불이 났을 때 누군가 구해주길 기다리고, 물에 빠졌을 때 누군가 잡아주길 기다리는 것은 본래 너무나 당연한 일이다. 학문의 길이란 바로 여기에 있는 것이다. 어리석은 사람은 허투루 보고 듣기에, 보고 듣는 것으론 마음이 동요하진 않는다. 그런 어리석은 사람이 말하는 학문이란 그저 허황되게 꾸미는 도구일 뿐이다. 심지어 그런 학문을 빌려다 욕망을 따르고자 하는 마음을 맞춰주고, 그런 학문을 부채질하여 선함을 망가트리면서 패악적인 욕망의 불꽃을 타오르게 하니, 어찌 깊이 탄식하지 않을 수 있겠는가!

仁, 人心也, 心之在人, 是人之所以爲人而與禽獸草木異焉者也, 可放
而不求哉? 古人之求放心, 不啻如饑之於食, 渴之於飮, 焦之待救, 溺
之待援, 固其宜也. 學問之道, 蓋於是乎在. 下愚之人忽視玩聽, 不爲動
心. 而其所謂學問者, 乃轉爲浮文緣飾之具, 甚至於假之以快其逐私縱
欲之心, 扇之以熾其傷善敗類之燄, 豈不甚可嘆哉!

　　__육구연, 『상산전집象山全集』 권32, 「습유拾遺·학문구방심學問求放心」

혹자가 말했다. "그저 오경五經에서만 찾고 내 마음으로 돌아가지 않는
것은 마치 보물함만 사고, 그 안에 든 진짜 보물은 버리는 꼴이다."[1] 이
말은 지극히 옳은 말이다. 부족한 나는 평생토록 절실한 자세로, 오로
지 그런 함정에 빠질까봐 걱정했다. 학생이 이에 대해 물어올 때면, 나
는 매번 먼저 마음을 하나로 모으고 삼가는 자세를 가지면서 덕성을
높이고 난 이후에, 책을 읽으며 이치를 궁구하면서 학문을 이끌어내라
고[2] 말해줬다. 스스로를 경계하고 반성하는 경구 몇 구절에다가 몇 가
지 책을 더 골라서 학자들이 사물의 이치를 끝까지 따져서 앎을 완성
하는 실마리를 열어줬던 것은, 먼저 내 마음에 돌아간 뒤에야 오경에서
이를 구하려 했던 것이다.

---

1 여기서 혹자는 나대경羅大經이다. 그의 『학림옥로鶴林玉露』 병편丙編 권6에 이 말이 보인다.
2 『중용』 제27장 "덕성을 높이면서 학문을 이끌어낸다尊德性而道問學."

若曰: 徒求之五經, 而不反之吾心, 是買櫝而棄珠也. 此則至論. 不肖一生切切然, 惟恐其墮此窠曰. 學者來此講問, 每先令其主一持敬, 以尊德性, 然後令其讀書窮理, 以道問學. 有數條自警省之語, 又揀擇數件書, 以開學者格致之端, 是蓋欲先反之吾心, 而後求之五經也.

___ *오징吳澄, 『송원학안』「초려학안草廬學案·초려정어草廬精語」

나무가 쓰러지고 덩굴이 말라비틀어진 뒤에야 비로소 이를 받쳐주니,

현명한 분들이여, 계획을 짤 때 성글게 짜지 마시길!

서책을 뒤적이며 들이 파봤자 결국엔 아무 보탬이 없을 것이니,

다 헤진 부들방석에 앉아봐야 그 방석 역시 말라비틀어진 것일 뿐.

본성을 안정시키려 해도 미처 외물外物을 잊지 못하기에,

마음을 찾는다 해도 이전처럼 미로에 빠질 뿐.

공놀이에 있어서 나는 제자 장후張詡를 아끼는데,

자족할 줄 알았던 소옹邵雍 선생을 배우기만 한다면 외롭지 않으리.[1]

樹倒藤枯始一扶, 諸賢爲計得毋疎.

<hr>

1 소옹邵雍의 『황극경세서皇極經世書』「관물외편觀物外篇·심학心學」에서 이르길 "군자의 학문은 자신의 몸을 윤택하게 하는 것이 근본이다. 남을 다스리고 외물에 응대하는 것은 모두가 나머지 일이다君子之學, 以潤身爲本. 其治人應物, 皆餘事也"라고 했다. 진헌장도 소옹의 학문 종지는 "자신의 만족을 찾는求取自我之適意" 데 있다고 보았다.

閱窮載籍終無補, 坐破蒲團亦是枯.

定性未能忘物外, 求心依舊落迷途.

弄丸我愛張東所, 只學堯夫也不孤.

___ 진헌장陳獻章, 『백사자전집白沙子全集』 권8, 「차운정실시학자次韻廷實示學者」

맹자께서 잃어버린 마음을 찾으라고 말씀하신 것에 대해 내가 의문을 품었더니 제자가 물었다. "스승께선 무엇을 의심하신 것입니까?" 내가 말했다. "내 마음에 대해 의심을 품은 것이다." 제자가 또 물었다. "그럼 무엇을 믿으십니까?" 내가 말했다. "내 마음을 믿을 뿐이다." 일찍이 외물이 존재하기 이전의 내 마음을 살펴보니 텅 비어 있고 확연히 신령했다. 비어 있다는 것은 마음이 생겨나는 바이고, 신령한 것은 마음이 신묘해지는 바다. 내가 일찍이 외물이 생기고 난 뒤의 마음을 살펴보니, 꽉 막혀 있고 캄캄하니 어두웠다. 막혀 있다는 것은 마음이 죽는 바이고 어두운 것은 마음이 외물로 바뀌는 바다. 그 비어 있음과 신령함은 밖에서 오는 것이 아니니 이것이 본체다. 그 막힘과 어두움은 안에서 나온 것이 아니니 마음을 가려버리고자 한다. 그 본체는 본래가 존재하는 것이기에, 하루아침에 깨닫기만 하면 가리고 있는 바를 뚫어버려 비어 있음과 신령함을 드러난다. 해와 달이 구름에 가려졌다고 해와 달이 없는 것이 아니고, 거울이 먼지에 가려졌다고 비추는 능력이 없는 것이 아니며, 사람의 마음이 외물에 가려졌다고 비어 있음과 신령함이 없는 것이 아니다. 마음은 만물을 체현하여 빠트리지 않아서[1] 안팎이 없고 처음과 끝이 없고 잃을 곳이 없고 잃을 때가 없으니, 바로 본체다. 이 말이 정말이라면 마음을 밖에서 잃어버렸다면 그 안엔 무엇이 있단 말인가? 마음을 앞서 잃어버렸다면 그 뒤엔 뭐가 있단 말인가? 무엇을 찾을 것인가? 잃은 것은 한 마음이고, 찾는 것도 한 마음이다. 마음으로 마음을 찾으니, 하는 행동이 『주역』에서 말한 것처럼 "부지런히 오가다보면 벗들이 너를 따른다"[2]고 하더라도 그저 더더욱 혼란스러워질 뿐이다. 하물며 이것이 보존될 리가 있겠는가? 그래서 마음에 아무 가려짐이 없게 하려면 욕망을 적게 하는 것만 한 것이 없고, 욕망을 적게 하는 데는 마음을 하나로 하는 것만 한 것이 없다.

孟子之言求放心, 吾疑之. 孰疑之? 曰: 以吾之心而疑之. 孰信哉? 信吾心而已耳. 吾常觀吾心於無物之先矣, 洞然而虛, 昭然而靈. 虛者心之所以生也, 靈者心之所以神也. 吾常觀吾心於有物之後矣, 窒然而塞, 憒然而昏. 塞者心之所以死也, 昏者心之所以物也. 其虛焉靈焉, 非由外來也, 其本體也. 其塞焉昏焉, 非由內往也, 欲蔽之也. 其本體固在也, 一朝而覺焉, 蔽者徹, 虛而靈者見矣. 日月蔽於雲, 非無日月也, 鏡蔽於塵,

---

1 『중용』 제16장 "體物而不可遺."
2 『주역』 「함괘咸卦」 "憧憧往來, 朋從爾思."

非無明也. 人心蔽於物, 非無虛與靈也. 心體物而不遺, 無內外, 無終始, 無所放處, 亦無所放時, 其本體也. 信斯言也, 當其放於外, 何者在內? 當其放於前, 何者在後? 何者求之? 放者一心也, 求者又一心也. 以心求心, 所爲憧憧往來, 朋從爾思, 祇益亂耳, 況能有存耶? 故欲心之勿蔽, 莫若寡欲, 寡欲莫若主一.

___ *담약수湛若水, 『명유학안明儒學案』「감천학안甘泉學案·구방심편求放心篇」

정이 선생께서 말씀하셨다. "마음이란 몸 안에 있어야 한다." 이는 맹자의 구방심에 근거해 나온 말이다. 그러니 사람의 마음이 과연 때때로 밖에서 잃어버리는 것인가? 그리고 마음을 이미 밖에서 잃어버렸다면 도대체 그 마음은 어디에 있단 말인가? 『맹자』에서 잃어버린 마음을 얘기한 부분의 앞 구절에서 "어짊이란 사람의 마음이다"라는 구절을 읽고 나서야 마음이 어질지 않을 때가 바로 마음을 잃는 것임을 깨달았다. 이것이 바로 이른바 "편안한 집을 비워두고 그곳에 살지 않는"[1] 경우다. 그래서 왕수인 선생께서는 "정이 선생께서 말씀하신 몸이란 바로 천리天理이기도 하다"고 말씀하셨던 것이다. 그 말씀이 지극히 옳다! 정이 선생께서는 또 이런 말씀도 하셨다. "내 학문 중 비록 남에게 전수

---

1 『맹자』「이루 상」제10장

받은 바가 있긴 하지만, '천리'이 두 글자만큼은 스스로 체득해낸 것이다." 자기 스스로 체득해냈다면 이는 개념으로부터 차근차근 모아서 깨달을 수 있는 것이 아니다. 어짊과 올바름은 모두 천리의 개념이긴 하지만, 그렇다고 그 개념을 바로 천리라고 할 수는 없다. 왜냐하면 이런 개념은 자기 자신에게 속한 것이 아니기 때문이다. 시험 삼아 학자에게 이렇게 물어보자. 어디가 스스로의 길인가? 자기 스스로에게 절실하고 스스로 반성하며 지극히 은미한 부분까지 궁구해야만 비로소 귀결될 바가 있다. 이 귀결엔 그 어떤 개념도 존재하지 않고 또한 감지될 만한 소리나 냄새도 없다. 오로지 잠잠하고 조용할 뿐이다. 비록 조용하고 잠잠하지만 그 안에 그 어떤 사물도 구체적으로 갖추어지지 않은 바가 없으니, 이것이 이른바 하늘이다. 그래서 그 이치를 일러 하늘의 이치라고 한다. 그런데 하늘이 아닌 사람의 영역에 귀속된다면, 이는 바로 남의 것이 되고 만다. 일단 남의 것에 귀속된다면 돌아갈 바가 없다. 자세히 점검해보면 어떤 이는 궁리하다 마음을 잃고, 어떤 이는 살펴 헤아리다 마음을 잃으며, 어떤 이는 꾀를 부리는 까닭에 마음을 잃고, 어떤 이는 허황되어 마음을 잃는다. 단지 이 마음이 동요가 되면 바로 잃어버리고 만다. 그 마음을 잃어버린 바는 극히 미약했더라도, 사람이 이를 쫓아 함부로 휩쓸리고자 하면, 결국엔 그 잃는 바가 매우 커지는 것이다. 마음이 자신의 집인 몸을 떠나면 갈 곳이 없다. 왕간王艮 선생께서 이렇게 말씀하셨다. "마음이 치우친 바나 편견은 모두가 망령된 것이다." 이미 마음이 치우친 바나 편견이 없다면, 그것이 바로 "무극無極이자 태극太極인 것이다."[1] 무극이자 태극이란 것이 바로 자기 자신이 진정 깃들 수 있는 기저基底다. 학자는 그저 자기 자신에게서 그 깃든 기저를 찾아서 늘 체득하는 노력을 기울여야 한다. 마음을 잃어버린 것도 여기서 잃어버린 것일 뿐이며 마음을 찾는 것 역시 그저 여기서 찾을 뿐이니, 어찌 쉬울 리가 있겠으며 어찌 간단할 리가 있겠는가? 그래서 맹자의 "잃어버린 마음을 찾는다"는 말은 배우는 이가 직접 받아들여야 할 요결要訣이다. 남보다 못한 선비가 이 요결을 얻으면 도에 들어가는 입구로 삼을 수 있으며, 뛰어난 재주를 타고난 사람이 이 요결을 얻으면 하늘로 가는 길에 닿을 것이다.

程子曰: 心要在腔子裏. 此本孟子求放心而言, 然則人心果時放外耶? 卽放外, 果在何處? 因讀『孟子』上文云: 仁, 人心也. 乃知心有不仁時, 便是放. 所謂曠安宅而弗居也. 故陽明先生曰: 程子所謂腔子, 亦卽是天理. 至哉言乎! 程子又曰: 吾學雖有所授, 然天理二字, 卻是自家體認出來. 夫旣從自家體認而出, 則非由名象湊泊可知. 凡仁與義, 皆天理之名象, 而不可卽以名象爲天理, 謂其不屬自家故也. 試問學者, 何處是自

───────────

1 이 표현은 주돈이의 「태극도설太極圖說」에 보인다.

家一路? 須切己反觀, 推究到至隱至微處, 方有著落. 此中無一切名象,
亦並無聲臭可窺, 只是個維玄維默而已. 雖維玄維默, 而實無一物不體
備其中, 所謂天也. 故理曰: 天理. 纔着人分, 便落他家. 一屬他家, 便無
歸宿. 仔細檢點, 或以思維放, 或以卜度放, 或以安排放, 或以智故放,
或以虛空放, 只此心動一下, 便是放. 所放甚微, 而人欲從此而橫流, 其
究甚大. 蓋此心旣離自家, 便有無所不至者. 心齋云: 凡有所向, 有所見,
皆是妄. 旣無所向, 又無所見, 便是無極而太極. 無極而太極, 卽自家眞
底蘊處. 學者只向自家尋底蘊, 常做個體認工夫, 放亦只放在這裏, 求
亦只求在這裏, 豈不至易? 豈不至簡? 故求放心三字, 是學人單提口訣,
下士得之爲入道之門, 上根得之卽達天之路.

___ *유종주劉宗周, 『명유학안』 「즙산학안蕺山學案 · 설說」

맹자는 "학문의 길에 다른 방도란 없다. 자신의 잃어버린 마음을 찾는
것일 뿐이다"라고 말했다. 그렇다면 그저 자신의 잃어버린 마음을 찾기
만 하면 꼭 학문을 할 필요는 없는 것인가? 그렇다면 공자께서 말씀하
신 "내가 종일토록 밥도 먹지 않고 잠도 자지 않고 생각해봤으나 아무
런 소득이 없었다. 아무래도 배우느니만 못했다"[1]란 지적과 무엇이 다

---

1 『논어』 「위영공衛靈公」 제30장

르단 말인가? 맹자께선 또 다른 날 "군자는 어짊으로 마음을 보존하고 예로써 마음을 보존한다"[1]고 말씀하셨다. 여기서 보존한 것은 공허한 마음이 아니다. 학문도 없이 어짊과 예를 밝힐 수 있었던 사람은 없었다. 『맹자』의 말뜻은 잃은 마음을 찾은 이후에야 학문을 할 수 있다는 뜻일 것이다. 맹자께서는 이렇게 말씀하셨다. "온 나라에서 바둑을 가장 잘 두는 혁추奕秋로 하여금 두 사람에게 바둑을 가르치게 하는데, 한 사람은 바둑을 잘 두려는 뜻을 이루기 위해 전심전력하면서 오로지 혁추의 말만 따랐다. 그런데 다른 사람은 혁추의 말을 따르면서도 마음속으로는 '기러기가 날아올 시기가 되면, 화살을 쏘아 잡아야겠다'라고 생각했다. 그렇다면 비록 두 사람이 같이 배운다 할지라도 똑같이 잘 둘 리가 없다." 이것이 마음을 잃고도 그것을 찾아 나설지 모른다는 것이다. 그러나 그저 잃어버린 마음을 찾을 것만 알고, "바둑판 격자선格子線에 담긴 전략을 끝까지 궁리하고, 바둑돌로 펼치는 안항진雁行陣을 모두 다 살핀"[2] 적이 없다면 그 역시 분명 바둑에 종사할 수 없다.

學問之道無他, 求其放心而已矣. 然則但求放心, 可不必於學問乎? 與孔子之言吾嘗終日不食, 終夜不寢, 以思無益, 不如學也者, 何其不同邪? 他日又曰: 君子以仁存心, 以禮存心. 是所存者非空虛之心也, 夫仁

---

1 『맹자』「이루 하」제28장
2 이 표현은 마융馬融의 「위기부圍棊賦」에 보인다.

與禮未有不學問而能明者也. 『孟子』之意蓋曰能求放心, 然後可以學問. 使奕秋誨二人奕, 其一人專心致志, 惟奕秋之爲聽. 一人雖聽之, 一心 以爲有鴻鵠將至, 思援弓繳而射之. 雖與之俱學, 弗若之矣. 此放心而不 知求者也. 然但知求放心, 而未嘗"窮中冓之方, 悉雁行之勢", 亦必不能 從事於奕.

___ *고염무顧炎武, 『청유학안』「정림학안상亭林學案上·일지록日知錄」

考課
공과를
살피다

전한前漢 시기 원제元帝 때는 유학에 힘이 실렸지만, 당시 성대하던 유학이 결국 쇠락한 것은 유학의 허물이 아니라 학문에서 제대로 된 방법을 얻지 못했기 때문입니다. 후한 시기 광무제가 공경대부公卿大夫의 공과功過를 살펴 따지게 했는데, 당시 가차 없는 정치가 훌륭하지 않았던 것은 공과를 살폈던 탓이 아니라 그 따지는 방식이 핵심을 찌르지 못해서입니다.

漢元優遊於儒學, 而盛業竟衰者, 非儒學之過也, 學之不得其道也. 光武責課於公卿, 而峻政非美者, 非考課之累也, 責之不得其要也.

___ 백거이白居易, 『장경집長慶集』 권30, 「대재식겸무명어체용책對才識兼茂明於體用策」

考驗氣質
기질로
시험해보다

자신의 주변 일부터 생각하며 학문을 하면서, 반드시 평소 자신의 타
고난 기질을 가지고 시험을 해봐야 한다. 그리하면 꽉 막힌 사람은 화
통하고, 전전긍긍하던 사람은 호탕해지며, 잔꾀를 부리던 사람은 쉽고
단순해진다. 만약 이처럼 변화되지 않는다면 제대로 힘을 받지 못한 것
이다.

近思爲學, 必須于平日氣稟資質上驗之, 如滯固者疏通, 顧慮者坦蕩,

智巧者易直, 苟未如此轉變, 要是未得力.

___ *여조겸, 『송원학안』「동래학안東萊學案·여진군거與陳君擧」

着裏
속에
밀착하기

제자가 물었다. "이옹 선생께서는 '매번 학문은 반드시 속에 밀착해야 한다'고 말씀하셨는데, 감히 여쭙건대 어찌해야 속에 다다를 수 있습니까?" 이옹 선생님께서 말씀하셨다. "속이란 겉과 대비해 말하는 것이다. 학문을 한다는 것은 스스로 마음을 다하여 자신의 본성을 회복하는 것이지, 현란하게 명성을 뽐내는 것이 아니다. 스스로의 명성을 깎아내리고 은연중에 은밀한 이치를 체득해야만, 비로소 터럭만큼이라도 총명함을 드러내고 뛰어난 재주를 뽐낼 수 있는데, 이것이 바로 겉으로 자랑하는 것이고 밖으로 힘쓰는 것이다. 밖으로 힘쓰면 마음이 고달파서 날로 졸렬해질 수밖에 없다. 그리되면 설령 품행이 아주 빼어나더라도 결국엔 남을 기준으로 삼다보니, 자신의 본성은 이미 뿌리째 뽑혀버리고 타고난 기지는 끊기고 말 것이니, 어떻게 학문을 말하기에 충분하겠는가?"

先生每言學須着裏. 敢問如何是裏? 先生曰: 裏也者, 對外而言也. 爲學所以自盡其心, 自復其性, 非以炫彩矜名也. 須是刊落聲華, 潛體密詣, 纔有一毫露聰明, 逞修能之意, 便是表暴, 便是務外. 務外則心勞日拙. 縱使行誼超卓, 亦總是因人起見, 本實先撥, 天機絶矣, 烏足言學?

＿이옹, 『이곡집二曲集』 권6, 「전심록傳心錄」

著實
착실하기

세상의 학문이 성현의 학문과 다른 까닭 역시 발견하기 어렵지 않다. 성현은 그저 진지하게 행할 뿐이다. 마음을 바로 세우려고 하면, 곧바로 마음을 바로 세우기를 구하고, 의지를 참되게 행하라고 하면 곧바로 의지를 참되게 행하기를 구한다. 자신의 몸과 마음을 닦는 것과 집안을 가지런히 하는 것은 모두가 공허한 말이 아니다.

오늘날의 학자들은 마음을 바로 하라고 하면, 그저 "마음을 바로 세운다"고 말로만 한 번 읊조린다. 의지를 참되게 행하라고 하면 그저 "의지를 참되게 행한다"고 말로만 한 번 읊조린다. 몸과 마음을 닦으라고 하면, 성현이 몸과 마음을 닦으라고 자주 말한 부분을 외워댈 뿐이다. 혹자는 옛 말들을 모으거나 요즘의 글들을 짜깁기한다. 이와 같이 공부한다면 대체 자신에게 무슨 보탬이 있겠는가? 이 점을 유념하여 깨달아야 한다. 오늘날의 동지 가운데 성현의 학문에 대해 듣기를 즐겨하건만 결국엔 세상의 어리석음을 버리지 못하는 이가 있는데, 이는 뜻을 확고히 세우지 못했기 때문일 뿐이다.

학자에게 가장 중요한 것은 바로 뜻을 확고하게 세우는 것이다. "학문을 하는 것은 바로 성인이 되고자 하는 것"이란 뜻 말이다.

世俗之學, 所以與聖賢不同者, 亦不難見. 聖賢直是眞個去做, 說正心, 直要心正. 說誠意, 直要意誠. 修身齊家, 皆非空言. 今之學者說正心, 但將正心吟詠一餉. 說誠意, 又將誠意吟詠一餉. 說修身, 又將聖賢許多說修身處諷誦而已. 或掇拾言語, 綴緝時文. 如此爲學, 卻於自家身上有何交涉? 這裏須要着意理會. 今之朋友, 固有樂聞聖賢之學, 而終不能去世俗之陋者, 無他, 只是志不立爾. 學者大要立志, 纔學, 便要做聖人是也.

___주희, 『주자어류』 권8, 「학 2 · 총논위학지방總論爲學之方」

苦心力索
애태우며
힘써 찾기

정호 선생의 학문은 유유자적하며 흠뻑 빠져드는 맛이 충분했고, 장재
선생의 학문은 애태우며 힘써 찾고자 하는 노력이 두터웠다.

明道之學, 從容涵泳之味洽. 橫渠之學, 苦心力索之功深.

__ 주희, 『주자어류』 권93, 「공맹주정孔孟周程」

舊學新探
옛 학문을
새롭게 살펴보기

중국의 옛 학문은 줄곧 바다처럼 드넓다고 얘기되어 왔다. 이 때문에 막 연구를 시작한 이는 종종 그 망막함에 탄식을 하고, 이미 상당한 연구를 해온 이는 옛 학문의 주장들을 더욱 신비화해서 옛 학문의 주변을 맴도는 사람들이 아예 그 진수를 묻지 못하게 만들어버린다. 사실 바다가 드넓다 한들 증기선이 자유로이 항해할 수 있지 않은가! 심지어 하늘이 앞뒤 위아래로 망막하기 그지없다고 하더라도 비행기가 거침없이 비행할 수 있지 않은가! 이 모두가 다름 아닌 나침반에 의지하고 있을 따름이다. 그래서 옛 학문이 설령 끝없이 드넓다고 하더라도, 특별한 나침반을 찾아내 활용할 수만 있다면, 증기선과 비행기처럼 자유로이 노닐며 길을 잃지 않을 수 있지 않겠는가!

오늘 여러분과 논의할 것은 바로 이런 특수한 나침반에 관해서다. 이런 나침반이 있다면 새로운 방법으로 옛 학문의 신비한 영역을 탐색하기가 어렵지 않다. "옛 학문을 새롭게 살펴보기"라는 오늘의 강연 주제는 이런 인식에 근거해 정한 것이다.

옛 학문에 대한 나의 연구 수준이 매우 얕은데다 홀로 눈 뜬 장님 식으로 찾아 헤매다보니, 엉뚱한 길로 접어들었던 경우도 적지 않았지만 많은 실패 속에서도 경험을 얻었다. 또한 국내 학자들이 줄곧 걸어온 길을 따르지 않고 기존의 선입견에 얽매이지 않았기 때문에, 자연스레 외국의 방법을 살펴 가져와 현실에 맞게 변용했다. 그 결과 비록 스스로 내가 이미 길을 잘 알고 있는 숙련자라고 자부하진 못해도, 최소한 무던히도 길을 잃고 헤매면서 우연히 몇몇 지름길을 발견했다고 할 수 있겠다.

옛 학문을 연구하는 새로운 방법 중 비교적 중요한 것들을 골라 모아보니, 다음과 같은 여섯 가지 항목이었다.

(1) 높은 곳에서 조감하기
(2) 세세한 부분에 주목하기
(3) 흐르는 강물 속 흙에서 금가루를 건져 올리듯 골라 모으기
(4) 구슬들을 하나로 꿰듯 연계하기
(5) 진상眞相을 연구하기
(6) 새로운 길을 개척하기

이제 이 여섯 항목을 하나하나 설명해보겠다.

(1) 높은 곳에서 조감하기
옛 학문의 전모全貌를 먼저 높은 곳에서 조감해보는 게 좋다. 그를 위해서는 먼저 목록학目錄學에서 시작해야 한다. 왜냐하면 목록학은 학술의 전모를 파악하는 데 도움을 주기 때문이다. 중국의 옛 학자들도 목록

학이 중요하다는 것을 알고 있었다. 장지동張之洞의 『서목답문書目答問』은 10년 동안 중국 독서계를 거의 장악하다시피 했다. 그러나 중국의 목록학은 분류가 거칠고 성근데다 자못 두루뭉술해서 명확한 구분이 없기에, 아직까지 충분한 효과를 발휘하지 못하고 있다. 현재 세계 각국은 목록학 연구가 날로 정밀해지고 있다. 가장 큰 효과를 거두고 있는 나라는 바로 미국이다. 1920년 유럽과 미국에 가서 과학적인 관리에 대해 연구한 적이 있다. 그때 미국 워싱턴 국회도서관에서 열하루를 머무르면서, 과학적인 관리와 관련된 책과 학술지 900여 권을 살펴봤다. 장서가 수백만 권에 달했지만 종류별로 검색해보면 쉽게 찾을 수 있었다. 전체 소장 도서가 매우 많았지만 아주 잠깐이면 원하는 책을 찾을 수 있었다.

중국의 바다 같이 넓고 많은 책을 만약 원칙에 따라 정리할 수만 있다면, 절대 양이 많다고 해서 괴로워하는 지경에 이르지는 않을 것이라고 생각했다. 1925년에 중국과 외국 도서의 통일 분류법을 만들었다. 미국 듀이 십진분류법을 근본으로 해서, 중국의 옛 서적들을 그 성격에 따라 분류하여 삽입해뒀고, 중국에만 있는 책에는 몇 가지 특수 기호를 만든 뒤 분류하여 이에 상응하는 자리에 삽입했다. 이와 같이 하니 중국과 외국의 책 중 같은 성격의 책들은 한 자리에 둘 수가 있고, 성격이 비슷한 책 역시 가깝게 둘 수 있었다. 이러한 나의 첫 번째 대규모 실험으로, 20여 년 전 당시 중국 전역에서 장서가 가장 많던 동방도서관에 소장된 중국과 외국의 옛 서적과 지금의 서적에 대해 일률적으로 이러한 방법으로 분류해 목록화하고 배열했는데, 그 결과는 상당히 만족할 만했다. 16~17년 전 두 번째 대규모 실험을 실시했다. 독자적으로 100종의 옛 총서에 수록된 고적 4000여 종을 일일이 이러한 방법으로 분류해 목록화했더니, 그 결과 총 541갈래로 분류할 수 있었다. 이는 옛 분류보다 훨씬 상세할 뿐만 아니라, 옛 사부분류법四部分類法의 자부子部 중 잡가雜家와 소설가 그리고 사부史部의 잡사雜史처럼 성격이 두루뭉술하고 포괄하는 범위가 너무 넓은 분류에 대해, 모두 실제 내용에 따라 새롭게 분류한 것이다. 예를 들어『경경령치鏡鏡詅癡』는 원래 자부 잡가류에 들어 있었다. 책 이름을 얼핏 보기만 해서는 책의 내용을 알 길이 없는데, 그 내용을 읽어보고서야 청나라 초 서학西學에 심취한 사람이 광학光學에 대해 지은 책임을 알 수 있었다. 이 책을 새로운 분류법의 물리학류物理學類에 편입시키고 나니 책의 성격이 명확히 드러났다. 또『견물見物』은 명나라 이소李蘇가 지은 동물학에 관한 책이고『유비석유문鈕匪石遺文』은 청나라 유수옥鈕樹玉이 지은 판본학版本學에 관한 책인데, 그 이름으로는 내용을 짐작하기가 쉽지 않거나 옛 분류법에 의해 두루뭉술하게 분류되어 있었다. 이런 사례는 이루 다 헤아릴 수 없을 정도다. 이런 100종이나 되는 옛 총서에 수록된 4000여 종의 서적들을 일일이 분류하는 데 1년의 시간을 쏟아부었다. 내가 이 작업을 시작할 때 상무인서관의 선배인 장위안지張元濟 선생과 이 문제를 얘기한 적이 있다. 그는 이것이 매우 용감한 시도이긴 해도 성과를 거둘 수 있을 것이라고는 생각하지 않았다. 내가 작업을 마친 뒤 장위안지 선생에게 교정을 부탁하자, 그 역시 새로운 분류법이 확실히 옛 학술의 모든 서적을 통제할 수 있음을 인정했다. 이후 이 100종의 총서를 모아서 『총서집성초편叢書集成初編』을 간행했다. 도합 4000권과 따로 목록 1권을 첨부했고, 그 안에 수록된 책 4000여 종을 일일이 새로운 도서 분류로 나눴다.

지금 『총서집성叢書集成』을 읽는 사람이 그 목록만 있으면, 한 번만 훑어봐도 4000종의 진짜 성격을 알 수 있어서 전혀 시간을 낭비하지 않는다. 이상이 목록학 중 분류의 효과다. 이러한 적절한 분류 이외에도 서적의 요약이 필요하다. 책 내용 요약에 관한 중국의 옛 책에 대해 말하자면, 송대 『군재독서지郡齋讀書志』 등에서 청대 『사고전서총목제요四庫全書總目提要』에 이르기까지 거의 1000년 동안 공적으로 혹은 사적으로 지어진 서적 요약에 관한 저작들은 100종이 넘는다. 이런 요약들을 나눠 오려 붙이거나 발췌하여 카드에 써서, 서명에 근거해 사각호마四角號碼[1] 순서대로 배열한 적이 있다. 같은 책에 대한 각종 요약을 한 군데로 모으니, 이를 가지고 상호 비교해서 정정하고 보충할 수 있었는데, 이는 목록학 연구에 아주 큰 도움이 되었다. 본래는 이 10만 장에 달하는 서적 요약 카드를 정리하고 조판 인쇄하여, 중국 옛 서적에 대한 대사전大辭典을 만들 생각이었다. 이후 알고 보니 딩푸바오丁福保 선생께서도 이와 같은 작업을 해서, 각종 요약을 집대성해 『사부총록四部總錄』이란 책을 엮었음을 알았다. 그 책은 이미 3000여 쪽의 조판이 진행됐고 2000~3000쪽 정도는 아직 조판되지 않은 상태인데, 결국에는 딩푸바오 선생이 미처 마치지 못한 부분을 상무인서관에 맡겨 모두 출판하기로 했다. 딩푸바오 선생의 그 책 본문 배열은 여전히 사부분류四部分類를 따르고 있다. 나는 단지 그 책 끝부분에 서명을 기준으로 사각호마 순서로 된 상세한 색인을 달 계획이었는데, 이후 『총서집성』에 내 새로운 분류법에 따른 분류가 성공적이라는 것을 확인하고는 책 끝부분에 새로운 분류법에 따른 색인까지 덧붙일 생각이었다. 이와 같이 한다면 본문은 비록 옛 분류법에 근거하여, 색인에서는 서명을 기준으로 하든

---

1 기본적으로 한자를 검색하는 방법은 세 가지다. 부수를 찾아 부수를 제외한 획수를 근거로 찾는다. 글자의 독음으로 찾는다. 글자의 총획수로 찾는다. 하지만 부수를 모르는 경우도 적지 않고, 독음을 모르는 경우도 다반사다. 총획수가 같은 글자는 너무 많아 알아도 찾기가 어렵다. 이런 문제점을 해결하고자 왕윈우가 개발한 글자 검색 방법이 바로 '사각호마' 검색법이다. 해서체 한자의 네 모서리의 특징을 0부터 9까지 총 10가지 숫자로 표기해, 글자마다 네 자리 숫자로 된 고유번호를 갖게 하는 것이다. 물론 고유번호가 겹치는 글자도 적지 않았지만, 부수, 독음, 획수를 몰라도 글자 자체의 모습을 가지고 검색이 가능했기 때문에, 과거 검색 방법보다는 확실히 편리했다.

새로운 분류법을 기준으로 하든, 모두 해당 서적의 각종 요약 모음을 찾을 수 있을 것이다. 이는 분명 국학을 연구하는 데 아주 유용한 공구서가 될 수 있었다. 하지만 아쉽게도 현재까지 책 전부가 조판 작업을 마치지 못했고, 상하이의 조계지租界地는 이미 적군인 일본에 함락돼버려 상무인서관이 상하이 조계지에 마련한 작업장 설비 역시 일본군에게 침탈됐기에 『사고총록』의 조판과 원고의 보존 여부는 알 수 없다. 그러니 언제쯤 출판할 수 있을지는 더더욱 예정할 수가 없다.

자, 한번 상상해보자. 한편으론 중국과 외국의 학술을 소통시키는 새로운 분류법을 갖추고, 다른 한편으론 1000년 이래의 여러 책에 대한 여러 학자의 요약을 집대성한 사전을 갖춘 뒤 새로운 분류법에 대해 대략이나마 연구하고 학술의 영역이 얼마나 넓고 크며 그 경계가 어떠한지 알며, 임기응변으로 큰 도서관에서 각종 원서를 찾아 읽을 수 있다면, 이것이야말로 최상의 연구 조건일 것이다. 그렇지 않으면 먼저 도서 요약 대사전에서 각 해당 책의 대강만 파악한다 해도, 멍하니 어찌할 바를 모르는 지경에 다다르지 않을 수가 있다. 현재 이렇게 여러 학자의 요약을 집대성한 책이 비록 아직 출판되지는 못했지만 공적으로 혹은 사적으로 지어진 서적 요약에 관한 저작들은 모두 잠시나마 참고하는 데 쓰일 수 있다. 더욱이 『사고전서총목제요』는 비교적 후대에 나온 것이라서 수록하고 있는 옛 책들이 비교적 풍부하다. 비록 그중엔 멋대로 남의 것을 재단해 가져온 부분이 자못 많지만 참고할 만한 가치는 여전히 크다고 하겠다. 상무인서관에서 간행한 이 책의 판본에는 끝부분에 사각호마 순서로 된 서명 색인이 첨부돼 있어서 책을 찾는 데도 비교적 편리하다. 비교적 구하기 쉬워 각 도서관에 모두 소장돼 있을 것이다. 이렇게 전쟁 중 후방에서 책이 부족한 시기에는 아마도 일반적인 국학 연구자용으로 구비할 만하다. 단지 『사고전서』에 수록되지 않은 책과 『사고전서』가 찬수纂修된 뒤에 간행된 책은 모두 『사고전서총목제요』에서 찾을 수 없으니, 딩푸바오 선생의 『사부총록』이 하루라도 빨리 출시되기를 간절히 바라지 않을 수 없다.

(2) 세세한 부분에 주목하기

국학 연구에서는 큰 문제부터 살필 필요가 있지만 다른 한편 세세한 부분에 주목할 필요도 있다. 그렇지 않으면 얻은 바가 그저 윤곽을 그릴 뿐 정미精微한 학식까지는 얻을 수 없기 때문이다. 세세한 부분에 주목하는 방법은 서적의 색인 제작이나 색인을 이용하는 것만 한 것이 없다. 외국에서 출판된 과학이나 다른 학술 관련 서적들은 책 끝부분에 상세한 색인을 덧붙이지 않은 경우가 없다. 이런 색인에 근거해 참고하다보면, 깜빡하고 빠트리는 실수를 피할 수 있다. 많은 관련 서적의 색인에 근거해 하나의 주제를 연구해도, 총괄의 효과를 거둘 수 있다. 앞에서 말한 미국 국회도서관에서의 경험처럼 시간을 절약하는 것은 너무나 손쉬운 일이다. 중국에서는 최근 출판된 책에는 색인이 있지만 옛날에 간행된 책에는 색인이 없다. 최근 10년 동안 옛날에 간행되었던 공구서와 국학 서적에 대한 색인을 간행하는 작업은 과거 상무인서관이 이끌었고 이후로는 옌징 대학 인덱스팀과 다른 출판가들이 계승하고 있다. 상무인서관에서 펴낸 색인은 모두 사각호마 검자법을 따르고 있는데, 상무인서관에서 이미 색인을 펴낸 대형서적으로는 『사원辭源』 『중국인명대사전中國人名大辭典』 『중국지명대사전中國地名大辭典』 『사고전서총목제요』 『십통十通』[1] 『패문운부佩文韻府』 등이 있다. 다른 출판인들이 펴낸 색인들 역시 대부분 사각호마 검자법을 따르고 있는데, 그들이 이미 펴낸 책 중 비교적 규모가 큰 것으로는 개명서점開明書店의 『이십오사인명색인二十五史人名索引』 등이 있다. 옌징 대학 인덱스팀은 홍예洪業의 검자법을 채택했는데 펴낸 색인의 종류가 매우 많다. 그러나 모두 원서와 분리되어 있어 상무인서관이 원서 뒤에 색인을 덧붙여 곧바로 참고하려는 자료를 찾아볼 수 있는 것만은 못하다. 그러나 어찌 됐든, 색인이 있으면 책 전체 내용을 한번 훑어봐도 놓치는 부분이 없으니 연구

---

1 십통十通이란 『통전通典』 『통지通志』 『문헌통고文獻通考』 『속통전續通典』 『속통지續通志』 『속문헌통고續文獻通考』 『황조통전皇朝通典』 『황조통지皇朝通志』 『황조문헌통고皇朝文獻通考』 『황조속문헌통고皇朝續文獻通考』을 가리킨다.

에 편리함이 실로 적지 않다. 이후로 출판사가 앞장서서 신간이나 중쇄된 책 가운데 색인이 필요한 책에는 전부 색인을 만들어 권말에 첨부하기를 희망한다. 아울러 책을 읽고 공부하는 사람에게 원서에 색인이 갖춰져 있지 않지만 그 내용을 추릴 필요가 있다고 여겨지는 책이 있다면, 원문을 추려 베끼면서 시간을 많이 소비하느니 차라리 작은 카드를 사용해 장래에 참고할 만한 자료를 충분히 갖춘 뒤 각각의 주제를 정해서 카드 위에 적어놓고 그 주제가 나오는 책 이름과 쪽수를 부기하며 낱장의 색인으로 삼느니만 못하다. 그중 하나의 주제로 포괄되지 않는 것은 두세 개의 주제로 나누어 각기 별도로 색인 카드를 만드는 것도 무방하다. 책을 읽으며 색인을 만드니 문단 전체를 골라 베껴 쓰는 수고를 줄일 수 있을뿐더러 필요할 때면 바로 색인 카드에 근거해 원서를 찾아볼 수 있다. 색인 카드는 나날이 다달이 쌓여갈 테니, 읽은 책이 많으면 많을수록 얻을 수 있는 자료 역시 풍부해진다. 그리고 각 항목의 주제별 자료의 색인은 부수나 필획 순으로 배열해둔다. 일단 응용하기 시작하면 과거 몇 년간 책을 읽으며 얻은 자료가 모두 한 곳에 모일 테니, 오로지 기억에만 의지하다가 쉽게 가물가물해지거나 갑자기 책을 찾다보니 멍하니 실마리를 찾지 못하는 것에 비해 그 효과가 훨씬 더 좋지 않겠는가!

(3) 흐르는 강물에서 금가루 건져 올리기

중국 고적古籍은 대부분 체계적인 저작이 아니다. 경부經部와 사부史部의 대부분 저작과 자부子部의 저작 중 일부분은 저작의 성격이 분명하다. 그러나 자부 잡가류雜家類나 소설가류小說家類와 집부의 별집류는 내용이 복잡하고 번쇄하다. 그 속에서 필요한 참고자료를 뽑아 쓰려고 해도, 마치 흐르는 강물에서 금가루를 건져 올리는 것처럼 어렵다. 비단 한 권의 책 내용이 이러할 뿐만 아니라, 한 질의 총서에 수록된 각 책 역시 전문 분야에 대한 총서 말고는 그 성격들이 너무 동떨어져 있었다. 총서 중 읽어야만 하는 책을 골라서 읽고 싶어도 이처럼 힘든 과정을 거쳐야만 한다. 후자를 볼 때『총서집성』을 펴내면서 이 부분의 해결을 주된 목적으로 해서 독서계에 도움이 될 궁리를 했다. 생각건대 중국에서 총서란 명칭은 당나라 육구몽陸龜蒙의『입택총서笠澤叢書』에서 비롯되었다. 그러나 이 책은 한 개인의 필기에 불과할 뿐이니, 이 책의「자서自序」에서도 '자질구레한 책叢脞細碎之書'이라고 말했다. 그래서 비록 총서라는 이름이기는 하지만 전혀 총서가 아니다. 송나라 가태연간嘉泰年間에 나온 유정손俞鼎孫의『유학경오儒學警悟』와 송나라 함순연간咸淳年間에 나온 좌규左圭의『백천학해百川學海』가 간행된 것이, 현대적 의미에서 총서의 출현이다. 단지 총서라는 이름을 사용하지 않았을 뿐이다. 명나라의 유명한 총서인『고금설해古今說海』『금헌휘언今獻彙言』『백릉학산

百陵學山』『고금일사古今逸史』『자휘子彙』『양경유편兩京遺編』『이문광독夷門廣
牘』『사책휘함私冊彙函』『기록휘편紀錄彙編』『패해稗海』『패승稗乘』『보안당비
급寶顔堂秘笈』등도 모두 총서라는 이름을 사용하지 않다가 명나라 정영
程榮이 엮어낸『한위총서漢魏叢書』가 세상에 나오면서 명실상부한 총서가
등장했다. 청나라 때 이르러서는 총서의 간행이 갈수록 많아졌다. 그
중 정심精深한 것으로는, 황비열黃丕烈이 펴낸『사례거황씨총서士禮居黃氏
叢書』와 손성연孫星衍이 펴낸『대남각총서岱南閣叢書』가 있는데, 모두가 송
원 시기의 옛 목판을 본땄다. 그중 규모가 큰 것으로 포정박鮑廷博이 펴
낸『지부족재총서知不足齋叢書』와 오숭요伍崇曜가 펴낸『월아당총서粤雅堂叢
書』가 있다. 이들 총서는 수록된 서적의 목록이 100종이 넘고 권수가
1000권이 넘는다. 각종 분야를 망라한 것으로는 장해붕張海鵬이 펴낸
『학진토원學津討原』, 오성란吳省蘭이 펴낸『예해주진藝海珠塵』등이 있고, 그
중 교감校勘이 정밀한 것으로 노문초盧文弨가 펴낸『포경당총서抱經堂叢書』
와 호정胡珽이 펴낸『임랑비실총서琳瑯秘室叢書』등이 있다. 예부터 지금까
지 흔히 볼 수 없는 책을 모아둔 것으로는 장광후蔣光煦의『별하재총서
別下齋叢書』와 전희조錢熙祚의『지해指海』등이 있는데 모두가 다채롭고 풍
부한 내용으로 매우 볼만하다. 관각官刻 총서로는『무영전취진판총서
武英殿聚珍版叢書』가 으뜸이고, 지역 총서로는 명나라 번유성樊維城이 펴낸
『염읍지림鹽邑志林』을 시작으로, 청나라 때『경천총서涇川叢書』『영남총서嶺

南叢書』『금화총서金華叢書』『기보총서畿輔叢書』가 뒤를 이어 나왔다. 또 전문 분야 총서로 가장 오래된 것으로는 응당 남송 때 하거비何去非가 교감, 발간한 『무경칠서武經七書』로 이는 순수한 군사학軍事學 총서다. 의학醫學 총서로는, 원나라 두사경杜思敬이 엮어낸 『제생발췌濟生拔萃』와 명나라 왕긍당王肯堂이 엮은 『고금의통정맥전서古今醫統正脈全書』 등이 있다. 경학經學 총서로는 청나라 전의길錢儀吉이 엮은 『경원經苑』과 완원阮元이 엮은 『황청경해皇淸經解』, 종겸균鍾謙鈞이 엮은 『고경해휘함古經解彙函』 등이 있다. 문자학 총서로는 명나라 낭규금郎奎金이 엮은 『오아전서五雅全書』, 청나라 종겸균鍾謙鈞이 엮은 『소학휘함小學彙函』, 장병상張炳翔의 『허학총서許學叢書』 등이 있다. 사학史學 총서로는 청나라 광아서국廣雅書局의 『사학총서史學叢書』, 호사경胡思敬의 『문영루여지총서問影樓輿地叢書』 등이 있고, 예술 총서로는 명나라 심율沈律이 엮어낸 『흔상편欣賞編』 등이 있다. 목록학 총서로는 청나라 장수영張壽榮이 펴낸 『팔사경적지八史經籍志』 등이 있다. 오늘날에 이르러 고수顧修, 부운룡傅雲龍, 주학근朱學勤, 뤄전위羅振玉의 총서목록叢書目錄과 양수경楊守敬과 이지정李之鼎의 『총서거요叢書擧要』에 수록된 총서를 살펴보면, 모두 합쳐 3000여 종에 달한다. 그러나 대부분이 명실상부하지 않고 마음대로 삭제하거나 고치는 등 번잡한 부분이 매우 많다. 그중 상당히 가치가 있는 것은 많아야 300~400종이 넘지 않는다. 60~70년 전에 이 수천여 종의 총서 중 내용이 풍부하면서 동시에 '실용적인 것'과 '보기 드문 것'이란 두 가지 기준 중 하나에 부합되는 100종을 골라 『총서집성초편』으로 엮었다. 이 100종의 총서를 각 모든 분야를 망라한다는 원칙 아래 '일반총서' '전문분야 총서' '지역 총서'로 나눴다. 일반총서에는 송대 총서가 2종, 명대 총서가 21종, 청대 총서가 57종이 들어갔다. 전문 분야 총서에는 경학, 문학, 역사, 지리, 목록학, 의학, 예술, 군사학에 대한 13종 총서가 들어갔다. 지방 총서에는 성구군읍省區郡邑 별로 각기 2종씩 넣어뒀다. 표면상으로 3000여 종의 총서 중 이는 아주 적은 양이지만, 사실상 3000여 종의 총서에 수록된 책들 중 거의 3분의 1에서 4분의 1을 차지하는 것이다. 『총서집성초편』에 수록된 100종의 총서는 본래 6000여 종의 책을 포괄하는 것이다. 그러나 겹치는 경우를 제외하면 겨우 4100여 종만 남는다. 이를 보면 겹치는 경우가 최소한 3분의 1이나 된다는 것을 알 수 있다. 다른 총서들의 사정 역시 이와 같거나 더 심하다. 중복되는 것을 빼버린 뒤 4100여 종의 책 중에서 최소한 그다지 참고가치가 없는 책도 어느 정도 있을 것이다. 이를 근거로 헤아려보건대 3000~4000종의 총서 중 300~400종을 빼버렸는데, 이 300~400종의 총서는 규모가 비교적 작은 많은 총서를 포함하고 있기 때문에, 그 분량은 대략 『총서집성』에서 선별한 100종의 총서보다 곱절이나 된다. 바꿔 말하자면, 1만 2000여 종의 책들을 포괄하는 것이다. 『총서집성』에서 책이 중복되는 경우를 추산해보니, 1만2000종의 책에서 중복된 것을 빼버린다 해도 최대 8000종이 남는다. 이 8000종의 책들 중 큰 가치가 없는 것들이 4분의 1이라고 가정해서 이를 빼버리면 6000종이 남는다. 이 6000종의 책이 포함하는 바는 지극히 광범위해서, 한 전문가가 한 가지 전문 분야에 대해 연구할 때, 많으면 이 가운데 10분의 1인 600종의 책을 이용할 수 있다. 이것이 바로 흐르는 강물에서 금가루를 건져 올리듯 골라 모으는 일례다. 또 앞에서 이미 언급했듯이, 자부子部 중 잡가류와 소설가류와 집부集部의 별집류는 내용이 복잡하고 번쇄해서, 전문가가 한 가지 전문 분야에 대해 연구할 때는 사실 처음부터 끝까지 읽을 필요가 없다. 만약 모든 책에 일일이 상세한 색인을 달아둔다면 아주 많은 시간을 절약할 수 있다. 필요 없는 부분을 생략하고 읽지 않아도 되는데, 만약 생략해버릴 부분이 원서의 3분의 2라고 가정해보면, 앞서 이용할 수 있다고 말했던 600종의 책 중 이를 다시 빼버린다. 이렇다면 사실상 읽어야만 하는 분량이 겨우 200종의 책에 불과한데, 이 역시 흐르는 강물에서 금가루를 건져 올리듯 골라 모으는 일례다.

⑷ 구슬들을 하나로 꿰듯 연계하기

중국 고적의 내용은 앞서 언급했듯이 대부분이 복잡하고 번쇄하다. 그래서 그중 일련의 자료를 찾아내고자 한다면 연계하는 방법을 취하지 않으면 안 된다. 자료를 구슬처럼 실 한 가닥으로 꿰어야만 한다는 말이다. 쉬디산許地山 선생은 생전에 2~3일의 시간을 들여 100여 종의 필기 중 부계점扶乩占에 대한 자료를 모아 부계점이란 미신迷信에 대한 연구서를 지었다. 그는 풍부한 자료를 귀납해서 판단을 내렸는데, 이것이 바로 구슬들을 하나로 꿰듯 연계하는 방법의 가장 훌륭한 예다. 본래 이전 사람들은 부계점에 대한 전문적인 저작이 없었다. 부계점에 관한 자료를 찾으려면 많은 출전이 있어야만 했기에, 100여 종의 필기류에서이를 검색한다. 이런 검색을 통해 얻은 자료들은 귀한 보석 구슬과도같다. 그러나 한 가닥의 실이 없다면, 흩어진 모래마냥 하나로 꿸 방법이 없지 않겠는가? 이 한 가닥의 실이 바로 귀납과 판단이란 작업인데, 그 가치는 정말 구슬보다 못하지 않다. 최근 이 같은 작업을 한 적이 있다. 400여 종의 청나라 사람 문집 중 고증에 대한 문장을 뒤져서 모두 1300여 편을 찾았다. 다시 이 문장들을 분류하고 귀납해 각자들의 주장을 상호 비교하고 시간을 들여서 다시 판단하면 본래 고증에 대한 저작이 될 수 있으며 설령 그렇지 못하더라도 최소한 고증 모음집을 만들 수 있다. 현재 이 자료는 모두 홍콩에 남겨졌는데, 지금 홍콩은 일본에게 함락되었으니 정말이지 애석할 뿐이다. 요컨대 중국의 무수한 문집과 필기 속에 담겨 있는 귀중한 자료는 실로 매우 풍부하다. 단지 산만하고 조리가 없어서, 한바탕 노력을 들이지 않고는 찾아낼 수 없다.

그러나 만약 기꺼이 노력하고자 하면서 적당한 방법을 채택하기만 한다면 그 어떤 소소한 주제라 할지라도 근거를 갖춘 대작을 짓기 어렵지 않다. 쉬디산 선생은 부계점에 대해 10만 자에 달하는 장편의 글을 지었는데, 구절마다 모두 근거를 갖추고 있었으니 실질을 갖추지 못한 공허한 주장들과 비할 바가 아니었다. 이로부터 헤아려보건대, 그 어떤 주제든지 모두 이 같은 결과를 얻을 수 있을 것이다. 그러기 위해서는 우선 높은 곳에서 조감하기, 즉 목록학에서 자료를 취할 분야와 서적을 확정한 뒤, 그다음 세세한 부분에 주목하기, 즉 이미 있는 색인들이나 자신이 만든 색인을 사용해 미세한 자료라도 놓쳐서는 안 된다. 그런 다음 모으고 연계하기를 실시한다.

(5) 진상眞相을 연구하기

맹자는 "『상서尚書』 전부를 믿느니 『상서』가 없는 셈 치느니만 못하다盡信書則不如無書"[1]라고 말했다. 이는 분명 연구에 대한 가장 오래된 명언이다. 왜냐하면 책을 짓는 사람은 우선 자신이 보고 들은 바에 한계가 있어서 빠트리거나 착각한 부분이 없을 수 없고, 둘째로 자신의 주관적인 입장을 완전히 떨쳐버릴 수 없어서 판단이 반드시 공평하지는 않기

---

1 『맹자』 「진심 하」 제3장

때문이다. 그래서 오로지 책 하나의 주장에만 근거한다면, 그것이 어떤 사실史實에 관한 것이든 아주 정확하다고 믿을 수는 없는 일이다. 만약 이런 폐단을 피하고자 한다면 각 면의 기술들을 가져다 비교해보는 것이 가장 좋다. 역사 기록에 대해 논하자면, 정사正史를 다 읽고 난 뒤 다시 패사稗史, 야사野史, 각종 개인 저술들을 참고해, 이를 증명하는 자료로 삼아야 한다. 나는 역사란 대부분 아주 많은 주요 인물이 만들어낸 것이라고 생각한다. 이 주요 인물 스스로의 기록은 당연히 믿을 만하다. 이런 주요 인물과 가까이 지내던 사람들의 기록 역시 직접 보고 들은 것이 비교적 사실에 부합할 것이며, 이는 또한 공적인 일반 기록이나 개인이 돌고 도는 소문을 듣고 쓴 기록보다 훨씬 믿을 만할 것이다. 설령 반드시 다른 기록보다 더 믿을 수는 없다고 하더라도, 최소한 이를 방증으로 사용할 수는 있을 것이다. 중국은 이런 주요 인물의 행적에 대한 기록이 대부분 각종 연보에 담겨져 있다. 자신이 지은 것은 자찬연보自撰年譜라고 하는데, 현대의 자서전과 같은 것이고, 남이 지은 것은 일반적인 연보다. 이런 연보들은 비단 연도에 따라 순차적으로 연보 주인공의 행적을 기록하고 있을 뿐만 아니라, 연보 주인공과 관계가 있는 사람 혹은 연보 주인공과 동시대 주요 인물의 행적 그리고 심지어는 같은 시기에 발생했던 중요한 사건까지 모두 덧붙여 기록해두기에, 서양식 전기에 비해 참고할 만한 사실적 가치가 더욱 높다. 근래 들어 동방도서관 중흥을 위해[1] 연보 1200여 종을 모았는데, 이는 중국의 공립과 사립 도서관 중 가장 완비됐다고 할 수 있다. 난 곧잘 이런 연보들에 기록된 사실을 정사나 패사稗史 등에 기록된 사실과 비교하면서, 상호 많은 차이가 있다고 여기기 때문에 다음과 같은 기획을 입안했다. 이런 연보들의 모음집을 간행한 뒤, 따로 상세한 색인을 편찬해 이 많은 연보에 기록된 중요한 사실과 인물의 행적을 일일이 색인 표제어로 만들어 색인에서 표제어를 찾으면 곧바로 각종 연보에서 이를 찾아 참고할 수 있도록 만들고자 한다. 그런 연후에 각 연보 간 기록의 이동異同을 정사나 패사 등의 기록과 서로 비교해, 다수의 기록을 좇아 판단을 내리거나 기록된 때의 상황을 살펴 판단을 내리면 한편으론 정사 등 기록의 착오를 고칠 수 있고, 다른 한편으론 정사 등 기록의 정확성을 증명할 수도 있다. 이것이 역사를 연구하는 데 실로 중요한 도움이 되리라고 확신한다. 아쉽게도 홍콩과 상하이가 일본군에게 함락된 이후 소장된 연보들의 안전 여부를 아직 모르는데다가, 개인적으로도 빈번하게 옮겨다니다보니 차분하게 지낼 틈이 없어서, 일시적으로 이 작

---

1 민국 21년(1932) 1월 일본군이 상하이를 침략해 들어오면서 상무인서관과 동방도서관이 파손되었는데, 특히 동방도서관이 완전히 파손되어 수십만 권의 서적이 모두 소실되었다. 일본군이 물러간 뒤 장위안지나 왕윈우 등이 주도하여 계속해서 동방도서관을 재건하는 데 힘썼다.

업을 당장 할 수 없다. 그러나 역사를 연구하는 이들에게 다음과 같이 하기를 적극 권장한다. 자신이 연구하는 해당 역사와 관련된 인물의 연보를 많이 읽으면서 자신의 연구와 비교할 수만 있다면 실로 많은 보탬이 될 것이다. 최근의 역사를 놓고 말하자면, 가까운 과거는 원로들이 직접 보고 들은 바를 전하기 때문에 모두 증명할 수 있겠지만, 속사정을 잘 아는 사람이나 그런 사람과 가까운 사람의 기록은 이보다 더 분명할 것이다. 요즘 사람인 량스이梁士詒의 연보는 중화민국 초기의 정치 내막과 홍헌제洪憲帝 체제[1]의 경과에 대해 그 기록들이 연구자에게 참고 자료로 제공될 만하다. 또 서윤徐潤의 『서우재자서연보徐愚齋自敍年譜』는 청나라 말기 공영公營 사업과 일반 공상업의 실제 상황에 대한 참고 자료로서도 매우 귀중하다. 요즘 사람들의 연보조차 이렇게 참고할 만한 가치가 있으니, 훨씬 오래된 연보들이 충분히 공적인, 사적인 사적史籍의 방증으로 삼을 수 있음은 너무나 명백하다.

(6) 새로운 길 개척하기

학문을 연구하는 사람이라면 응당 탐험가처럼 알고 있던 외길만을 고

집해서는 안 된다. 반드시 시시때때로 새로운 길을 개척해야만 비로소 지름길을 발견할 수 있다. 자서字書 검색을 예로 들어보자.『설문해자說文解字』의 540개 부수로 검색하는 방법은 이미 오래전부터 사용되지 않고 있고,『강희자전康熙字典』의 214개 부수로 검색하는 방법은 부정확할 뿐만 아니라 검색 속도가 너무 느리다. 한자의 독음으로 검색하는 방법은 누구나 다 독음을 알고 있는 것은 아닌데다가, 설령 독음을 안다고 해도 너무 느리다. 필획으로 검색하는 방법은 누구나 매우 쉽게 배울 수 있긴 하지만 동일한 획수를 가진 글자가 너무 많아서, 오히려 여러 글자 검색 방법 중 속도가 가장 느리다. 이 때문에 자서나 사전에서 글자를 검색할 때면 늘 괴롭고 곤란해서, 대규모 색인을 만들더라도 사용할 수 없는 바가 있다. 이는 결국 학문을 하는 공구서工具書를 충분히 활용할 수 없어서, 이를 적극적으로 확충해나갈 수도 없게 만들어버린다. 이것이 학문하는 데 장애가 된다는 사실은 많은 사람이 알고 있지만, 알면서도 여전히 옛 습관에 얽매여 옛 방법을 계속 사용할 수밖에 없다. 10여 년 전부터 몇 년의 시간을 들여, 자서와 사전을 검색하거나 색인을 만들 새로운 방법을 만들어내기 위해 노력하면서 사각호마四角號碼 검자법을 발명했다. 당초엔 반대하는 사람들이 많았지만 십 수 년간 최소한 500만 명이 이 검자법을 사용해 자서와 사전, 색인을 검색하면서 배우기도 쉽고 빨리 검색된다고 여기고 있다. 최근 5~6년간 또 이와 유사한 작업을 했는데, 그것은 바로 해서체楷書體 글자를 쉽게 찾을 수 있게 도와주는 사각호마 검자법 외에도, 또 다른 새로운 방법을 발견하고 개척하는 작업이다. 갑골문, 금문金文, 대전大篆, 소전小篆 등의 글자체에 대해서 이제껏 신비하다고 여겨서 감히 관심을 갖는 이가 없었지만, 이제는 일주일의 훈련만 거치면 이런 옛 글자체 중 모르는 글자가 없게 된다. 본래 이런 옛 글자체를 그다지 잘 알지는 못하지만, 요즘 들어 큰 염원을 품고 있다. 달리 보면 과욕을 부린다고도 할 수 있겠다. 옛 글자체를 모르는 내가 사람들 모두가 옛 글자체를 알게끔 만들고 싶어서, 5~6년간의 여가시간을 이용해 틈틈이 작업을 진행해서 지난해 11월 홍콩을 떠나던 날 이미 막 완성한 1000쪽 이상의 옛 글자체 자전 교정쇄를 아무 생각 없이 가지고 이곳 상하이에 왔는데, 뜻밖에도 일본군의 손아귀에서 구해낸 꼴이 됐다. 내 방법은 대체로 갑골문, 대전, 고문, 기자奇字, 소전, 무전繆篆[1] 등 모든 글자에 일일이 독음과 뜻을 각주로 달아뒀다. 내가 최근 발명한 또 다른 검색 방법을 며칠의 시간을 들여 익힌다면 누구나 검색 한 번으로 찾고자 하는 글자를 찾고, 동시에 글자마다 일일이 각주로 달아둔 독음과 뜻을 통해 그 글자가 무슨 글자인지 알 수 있다. 이 방법은 비록 호마號碼, 즉 숫자를 응

---

1 주로 도장에 사용되는 인장용印章用 글자체를 가리킨다.

용한 것이긴 하지만, 기존의 사각호마 검자법과는 완전히 다르다. 왜냐하면 사각호마는 사각형 모양으로 늘 네 모서리를 가지고 있는 해서체에 적용한 것이지만, 옛 글자체는 특히나 복잡해 해서와는 상당히 다르기 때문에 다른 방법을 찾아야만 했다. 그러나 글자체가 복잡한 까닭에, 이 방법이 만족스럽게 적용되기 위해서는 확실히 적지 않은 시간을 들여 원고를 10여 차례나 고쳐야만 했다. 아울러 6~7만 자나 되는 옛 글자체를 일일이 실험해 만족스러운 결과를 거둔 연후에야, 이 방법에 따라 글자를 배열했다. 이를 지난해 11월 총 1000여 쪽에 달하는 내용을 영인해 교정쇄를 뽑아뒀다. 만약 홍콩에서 전쟁이 발발하지만 않았다면 진작 이 책이 출판되어 옛 글자체를 못 알아보는 일반인이 이 책을 통해 옛 글자가 지금의 어떤 글자라는 것을 알았을 것이다. 애석하게도 원고와 이미 만들어둔 조판은 전부 소실됐다. 비록 내 손에 교정쇄가 남아 있어 이를 원고의 복사본으로 삼을 수 있겠지만, 중국의 인쇄 여건상 일시적이나마 새로 다시 인쇄할 방법이 없다. 앞서 얘기한 두 가지 예는 그 목적이 옛 학문을 연구하는 데 옛 방법만을 묵수해서는 안 되고, 반드시 언제든 필요에 따라 새로운 방법을 개척해야 한다는 것을 설명하는 데 있다.

이상 여섯 가지 방법은 단지 방법 중 일부분일 뿐이다. 이 밖에도 내가 생각하지 못한 아주 많은 방법이 있다고 믿는다. 그리고 내가 생각한 방법 역시 여섯 가지에만 그치지는 않는다. 그러나 이 여섯으로 그 대략을 보여준 것은, 사실 진취적인 사고로 옛 학문을 연구하는 일반 청년들이 이런 방법들을 통해 나머지 방법까지 두루 통달하기를 바란 것이다.

___ 왕윈우王雲五, 「구학신탐舊學新探」(1947), 중앙대 강연에서

共學
함께
배우기

공자께서 말씀하셨다. "더불어 배울 수 있다고 더불어 도로 나갈 수 있는 것은 아니다. 더불어 도로 나갈 수 있다고 더불어 입장을 확고히 할 수 있는 것은 아니다. 더불어 입장을 확고히 할 수 있다고 더불어 임기응변까지 같을 수 있는 것은 아니다."

子曰: 可與共學, 未可與適道. 可與適道, 未可與立. 可與立, 未可與權.

__공자, 『논어』「자한」

공자께서 말씀하셨다. "그 사람에 대해 모르겠거든 그 사람의 벗을 보면 되고, 그 주인을 모르겠거든 그 주인이 부리는 사람을 보면 된다." 또 이렇게도 말씀하셨다. "착한 사람과 함께 있는 것은 마치 난초와 구릿대가 있는 방에 들어가 오래 지나면 그 향기를 못 맡는 것과 같으니, 이는 동화되었기 때문이다. 나쁜 사람과 함께 있는 것은 소금에 절인 어물을 파는 가게에 들어가 오래 지나면 그 비린내를 못 맡는 것과 같으니, 이 역시 동화되었기 때문이다. 그래서 말하기를 '단사丹砂가 묻혀 있는 곳은 붉고, 석탄이 묻혀 있는 곳은 검기 마련이다'라고 했던 것이다."

孔子曰: 不知其子, 視其所友. 不知其君, 視其所使. 又曰: 與善人居, 如入蘭芷之室, 久而不聞其香, 則與之化矣. 與惡人居, 如入鮑魚之肆, 久而不聞其臭, 亦與之化矣. 故曰: 丹之所藏者赤, 烏之所藏者黑.

__유향劉向, 『설원說苑』「잡언雜言」

如登山
산에
오르는 것과 같다

오늘날 학문하는 자들은 마치 산기슭을 오를 때처럼, 모두 비스듬한 기슭을 성큼성큼 오르다가도, 가파른 곳에 다다르기만 하면 바로 주춤거리고 만다.

今之爲學者, 如登山麓, 方其迤邐, 莫不闊步, 及到峻處, 便逡巡.

__ *정이程頤, 『송원학안宋元學案』「이천학안伊川學案·어록」

如登塔
탑을
오르는 것과 같다

학문하는 것은 탑에 오르는 것과 같아서, 1층씩 올라간다면 맨 위층에 대해서 비록 남에게 묻지 않아도 스스로 알 수 있다. 만약 착실하게 밟아 올라가지 않는다면 도리어 허황된 망상에 빠져 맨 아래층에 대해서 조차 아무것도 깨닫지 못하리라.

問學如登塔, 逐一層登將去. 上面一層, 雖不問人, 亦自見得. 若不去實踏過, 却懸空妄想, 便和最下底層不曾理會得.

__ 주희, 『주자어류』 권13, 「학 7·역행力行」

切己
자신에게
절실하기

책을 읽을 때 오로지 종이 위에서만 의리를 구해서는 안 된다. 반드시 돌이켜 자기 자신에게서 따져봐야 한다. 진한秦漢 이후로 이 점을 말하는 이가 없었다. 오로지 줄곧 서책에서만 구하려 했지 자기 자신으로부터 체득하려고 하지 않았다. 자기 자신이 아직 깨닫지 못했으면 성인이 먼저 어디에 있다 얘기한 것을 가지고 그저 성인의 말에 근거해 자기 자신에게서 따져봐야만 비로소 깨달음을 얻을 수 있다.

讀書, 不可只專就紙上求理義, 須反來就自家身上推究. 秦漢以後無人說到此, 亦只是一向去書冊上求, 不就自家身上理會. 自家見未到, 聖人先說在那裏, 自家只借他言語來就身上推究, 始得.

__주희, 『주자어류』 권11, 「학 5 · 독서법 하」

책을 읽는 것은 반드시 마음을 비우고 자신에게 절실해야 한다. 마음을 비워야만 비로소 성현의 뜻을 얻을 수 있고, 자신에게 절실해야 성현의 말씀이 허튼소리가 되지 않는다.

讀書須是虛心切己. 虛心, 方能得聖賢意. 切己, 則聖賢之言不爲虛說.

__주희, 『주자어류』 권11, 「학 5 · 독서법 하」

好問
묻기를
좋아하기

『상서』「중훼지고仲虺之誥」에서는 "묻기를 좋아하면 아는 게 풍부해진다"
고 말했고, 『예기』「학기學記」에는 "혼자만 공부하며 함께하는 벗이 없
으면 고루과문孤陋寡聞해진다"라고 했다. 학문이란 절차탁마하며 서로
일깨워줘야 하는 것이 분명하다. 문을 걸어 잠그고 책을 읽으며 스스
로를 옳다고 받들다가 많은 사람 앞에서 오류를 범하거나 실수하는 자
가 많다.

『書』曰: 好問則裕. 『禮』云: 獨學而無友, 則孤陋而寡聞, 蓋須切磋相起
明也. 見有閉門讀書, 師心自是, 稱人廣坐, 謬誤差失者多矣.

__ 안지추顔之推, 『안씨가훈顔氏家訓』「면학勉學」

本末並擧
뿌리와 끝자락을
모두 다루기

학자란 응당 뿌리와 끝자락을 모두 다루어야 한다. 만약 본체만 지니고
활용이 없으면 이른바 본체란 것이 반드시 엉망진창이 되고 만다는 것
은 의심할 여지가 없다. 그래서 특별히 끄집어낸 말들도 스스로 부족하
기에 과장하는 병폐가 생긴다.

學者自應本末並擧. 若有體而無用, 則所謂體者, 必參差鹵莽無疑. 然
特地拈出, 卻似有不足則誇之病.

___ *여조겸, 『송원학안』「동래학안·여진동보與陳同甫」

專心
전심전력하기

맹자께서 이렇게 말씀하셨다.

"임금이 지혜롭지 못한 것은 이상할 것이 없다. 비록 세상에서 곧잘 자라는 식물이 있다 한들 하루 따뜻하게 햇볕을 쬐다가 열흘 쌀쌀하면 제대로 자랄 식물이 없다. 내가 임금을 뵌 적이 드문데다, 내가 물러난 뒤 임금을 쌀쌀하게 만드는 자들이 바로 임금에게 달려드니, 내가 비록 임금에게 인의의 싹을 피우게 한들 그 싹이 어찌 자랄 수 있겠는가? 무릇 바둑 기술이란 보잘것없는 재주지만, 바둑을 잘 두려는 뜻을 이루기 위해 전심전력하지 않으면 이룰 수 없다. 혁추라는 이는 온 나라에서 바둑을 잘 두는 사람으로 꼽힌다. 혁추로 하여금 두 사람에게 바둑을 가르치게 하는데, 한 사람은 바둑을 잘 두려는 뜻을 이루기 위해 전심전력하면서 오로지 혁추의 말만 따랐다. 그런데 다른 사람은 혁추의 말을 따르면서도 마음속으로는 '기러기가 날아올 시기가 되면, 끈을 맨 화살을 쏘아 잡아야겠다'고 생각했다. 그렇다면 비록 두 사람이 같이 배운다 해도 똑같이 잘 둘 리가 없다. 이것이 타고는 지능이 남만 못하기 때문인가? 결코 그렇지 않다."

孟子曰: 無或乎王之不智也. 雖有天下易生之物也, 一日暴之, 十日寒之, 未有能生者也. 吾見亦罕矣, 吾退而寒之者至矣, 吾如有萌焉何哉? 今夫奕之爲數, 小數也, 不專心致志, 則不得也. 奕秋, 通國之善奕者也. 使奕秋誨二人奕, 其一人專心致志, 惟奕秋之爲聽. 一人雖聽之, 一心以爲有鴻鵠將至, 思援弓繳而射之, 雖與之俱學, 弗若之矣. 爲是其智弗若與? 曰: 非然也.

__맹자, 『맹자』「고자 상」

조양자趙襄子는 왕어기王於期에게 마차 모는 법을 배웠다. 오래지 않아서 조양자가 왕어기와 마차 경주를 해봤더니 세 번이나 말을 바꾸었는데도 세 번 모두 왕어기에게 뒤처졌다. 그러자 조양자는 이렇게 말했다. "그대는 내게 마차 모는 법을 가르치면서 모든 기술을 다 알려준 것이 아닌가 보오!" 왕어기가 이렇게 대답했다. "모든 기술을 이미 가르쳐드렸습니다. 오히려 제가 가르쳐드린 기술을 주군께서 지나치게 활용하셨던 것입니다. 마차를 몰 때 중요한 것은 말의 몸이 수레에 안착해야 하고 모는 사람의 마음이 말과 어우러지는 것입니다. 그런 연후에야 비로소 빨리 다다르고 멀리 갈 수 있습니다. 지금 주군께서는 제게 뒤처지면 저를 따라잡으려 하시고 저를 앞서면 제게 따라잡힐까 두려워하십니다. 말을 몰아 먼 곳까지 경주하다보면 앞서거니 뒤서거니 하기 마련입니다. 그런데 주군께선 앞서든 뒤처지든 늘 제게만 마음을 쓰고 계시니 어떻게 말과 어우러질 수 있겠습니까? 이것이 주군께서 뒤처지는 이유입니다."

趙襄主學御於王於期, 俄而與於期逐, 三易馬而三後. 襄主曰: 子之敎

我御, 術未盡也! 對曰: 術已盡, 用之則過也. 凡御之所貴, 馬體安於車,
人心調於馬, 而後可以追速致遠. 今君後則欲逮臣, 先則恐逮於臣. 夫
誘道爭遠, 非先則後也, 而先後心皆在於臣, 上何以調於馬? 此君之所
以後也.

__한비자,『한비자』「유로喩老」

학자가 우선적으로 힘써야 할 것은 바로 마음에 있다. 간혹 보고 들으
며 알고 잘 생각하는 것을 버리려 하는 자가 있는데, 이는 노자가 말한
성인다워지고 지혜로워지기를 관두는 것이다. 혹자는 이런저런 생각을
버린다면서 마음이 혼란스러울까 걱정해 좌선坐禪으로 안정시키려 한
다. 만약 맑은 거울이 여기 있다면 만물을 모두 비출 텐데, 이것은 거울
의 당연한 속성이니 오히려 비추지 못하기가 어려울 것이다. 사람의 마
음은 만물과 교감하지 않을 수 없으니, 이 역시 이런저런 생각을 못하
게 하기는 어렵다. 만약 이 같은 상황을 피하고자 한다면 모름지기 마
음에 주재主宰하는 바가 있어야만 한다. (…) 사람의 마음이란 두 갈래
로 나누어 쓸 수는 없어서, 한 가지 일에 사용하면 다른 일은 마음에
들어올 수 없다. 일하는 것이 마음을 주재해도 이런저런 생각이 어지
러이 뒤섞일 걱정이 없거늘, 만약 삼감으로 주재한다면 또 무슨 걱정이
있겠는가?

學者先務, 固在心志. 有謂欲屏去聞見知思, 則是絶聖棄智. 有欲屏去思慮, 患其紛亂, 則須是坐禪入定. 如明鑑在此, 萬物畢照, 是鑑之常, 難爲使之不照. 人心不能不交感萬物, 亦難爲使之不思慮. 若欲免此, 惟是心有主. (…) 大凡人心不可二用, 用於一事, 則他事更不能入者, 事爲之主也. 事爲之主, 尙無思慮紛擾之患, 若主於敬, 又焉有此患乎?

___ *정이程頤, 『송원학안宋元學案』「이천학안 상伊川學案上」

옛날 진열陳烈 선생은 기억력이 좋지 않아 괴로웠다. 하루는 『맹자』의 "학문의 길에 다른 방도란 없다. 자신의 잃은 마음을 찾는 것일 뿐이다"란 구절을 읽고는 문득 깨달은 바가 있어 이렇게 말했다. "내 마음을 제대로 거둔 적이 없거늘 어떻게 책을 외운단 말인가?" 결국 문을 걸어 잠그고 정좌해서는 100여 일이나 책을 읽지 않고 잃었던 마음을 거둬들였다. 그런 연후에 책을 읽어보니 한번만 봐도 빠르리고 외우지 못하는 부분이 없었다.

昔陳烈先生苦無記性. 一日讀『孟子』"學問之道無他, 求其放心而已矣", 忽悟曰: 我心不曾收得, 如何記得書? 遂閉門靜坐, 不讀書百餘日, 以收放心. 後去讀書, 遂一覽無遺.

___ 주희, 『주자어류』 권11, 「학 5 · 독서법 하」

주거니 받거니 강론하며 묻고 답하는 것은 자신의 의지가 없으면 안 된다. 그러나 중간에 그만 두어 끊기고 세월아 네월아 하고 있으면 결국 성과를 보기 어렵다. 모름지기 뜻을 이루기 위해 전심전력하면서 감각기관의 간섭을 끊고 정신을 집중해 축적해야만 비로소 획득할 수 있다. 往來講論, 一問一答, 謂之無意嚮氣味則不可. 然歇滅斷續, 玩歲愒日, 終難見功. 須令專心致志, 絶利一源, 凝聚停蓄, 方始收拾得上.

__ *여조겸, 『송원학안』「동래학안·여주시강與朱侍講」

專精
전심전력 정신을
집중하기

유가의 책에서는 이렇게 말하고 있다. 동중서董仲舒가 『춘추』를 읽을 때, 전심전력 『춘추』에 정신을 집중하면서 다른 것에 뜻을 두지 않다보니 3년 동안 채마밭에조차 눈길 한 번 주지 않았다고 한다. 채마밭에 눈길을 주지 않았다는 말은 사실이겠지만 3년 동안 그랬다는 것은 덧붙인 말이다. 동중서가 아무리 『춘추』에 정신을 집중했다 하더라도 틈틈이 쉬긴 했을 것이다. 그리고 쉴 때면 문이나 마당 곁을 돌아다닐 텐데 문이나 마당에 가면서 어떻게 채마밭에 눈길을 주지 않을 수 있겠는가? 듣건대 정신을 집중하는 사람은 사물을 보아도 눈에 들어오지 않고 도를 간수할 생각에 자기 자신의 몸까지 잊어버린다고 한다. 하지만 앉아서 골똘히 생각하느라 3년간 마당에도 나가지 않아서 채마밭에 눈길이 미치지 못했다는 말은 들어보지 못했다. 『상서』「무일無逸」에 "군자는 늘 안일安逸하지 않게 지낸다. 농사가 힘들다는 것을 알고 나서야 쉴 수가 있다"고 했다. 여기서 '안일하다'란 말은 '늘어져 있다'는 뜻이다. 사람의 뼈와 근육은 나무나 돌이 아니기 때문에 늘어져 있을 수만은 없다. 그래서 주 문왕周文王은 바짝 긴장하지도 않았지만, 긴장을 풀어놓고만 있지도 않았다. 주 문왕은 늘 긴장할 땐 긴장하고 긴장을 풀 땐 풀었다. 성인은 타고난 재질이 우월해도 긴장하거나 긴장을 풀 때가 있었던 것이다. 동중서의 재질과 역량은 성인을 따라가지 못하거늘, 어떻게 3년간 쉬지도 않고 한 곳에 정신을 집중할 수 있었겠는가?

儒書言: 董仲舒讀『春秋』, 專精一思, 志不在他, 三年不窺園菜. 夫言不窺園菜, 實也. 言三年, 增之也. 仲舒雖精, 亦時解休, 解休之間, 猶宜游於門庭之側, 則能至門庭, 何嫌不窺園菜? 聞用精者, 察物不見, 存道以亡身, 不聞不至門庭, 坐思三年, 不及窺園也. 『尙書』「母佚」曰: 君子所其毋逸, 先知稼穡之艱難乃佚. 佚者, 解也. 人之筋骨, 非木非石, 不能不解. 故張而不弛, 文王不爲. 弛而不張, 文王不行. 一弛一張, 文王以爲常. 聖人材優, 尙有弛張之時, 仲舒材力劣於聖, 安能用精三年不休?

___왕충王充, 『논형論衡』「유증儒增」

專精與博學
정신을
집중하기와 박학

자오위안런趙元任과 함께 철학 교수인 올비E. Albee 선생을 방문했다가 늦은 밤까지 얘기를 나누고 돌아왔다. 선생께서는 평생 좋아했던 철학 말고도 사진 촬영과 현미경 관찰에 대해 말씀하시면서, 본인이 촬영한 바닷가나 골짜기 등의 풍경사진을 담은 사진 책들이나 자신이 보물로 생각하는 현미경을 우리에게 보여줬다. 올비 선생의 부인도 사진 촬영에 조예가 있고 아울러 피아노에도 정통했다. 서양학자들의 취미가 넓다는 것에 감탄했다. 이것은 우리처럼 남의 나라의 사정을 살펴보는 사람이 유의해야만 하는 점이다. 우리 학교의 교원 중 전기공학 교수인 카라페도프 선생은 미국의 유명한 전기공학자다. 그런데 그 선생이 가장 조예 깊은 분야는 음악이다. 각종 악기를 모두 다룰 줄 알아 음악계에서도 실력가로 통한다. 공학 교수인 트레버 선생 역시 음악으로 유명하다. 또 수학자인 실버먼 교수와 허위츠 교수 역시 모두 음악으로 유명한 분들이다. 경제학 교수인 존슨 선생은 고대 이집트·히브리·그리스 문자 등에 정통한데다가 문학에도 능했다. 작년에 존슨 선생은 자신의 여가시간에 소설 한 편을 써서 큰 인기를 얻었다. 철학자 틸리 선생을 작년 여름에 만났을 때 그분이 손에 든 읽을거리는 이탈리아어로 쓰인 소설이었다. 이런 분들에 대해서는 대충이나마 예를 들어도 이 정도다. 사학 강사인 버와 고대 언어 강사인 슈미트가 여러 학문에 지극히 박학다식하다는 것은 더더욱 말할 필요도 없다. 요즘 하버드대 총장 로웰은 이렇게 말했다. "교육의 목적은 사람으로 하여금 하나의 사물이 모든 사물이고 모든 사물이 하나의 사물임을 깨닫게 하는 데 있다."[1] 하나의 사물이 모든 사물이란 것은 전문적이고 정심精深하다는 것이다. 모든 사물이 하나의 사물이라는 것은 두루 미친다는 것이고 해박하다는 것이다. 만약 평생토록 하나의 사물만 다룬다면 비록 성취가 있다 한들, 비유컨대 책장까지 가더라도 책을 볼 아무런 흥미가 나지 않는 것과 매한가지다. 오늘날 중국의 학자들은 대부분 이러한 폐단이 있다. 예를 들어 공학을 배우는 자가 기계 이외엔 거의 아무것도 모른다면, 이는 엄청난 손해다. 누차 이를 말해왔지만, 한두 사람이 주장한다고 어찌 효과가 있을 수 있겠는가? 이것은 여기에 뜻을 둔 사람들이 힘을 합쳐 시도해야만 겨우 이러한 편벽偏僻한 폐단을 바로잡을 수 있을 것이다.

　　__후스, 『유학일기留學日記』 권7, 「전정여박학專精與博學」

---

1 Everything of something, and something of everything.

推演
미루어
헤아리기

공자께서 자공에게 이렇게 말씀하셨다. "너와 안회 중 누가 나으냐?"
자공이 대답했다. "제가 어찌 감히 안회를 넘볼 수 있겠습니까? 안회는
하나를 들으면 열을 알지만 저는 하나를 들으면 둘을 알 뿐입니다." 공
자께서 말씀하셨다. "그래, 안회만 못하구나! 나도 너와 같이 안회만
못하다!"

子謂子貢曰: 女與回也孰愈? 對曰: 賜也何敢望回! 回也聞一以知十, 賜
也聞一以知二. 子曰: 弗如也, 吾與汝弗如也.

__ 공자, 『논어』 「공야장公冶長」

忠實
충실하기

공자께서 말씀하셨다. "자로子路야! 네게 안다는 것이 무엇인지 알려주랴? 아는 것을 안다고 하고 모르는 것을 모른다고 하는 것이 바로 아는 것이다."

子曰: 由, 誨女知之乎? 知之爲知之, 不知爲不知, 是知也.

__ 공자, 『논어』 「위정爲政」

責善
잘하라고
채근하기

아버지가 아들에게 잘하라고 채근하지 않은 것은 아들을 그냥 내버려
두고 따져보지 않은 것이 아니라, 아마도 아들이 스스로 양심을 닦고
기르게 하려 했던 것이리라.

父子之間不責善, 非置之不問也, 蓋在乎滋長涵養其良心.

__ *여조겸, 『송원학안』「동래학안東萊學案 · 여택강의麗澤講義」

靜坐
정좌

제 나이 스물일곱 처음으로 분발하여 오여필與弼 선생을 따라 배웠습니다. 스승께서는 옛 성현의 가르침이 담긴 책에 대해 말씀하지 않는 바가 없으셨지만, 전 여전히 어디로부터 시작할지를 몰랐습니다. 백사白沙로 돌아와 두문불출하며 전심전력 학문에 힘쓸 방법을 강구해봤지만, 이끌어주는 스승이나 벗의 가르침도 없어서 그저 매일 서책 속에서 이를 찾아 헤맸습니다. 자는 것도 잊고 먹는 것도 잊고 그리 지낸 지도 여러 해가 지났지만 결국 아무런 소득이 없었습니다. 이른바 아무런 소득이 없다는 말은 마음과 이치가 아직 맞물리지 않았다는 뜻입니다. 그래서 서책의 번거로운 내용을 버리고 제 안의 간추림을 추구하여 오로지 정좌만 해봤습니다. 그렇게 정좌만 한 지 한참이 된 이후에야 제 마음의 본체가 은연중에 점점 드러나 늘 어떤 물건을 지니고 있는 듯 그 본체를 지닐 수 있었습니다. 그러자 날마다 살아가는 중 이런 저런 상황에 맞닥뜨릴 때마다 제 마음 내키는 대로 해도, 마치 말에 재갈을 물려 조종하듯 자유롭게 통제가 되었습니다. 사물의 이치를 체득한 뒤, 여러 성현의 가르침을 살펴보니 모든 가르침의 실마리와 내력이 마치 물줄기에 연원淵源과 지류支流가 있는 것처럼 확언히 파악됐습니다. 그래서 저는 모든 의문을 풀고 확신에 차서 이렇게 말했다. "성인이 되는 공부가 여기에 있는 것이 아니겠는가!" 제게 배우는 이들에게 저는 늘 정좌를 가르쳤습니다. 제 경험에 근거해 거칠게나마 실질적인 효과가 있없었음을 그들에게 알려주는 것일 뿐, 고답적高踏的이거나 공허한 주장으로 남을 오도誤導하려는 것이 아닙니다.

僕年二十七, 始發憤從吳聘君學, 其於古聖賢垂訓之書, 蓋無所不講, 然未知入處. 比歸白沙, 杜門不出, 專求所以用力之方, 旣無師友指引, 惟日靠書冊尋之, 忘寐忘食, 如是者亦累年, 而卒未得焉. 所謂未得, 謂吾此心與此理, 未有湊泊脗合處也. 於是舍彼之繁, 求吾之約, 惟在靜坐. 久之, 然後見吾此心之體, 隱然呈露, 常若有物. 日用間種種應酬, 隨吾所欲, 如馬之禦衝勒也. 體認物理, 稽諸聖訓, 各有頭緒來歷, 如水之有源委也. 於是渙然自信曰: 作聖之功, 其在玆乎! 有學於僕者, 輒敎之靜坐, 蓋以吾所經歷, 粗有實效者告之, 非務爲高虛以誤人也

___ *진헌장陳獻章, 『명유학안明儒學案』「백사학안白沙學案·논학서論學書·복조제학復趙提學」

학문하는 것은 정좌로부터 실마리를 잡아가야만 비로소 헤아려볼 만한 바가 생긴다.

爲學須從靜坐中養出個端倪來, 方有商量處.

___ *진헌장, 『명유학안』「백사학안·여하극공황문」

학문이 혼잡하면 도를 발견할 방법이 없다. 그래서 책을 읽어서 박학다식해지는 것이 정좌만 못한 것이다.

學勞攘則無由見道. 故觀書博識, 不如靜坐.

  __ *진헌장, 『명유학안』「백사학안·여하극공황문」

控制困難
어려움을
통제하기

주희는 이렇게 말했다. "오늘날 학문하는 것이 매우 어려운 것은 '기본적인 배움小學'부터 익힌 사람이 없기 때문이다. 그런데 요즘엔 오히려 꼭대기부터 시작하려고 한다. 옛사람은 '기본적인 배움' 중 자질구레한 내용에도 늘 '본격적인 배움大學' 중 대단한 내용이 담겨져 있어서, 그 안에 있는 도리를 얻을 수 있었다. '본격적인 배움'이란 그저 '기본적인 배움'을 확장한 것에 불과하다. 어렸을 때 줄곧 추구했던 도리가 그 안에 남아 있으니, 이는 마치 배태되어 있는 것과 같다."[1]

이에 대해 이렇게 말한다. "뭐가 어렵단 말인가? 그저 하지 않을 뿐인 것을!" 학예 중 기본적인 것은 어린 자식에게 익히게 하고, 학예 중 본격적인 것은 다 큰 자식에게 익히게 한다. 이는 자신의 몸을 가지런히 하고 성정과 실무를 함양하는 것이다. '마음을 바로잡고正心' '의지를 참되게 하는 일誠意'이라고 따로 정심精深한 것도 아니고, 집안을 돌보고 일을 원만하게 처리하는 일이라고 따로 대충해도 되는 것이 아니다. 그런데 여러 선생들은 그저 공허한 주장만으로 수양하고 몸소 실제 그 일을 익히지는 않으면서 도리어 어렵다고 말하고 또 오늘날엔 '기본적인 배움'이 완전히 사라져서 익힌 사람이 없다고 말한다. 이와 같으면서 '사물의 이치를 끝까지 따져보는 것格物' '앎을 완성하는 것致知' '의지를 참

---

1 이 표현은 『주자어류』 권8 「학學」 2 「총론위학지방總論爲學之方」에 보인다.

되게 하는 것誠意 '마음을 바로잡는 것' '몸과 마음을 닦는 것修身' '집안을 가지런히 하는 것齊家' '나라를 다스리는 것治國' '천하를 태평하게 하는 것平天下'을 말해봤자, 모두 공허해져서 아무런 근거도 없을 것이다. 그렇다면 비단 '기본적인 배움'만 폐지된 것이 아니라 '본격적인 배움' 역시 없어진 것이 아닌가! 그리곤 '기본적인 배움'이란 의미의 『소학小學』이란 책을 편찬하고 '본격적인 배움'이란 의미의 『대학大學』이란 책에 주석을 달아봤자, 뭘 어쩌겠는가?

朱子曰: 今之爲學甚難, 緣小學無人習得, 如今卻是從頭起. 古人於小學小事中便皆存箇大學大事得道理在, 大學只是推將開闊去. 向來小時做得道理存其中, 正似一箇坯素相似. 余謂何難之有, 只不爲耳. 卽將藝之小者令子弟之幼者習之, 藝之大者令子弟之長者習之, 此是整飭身體, 涵養性情實務. 正心誠意非精, 府修事和非粗. 乃諸先生只懸空說存養而不躬習其事, 卻說難, 卻說今日小學全失無人習, 如此而言格致誠正修齊治平, 皆虛而無據矣. 然則豈惟小學廢, 大學不亦亡乎! 而乃集『小學』也, 註『大學』也, 何爲也哉!

___ 안원顏元, 『존학편存學編』 권4

戒自是
스스로 옳다고
여기는 것을 경계하기

스스로 옳지 않은 점이 없다고 여기면 점점 멋대로 굴며 퇴보하다가,
결국엔 범부로 전락하고 만다. 스스로 옳지 않은 점이 있다고 인정하면
점점 통달하며 발전하다가 성인이 된다.

纔認己無不是處, 愈流愈下, 終成凡夫. 纔認己有不是處, 愈達愈上, 便
是聖人.

___ *유종주劉宗周, 『명유학안』 「즙산학안蕺山學案 · 어록語錄」

戒因循
답습하는 것을
경계하기

학문에 발전이 없는 것은 대개가 그저 답습만 하고 있기 때문이다.

學不進, 率由於因循.

__ *설선薛瑄, 『명유학안』「하동학안河東學案 1」

戒推諉
책임을 미루는 것을
경계하기

자신의 어머니가 죽기를 바라던 자는 설령 어머니가 죽어도 구슬프게
울 수 없다. 학문할 여가가 없다고 말하던 사람은 설령 여가가 생겨도
학문할 수 없다.

夫欲其母之死者, 雖死亦不能悲哭矣. 謂學不暇者, 雖暇亦不能學矣.

＿ *유안劉安, 『회남홍렬집해淮南鴻烈集解』 「설산훈說山訓」

戒驕
교만해지는 것을
경계하기

공자께서 이렇게 말했다. "주공처럼 훌륭한 능력을 지닌 사람이더라도, 만약 스스로 교만하면서 남의 평가엔 인색하다면 그 사람의 다른 부분은 볼 것도 없느니라."

子曰: 如有周公之才之美, 使驕且吝, 其餘不足觀也已.

___공자, 『논어』 「태백」

持恒
늘 변치 않기

산만하게 굴다가 아예 그만두는 것은 학자들이 모두 갖고 있는 병폐다. 난 일찍이 호안국胡安國 선생이 이렇게 말씀하셨던 것을 기억한다. "단지 10년 동안 '삼감'을 견지한다면 저절로 남달라진다." 이 말에는 특별한 여운이 있다. 요즘 학자는 힘써 공부한 지 열흘이나 한 달만 되면, 끝까지 다다르지도 못했는데 이미 머뭇머뭇 물러나 관둬버리고는 더 이상 자신하지 못한다. 이래서야 유구하고도 위대한 덕업을 어떻게 이루겠는가? 그래서 『상서』「상서商書·열명하說命下」에서 말하길 "시종일관 할 것을 생각하며 학문을 본받는다"고 했던 것이다.

散漫歇滅, 學者同病. 嘗記胡文定有語云: 但持敬十年, 自別. 此言殊有味. 大抵目前學者, 用功甫及旬月, 未見涯涘, 已逡巡退卻, 不復自信, 久大德業, 何自而成? 經曰: 念終始典於學.

___ *여조겸, 『송원학안』「동래학안·여주윤승與周允升」

典籍精義
전적들의
심오한 뜻

옛 성현의 은근한 말씀 속에 담긴 심오한 뜻은 각종 전적에 흩어져 있습니다. 오로지 책을 읽어야만 그 뜻에 대한 풀이를 이해할 수 있고 또한 오로지 책을 읽어야만 그 뜻을 실천할 수 있습니다. 만약 단지 문학을 학문으로 여긴다면 비록 창작한 문학작품이 매우 정교하다 하더라도 성정과는 아무 상관이 없습니다. 만약 거짓으로 꾸며서 성명性命에 대해 말한다면, 이 역시 허깨비를 말하면서 올바른 이치를 막는 함정에 빠질 수밖에 없습니다. 이렇게 자신의 몸과 마음에조차 아무런 이득이 되지 않으니, 세상 사람들에게는 또 무슨 보탬이 되겠습니까? 이렇게 되면 책은 책이고 나는 나인 것처럼 책과 내가 남남이 되고 맙니다. 세상 사람들이 책 읽기를 실천도 없는 빈말로만 간주하고, 글짓기를 부귀공명을 얻기 위한 수단으로 삼는다면 이는 책을 저버리고 또 자기 자신을 저버리는 짓입니다.

古聖賢之微言精義, 散在典籍. 惟讀書可以通其解, 亦惟讀書可以踐其實. 如止以詞章爲學, 雕琢雖工, 無關性情. 卽或矯語性命, 又未免談空說幻, 墮入理障. 旣無益於身心, 更何裨於民物. 書自書, 而我自我. 世人所以目讀書爲口頭禪, 謂作文爲敲門瓦, 負此書亦重負我矣.

___ *진굉모陳宏謀, 『청유학안淸儒學案』「임계학안臨桂學案·기덕제재서寄德濟齋書」

擇術
학문 분야를
선택하기

존경서원尊經書院의 제생이 물었다. "책 읽는 것에 뜻을 두었다면 응당 어떤 책을 읽어야 합니까?" 나는 이렇게 답했다. "방법을 선택하는 데 있다." "응당 어떤 방법을 선택해야만 합니까?" "딱히 정해진 것은 없다. 경학, 사학, 소학, 지리, 천문역법, 수학, 경제, 시와 고문사古文辭가 모두 학문이다. 이 모든 것에 통달한 이는 역대歷代로 몇 사람 되지 않는다. 대단한 능력을 지닌 사람이라야 두세 분야를 두루 다루면서 전문적으로 한 분야를 집중적으로 연구한다. 타고난 본성이 쏠리는 바에 자신의 뜻을 두고, 이를 선택해 연구하면 분명히 성취를 거둘 것이다. 해박하지 않으면 통달하지 못하고 전문적이지 않으면 정심해지지 못한다.

諸生問曰: 志在讀書矣, 宜讀何書? 曰: 在擇術. 宜擇何術? 曰: 無定. 經史, 小學, 輿地, 推步, 算術, 經濟, 詩古文辭, 皆學也. 無所不通, 代不數人. 高材或兼二三, 專門精求其一. 性有所近, 志有所存, 擇而爲之, 期於必成. 非博不通, 非專不精.

___ 장지동張之洞, 「창건존경서원기創建尊經書院記 · 설택술說擇術 3」

擇書
책 고르기

소옹邵雍 선생의 시에 "성현의 책이 아닌 세속의 책은 읽지 않았네"라는 구절이 있다. 올바르지 않은 책을 읽어서는 안 된다. 문장과 서적이 생겨난 이래로, 이미 차고도 넘치는 분량의 책들은 나날이 더 많아지고 있다. 그중에 옳은 책을 골라 읽으면서 그릇된 책들은 버려야만 한다.

邵子詩云: 不讀人間非聖書. 凡不正之書, 皆不可讀. 自有文藉以來, 汗牛充棟之書日益多, 要當擇其是而去其非可也.

__ 설선薛瑄, 『설문청공독서록薛文淸公讀書錄』「논학論學」

損益
보탬과 덜어냄

공자께서 『주역』을 읽다가 덜어냄을 상징하는 손괘損卦와 보탬을 상징
하는 익괘益卦에 이르러 한탄하셨다. 자하가 자리에서 일어나 공자께 여
쭈었다. "선생님께서는 어째서 한탄을 하셨습니까?" 그러자 공자께서
이렇게 답하셨다. "스스로 덜어내는 자는 보태고, 스스로 보태는 자는
오히려 덜어내는구나! 이 때문에 한탄한 것이다." 자하가 물었다. "그렇
다면 학자는 보태서는 안 되는 것입니까?" 공자께서 답하셨다. "아니
다. 하늘의 도가 성취되었더라도 이것이 오래도록 유지된 적은 없다. 모
름지기 학자는 마음을 비우고 받아들인다. 그래서 '얻었다'고 말하는
것이다. 비움으로써 가득 찬 상태를 유지할 줄 모른다면, 천하의 훌륭
한 말이라도 귀에 들어오지 않는다. 옛적 요임금은 천자의 지위에 올
랐지만, 공손한 마음가짐을 견지했고 겸허함으로 신하들을 대했다. 그
래서 요임금이 왕위에 오른 지 100년이 넘었어도 왕권은 더더욱 강성
해졌고, 지금에 이르기까지 요임금의 덕은 더더욱 드러나고 있다. 하나
라 말엽 곤오昆吾의 임금은 스스로 잘났다고 여기고 기고만장하여 오를
수 있는 가장 높은 지위에 올랐으나 만족을 몰랐다. 그래서 당시 상나
라 탕왕에게 멸망당했고, 지금에 이르기까지 더더욱 혐오의 대상이 되
고 있다. 이것이야말로 보탬과 덜어냄의 의미를 알려주는 증거가 아니
겠느냐? 그래서 내가 '겸손이란 공손함으로 자신의 지위를 보존하는 것
이다'라고 말했던 것이다. 형통함을 상징하는 풍괘豊卦는 중천에 뜬 해처

럼 밝히면서 움직이기에 커질 수가 있는 것인데, 만약 커졌다면 반드시 작아지기 마련이니 나는 이러한 점을 경계한 것이다. 해는 중천에 뜨면 서쪽으로 기울고, 달은 차면 이지러진다. 천지 가운데 차고 이지러지는 것은 때에 따라 흥성하거나 쇠락하는 것이다. 이 까닭에 성인은 감히 흥성하려고 하지 않는 것이다. 수레를 타고 가다 세 사람을 만나면 인사하러 바로 수레에서 내리고, 두 사람을 만나면 수레 손잡이를 잡은 채로 인사를 올렸다. 이렇게 흥성과 쇠락을 조절하기에 오래도록 유지할 수 있는 것이다." 그러자 자하가 말했다. "훌륭하십니다. 저는 평생토록 이 가르침을 외우겠습니다."

孔子讀『易』, 至於「損」「益」, 則喟然而歎, 子夏避席而問曰: 夫子何爲歎? 孔子曰: 夫自損者益. 自益者缺, 吾是以歎也. 子夏曰: 然則學者不可以益乎? 孔子曰: 否, 天之道, 成者未嘗得久也. 夫學者以虛受之, 故曰得. 苟不知持滿, 則天下之善言不得入其耳矣. 昔堯履天子之位, 猶允恭以持之, 虛靜以待下, 故百載以逾盛, 迄今而益章. 昆吾自臧而滿意, 窮高而不衰, 故當時而虧敗, 迄今而逾惡, 是非損益之徵與? 吾故曰謙也者, 致恭以存其位者也. 夫「豐」明而動故能大, 苟大則虧矣. 吾戒之. 日中則昃, 月盈則食, 天地盈虛, 與時消息, 是以聖人不敢當盛. 升輿而遇三人則下, 二人則軾, 調其盈虛, 故能長久也. 子夏曰: 善, 請終身誦之.

___ 유향劉向, 『설원說苑』「경신敬愼」

日新
날마다
새로워지기

군자의 학문은 반드시 날마다 새로워야만 한다. 날마다 새로워진다는
것은 날마다 발전한다는 뜻이다. 날마다 새로워지지 않는 자는 반드시
날마다 퇴보할 수밖에 없다. 발전하지 않으면서 퇴보하지 않는 자는 없
었다. 오로지 성인의 도에는 발전이나 퇴보가 없는데, 이는 성인의 조예
造詣가 이미 극치에 다다랐기 때문이다.

君子之學必日新. 日新者, 日進也. 不日新者必日退. 未有不進而不退者.
唯聖人之道無所進退, 以其所造者極也.

__ *정이程頤, 『근사록近思錄』 권2, 「위학爲學」

思索
사색하기

책을 읽으면서 사색하지 않을 수는 없다. 그러나 사색에 너무 힘을 들이거나 무절제하게 하다보면, 마음이 도리어 이 때문에 요동쳐 정신이 흐려지기 마련이다. 마치 우물물이 그러하듯이, 여러 차례 뒤섞여 흐려지면 반드시 혼탁해진다. 오래도록 책을 읽고 사색을 하면 실증 날 때가 있는데, 이때는 옷깃을 여미고 똑바로 앉아서 싫증이 난 자신의 마음을 맑고 안정되게 만들어야 한다. 그리고 잠시 뒤 다시 사색에 든다면, 마음이 맑아지고 의리는 저절로 드러난다.

讀書不可不思索, 然思索太苦而無節, 則心反爲之動, 而神氣不淸, 如井泉然, 淆之頻數則必濁. 凡讀書思索之久, 覺有倦意, 當斂襟正坐, 澄定此心, 少時再從事於思索, 則心淸而義理自見.

__ 설선薛瑄, 『설문청공독서록薛文淸公讀書錄』「논학論學」

책을 읽은 뒤 한 구절이 떠오르면 그 구절의 이치를 궁리하여 그 이치의 소재를 깨달으려 노력해야 비로소 소득이 있다. 옛 선비들은 "책을 읽을 때는 사색까지 해야만 놀랄 만한 효과가 있다"고 말했다. 가까이서 살펴보니 이 말에서 '사색'이란 두 글자가 가장 훌륭한 의미를 지니고 있다. 성현의 말씀 한 구절을 통해, 내 몸과 마음에서 무엇이 옳은 것인지, 만물에 있어서 무엇이 옳은 것인지를 반복해서 사색한다면, 성현의 말씀이 모두 내 마음에 귀결되어 성현의 말씀 한 마디 한 구절이다 실질적인 이치이지 공허한 말이 아님을 알 수 있다.

讀書記得一句, 便尋一句之理, 務要見得下落, 方有益. 先儒謂: 讀書, 只怕尋思. 近看得尋思二字最好, 如聖賢一句言語, 便反復尋思, 在吾身心上何者爲是, 在萬物上何者爲是. 使聖賢言語, 皆有著落, 則知一言一語, 皆是實理, 而非空言矣.

__ 설선, 『설문청공독서록』 「체인體認」

"마음이란 기관은 생각을 하는 곳이다."[1] 한 순간이라도 생각하지 않는다면 마음이란 기관은 자신의 기능을 상실하고 만다. 그래서 사람의 마음에 생각이 없을 때도 생각하지 않는 경우는 없다. 생각이 일어나기 전이라는 시점은 결코 존재하지 않는다.

心之官則思. 一息不思, 則官失其職. 故人心無思, 而無乎不思, 絶無所謂思慮未起之時.

__ *유종주劉宗周, 『명유학안』 「즙산학안蕺山學案·어록語錄」

---

1 『맹자』 「고자 상」 제15장 "心之官則思, 思則得之, 不思則不得也."

思考
생각하기

학문에 있어서 무엇이 중요한 것이고, 무엇이 지극한 것인가? 오로지 마음 하나뿐이다. 하늘이 나란 사람을 생겨나게 한 까닭과 내가 사람 노릇을 할 수 있는 까닭이 이 마음에 있다. 이 마음을 좇지 않고 다른 것을 좇는다면, 그런 학문에서 도대체 무얼 배운단 말인가! 우리 유교 성현의 가르침은 사람마다 개인적인 조건과 맞닥뜨린 일에 따라 달리 하다보니 마음을 직접 얘기하지는 않았지만, 사실 마음에 관한 것이 아닌 바가 없었다.

맹자에 이르러 비로소 단도직입적으로 "먼저 마음으로 대체大體를 확립한다"고 말했다.[1] 아아! 마음이란 것이 얼마나 중요하고 지극한가! 소옹 선생은 "마음이 태극太極이다"라고 했고, 주돈이周敦頤 선생은 "순수한 마음이 중요하다"고 했으며, 장재張載 선생은 "마음이 맑으면 눈과 귀가 잘 보이고 잘 들리며, 사지는 따로 통제할 필요도 없이 저절로 공손하고 삼가기 마련이다"고 했다. 정호程顥 선생은 "성현의 많고 많은 말씀은 오로지 사람들로 하여금 이미 잃어버린 마음을 추슬러 자신의 몸

---

1 『맹자』 「고자 상」 제15장 "귀와 눈 같은 국방부 직할부대 및 기관은 생각을 하지 못해서 외물에 가려지고 만다. 이는 사물과 사물이 교감해서 서로 끌어당기는 것일 뿐이다. 마음이란 기관은 생각을 하는 곳이다. 생각을 하면 얻을 수 있고, 생각을 하지 않으면 얻을 수가 없다. 이는 하늘이 나에게 부여해준 바이다. 먼저 마음으로 대체大體를 확립하면 자질구레한 것들이 이를 빼앗을 수 없다. 이것이 대인大人일 따름이다耳目之官不思, 而蔽於物. 物交物, 則引之而已矣. 心之官則思, 思則得之, 不思則不得也. 此天之所與我者. 先立乎其大者, 則其小者不能奪也. 此爲大人而已矣."

에 들어오게끔 하기 위해서다"라고 말했다. 이 같은 말들은 모두 맹자
의 가르침을 제대로 계승한 것이라 하겠다.

夫學, 孰爲要? 孰爲至? 心是已. 天之所以與我, 我之所以爲人者, 在
是. 不是之求而他求焉, 所學何學哉! 聖門之敎, 各因其人, 各隨其事,
雖不言心, 無非心也. 孟子始直指而言先立乎其大者. 噫, 其要矣乎! 其
至矣乎! 邵子曰: 心爲太極. 周子曰: 純心要矣. 張子曰: 心淸時, 視明
聽聰, 四體不待羈束而自然恭謹. 程子曰: 聖賢千言萬語, 只是敎人將
已放之心, 約之使入身來. 此皆得孟子之正傳者也.

___ *오징吳澄, 『송원학안』 「초려학안草廬學案 · 초려정어草廬精語」

思無邪
생각에
사특함이 없게끔 하기

공자께서 이렇게 말씀하셨다. "『시詩』 305수를 한마디로 말하자면 '생각에 아무런 사특邪慝함이 없다'라고 하겠다."[1]

그렇다면 어떻게 해야 생각에 사특함이 없게 할 수 있을까? 이에 대해 『시』를 해설한 『모시毛詩』 「대서大序」에서는 "정감에서 출발해서 예의에 이르러 멈춘다"고 했다. 그렇다면 정감과 예의는 과연 하나면서 둘이며, 둘이면서 하나인 것인가? 어떻게 해야 드러나 보이게 했다가 거둬들일 수 있으며, 어떻게 해야 스스로 통제하며 가질 수 있을까? 「국풍國風」을 「주남周南」 「소남召南」으로 시작해 마지막 편인 「유풍豳風」까지 읽어가면서, 감정을 다스리는 성인의 정치를 깨달았다. 「대아大雅」와 「소아小雅」에 나오는 주 문왕이나 주공의 시를 읽고는 정감을 본성으로 되돌리는 성인의 학문을 깨달았다.[2] 또 「대아」나 「소아」에 나오는 주 문왕이나 주공의 시를 읽고는 성인이 본성을 다해서 천명天命에 이르는 학문을 깨달았다.

『詩』三百, 一言以蔽之, 曰: 思無邪. 曷可以能令思無邪? 說之者曰: 發乎情, 止乎禮義. 烏乎! 情與禮義, 果一而二, 二而一耶? 何以能發能收, 自制自取耶? 吾讀「國風」, 始「二南」終「豳」, 而知聖人治情之政焉. 讀

---

1 『논어』 「위정爲政」 제2장
2 본문엔 "讀「大小雅」文王周公之詩, 而知聖人反情於性之學焉"이라는 구절이 빠져 있지만 위원의 원문에 근거해 보충해 넣었다.

「大小雅」文王周公之詩, 而知聖人反情於性之學焉. 讀「大小雅」文王周公之詩, 而知聖人盡性至命之學焉.

___ *위원魏源, 『청유학안淸儒學案』「고미학안古微學案·묵고 중默觚中·학편學篇 3」[1]

---

1 원래 『고미당내집古微堂內集』에서는 윗글이 「묵고默觚 상」「학편學篇」 4에 들어 있다.

夙起
일찍 일어나기

성현이나 굳센 뜻을 지닌 선비 중 일찍 일어나지 않는 이가 없었다. "맑고 선명한 마음을 몸에 지니면, 그 사람의 뜻과 기개는 신처럼 자유자재해지기 마련이다."[1] 그래서 도를 좇아도 쉽게 깨달음을 얻고, 실재 일에 종사한다 해도 쉽게 성공을 거둔다. 그래서 선비를 살피고 가문을 살피며 나라를 살피는 방법이란 얼마나 일찍 일어나고 늦게 자는지를 살펴서 결정하는 것이다. 「참정癰鼎」의 명문銘文에 이르길 "선왕께서는 아주 이른 새벽에 일어나 덕을 크게 드러내셨건만, 그 후손들은 오히려 게으르다"[2]라고 했다. 주 강왕周康王이 늦게 조회에 나선 것은 「주남周南·관저關雎」에서 풍자한 바다.[3] 주 선왕周宣王이 늦잠을 잔 것은 「소아小雅·정료庭燎」에서 비난한 바다.[4] 벌레가 윙윙 날아다닐 때까지 함께

---

1 『예기』 「공자한거孔子閒居」

2 「참정癰鼎」의 내용은 『좌전』 소공昭公 3년에 보인다. 단 "매상비현昧爽丕顯"이 "매단비현昧旦丕顯"으로 되어 있다. "매상비현"란 표현은 『상서』 「상서商書·태갑太甲 상」에 보인다.

3 사실 일반적으로 따르는 『시경』의 해석은 고문경古文經인 『모시毛詩』의 설명인데, 그곳에서는 「관저」 편이 후비后妃의 덕德을 노래한 것이라고만 하고 있다. 여기서 위원이 「관저」 편을 주 강왕이 늦잠을 자서 조회에 늦은 것을 풍자한 것이라고 한 것은 금문경今文經인 『노시魯詩』의 설명을 따른 것이다. 위원은 당시 대표적인 금문경학가今文經學家였다.

4 고문경인 『모시』에서는 오히려 주 선왕을 찬미한 시라고 하고 있다. 하지만 금문경인 『노시』와 『제시齊詩』에서는 『모시』와 정반대로 주선왕이 늦잠을 잔 것을 강후姜后가 풍간諷諫한 것이라고 풀었다.

꿈꾸며 자길 바라는 것은 「제풍齊風·계명鷄鳴」에서 경계했다.[1] 이 때문에 밤낮으로 게으름을 피우지 않는 것은 대부大夫의 효도다.[2] 일찍이 일어나고 밤늦게 자는 것은 선비의 효도다.[3] 밤낮으로 집을 밝히는 것[4]은 대부의 직분이다. 이른 아침에 수업授業하는 것[5]은 선비의 직분이다. 첫 닭이 울 때 모두가 일어나 세수하고 양치질하고 빗질하고 갓끈을 두르는 것[6]은 자식이 어버이를 섬기는 직분이다. 요임금 때 백성은 해가 뜨

---

1 『시경』「제풍齊風·계명鷄鳴」의 내용은 다음과 같다. "벌레가 윙윙 날아다닐 때까지 기꺼이 그대와 함께 꿈꾸며 자길 바라지만, 그랬다간 조회朝會에 왔던 신하들이 그냥 집에 돌아갈 테니, 저 때문에 그대가 미움을 받길 바라지 않아요蟲飛薨薨, 甘與子同夢, 會且歸矣, 無庶子予憎." 고문경은 『모시』에서는 이에 대해, 제 애공齊哀公이 황음무도하고 게으름을 피우자 후비가 밤낮으로 이를 경계한 시라고 했다. 하지만 금문경인 『한시韓詩』나 『제시』에서는 풍간의 대상을 제 애공이라고 특정하지 않고, 그냥 제나라 주군이라고만 상정하고 있으며, 제나라 비빈들이 주군이 늦잠 자는 것을 걱정해서 이 시를 지은 것이라고 보았다. 물론 금문경학자인 위원은 여기서 후자를 따르고 있다.
2 『효경孝經』「경대부장卿大夫章」 "夙夜匪懈."
3 『효경』「사장士章」 "夙興夜寐."
4 "夙夜浚明有家"는 『상서』「고요모皐陶謨」에 나오는 말이다.
5 『국어國語』「노어魯語 하」에 이르길 "선비는 아침에 수업을 하고, 낮에는 이를 강독하며 익히고, 저녁엔 복습하고, 밤에는 자신의 허물을 따져보고 아무런 아쉬운 바가 없어야 비로소 편안히 쉰다士朝受業, 晝而講貫, 夕而習復, 夜而計過, 無憾而後卽安"라고 했다.
6 『예기』「내칙內則」에서 "자식이 부모를 섬길 때는 첫 닭이 울면 모두 세수하고 양치질 하고 빗질하고 머리띠를 두르고子事父母, 雞初鳴, 咸盥, 漱, 櫛, 縰……"라고 말했다.

면 밭을 갈았고,[1] 순임금의 무리는 닭이 울면 일어났다.[2] 맹자가 말한 밤의 기운은 일찍 이로부터 맑아지고, 해 뜨는 이른 아침의 기운은 이로부터 회복된다.[3] 사람은 이른 아침인 인시寅時에 태어났고,[4] 풀과 나무가 자라는 것은 모두가 어두워진 날이 밝아오는 이른 아침이다. 내 마음 역시 이로부터 생겨나고 이로부터 자라나는 것을 알 수 있다. (…) 『시경』「정풍·여왈계명」에서 이렇게 노래했다. "아낙이 '닭이 울어요' 하건만 사내는 '아직 날이 밝지 않았소'[5]라고 하네."

聖賢志士未有不夙興者也. 淸明在躬, 氣志如神. 求道則易悟, 爲事則易成. 故相土相家相國之道, 觀其寢興之蚤晏而決矣. 「讒鼎」之銘曰: 昧爽不顯, 後世猶怠. 康王晏朝, 「關雎」諷焉. 宣王晏起, 「庭燎」刺焉. 蟲蟁同夢, 「齊風」警焉. 是以夙夜匪懈, 大夫之孝也. 夙興夜寐, 士之孝也. 夙夜浚明有家, 大夫之職也. 朝而受業, 士之職也. 雞初鳴, 咸盥漱櫛纚,

1 전설에 요임금 때 백성은 "해가 뜨면 밭 갈고, 해가 지면 돌아가 쉰다日出而作, 日入而息……"라는 내용의 「격양가擊壤歌」를 불렀다고 한다.

2 『맹자』「진심 상」에 이르길 "닭이 울 때 일어나 부지런히 착한 일을 행하는 이들은 순임금의 무리다雞鳴而起, 孳孳爲善者, 舜之徒也"라고 했다.

3 『맹자』「고자 상」에 이르길 "其日夜之所息, 平旦之氣, 其好惡與人相近也者幾希, 則其旦晝之所爲, 有梏亡之矣. 梏之反覆, 則其夜氣不足以存, 夜氣不足以存, 則其違禽獸不遠矣"라고 했다.

4 『사자소학四字小學』에 이르길 "하늘은 자시에 열렸고, 땅은 축시에 열렸고, 사람은 인시에 생겨났는데 이를 '아득한 옛적'이라고 한다子時天開於子, 地闢於丑, 人生於寅, 是謂太古"라고 했다. 인시는 오전 3시부터 5시까지의 이른 아침을 가리킨다.

5 『시경』「정풍鄭風·여왈계명女曰雞鳴」

人子事親之職也. 堯民日出而作, 舜徒雞鳴而起. 夜氣於是乎澄焉, 平旦
之氣於是乎復焉. 人生於寅, 凡草木滋長皆於昧爽之際. 亦知吾心之機
於斯生息, 於斯長養乎. (…) 『詩』曰: 女曰雞鳴, 士曰昧旦.

__ *위원, 『청유학안』「고미학안·묵고 중默觚中·학편學篇 1」[1]

因病而藥
병에 따라
약을 쓰기

평소 공부하는 데 마음이 어지럽다고 느껴지면 정좌靜坐를 하라. 책 읽는 데 게을러졌다고 느낀다면 다시 책을 읽으라. 이것도 병에 따라 약을 쓰는 것이다.

日間工夫, 覺紛擾, 則靜坐. 覺懶看書, 則且看書. 是亦因病而藥.

__왕수인王守仁, 『전습록傳習錄』 상

隨地爲學
어디서라도
배우기

학자는 비단 강의와 토론을 통해 학문을 시작할 뿐만 아니라, 길거리에서 돌고 도는 말도 들어보면 구구절절 모두 귀담아 둘 부분이 있고, 미천한 하인이나 몸종을 살펴봐도 모두 배울 면이 있다. 이와 같다면 그 사람의 덕이 어떻게 늘지 않을 수 있겠는가?

學者非特講論之際, 始是爲學, 聞街談巷語, 句句皆有可聽. 見輿臺皂隷, 人人皆有可取. 如此, 德豈不進?

___ *여조겸, 『송원학안』「동래학안·맹자설孟子說」

隨根性
타고난
본성을 좇기

학자의 타고난 기질엔 각기 영민하고 아둔함의 차이가 있고, 공부에는
깊고 얕음의 구별이 있다. 사람 모두를 천편일률적으로 재단하려 해서
는 안 되며, 타고난 본성을 따르고 때를 맞출 줄 알아야만 자신이 범하
고 있는 병폐를 치료하고, 올바른 도리에 걸맞은 바를 밝힐 수 있을 것
이다.

學者氣質, 各有利鈍, 工夫各有深淺, 要是不可限以一律, 正須隨根性,
識時節, 箴之中其病, 發之當其可.

___ *여조겸, 『송원학안』 「동래학안·여주시강與朱侍講」

隨事爲學
무슨 일을 통해서든 배우기

성현이 사람을 가르치실 적에는, 각기 자신이 하는 일에 맞춰 힘을 기울이게 하셨다. 그 하던 일에 대한 노력이 지극해지면 그 어떤 일에도 어질지 못한 경우가 없었으니, 본 마음의 온전한 덕이 바로 여기에 있는 것이다.

聖賢敎人, 使其隨事用力, 及其至也, 無一事之非仁, 而本心之全德在是矣.

___ *오징吳澄, 『송원학안』 「초려학안草廬學案·초려정어草廬精語」

한 속관屬官이 오랫동안 왕수인 선생의 강의를 듣고는 이렇게 말했다. "선생님의 학문은 매우 훌륭합니다. 하지만 전 처리해야 할 공문서와 옥사나 송사가 너무 많아서 도무지 학문을 할 수가 없습니다." 왕수인 선생께서 이 말을 듣고는 이렇게 말씀하셨다. "내가 언제 그대에게 공문서와 송사를 버리고 공허하게 학문을 하라 했는가? 그대는 원래 관리의 일을 하고 있는 사람이니 관리의 업무를 통해 학문을 해야만, 그것이 비로소 진정 '마음 쓰는 일을 바로잡는 것格物'이다. 예를 들어 송사를 다룬다면 피고의 대답이 무례하다고 해서 분노하면 안 되고, 피고의 말이 술술 나온다고 해서 기뻐하면 안 되며, 피고가 청탁을 넣으려 한 것을 미워해 작심하고 피고를 징계하면 안 되고, 피고가 사사로이 연줄을 댄다고 뜻을 굽혀 이를 따르면 안 되며, 자신의 업무가 번잡하다고 멋대로 대강대강 판결하면 안 되고, 주위 사람이 피고를 헐뜯는 말을 늘어놓는다고 남의 뜻을 좇아 송사를 처리해서는 안 된다. 방금 말한 여러 경우는 모두 사사로운 행동인데, 그대는 이를 스스로 깨달아 꼼꼼히 성찰하여 사특한 생각을 다스리면서 자신의 마음에 한쪽으로 치우침이 생겨나 피고의 시비를 잘못 판단할까만을 두려워하라. 이것이 바로 '마음 쓰는 일을 바로잡아 타고난 앎을 완성하는 것格物致知'이다. 공문서와 송사에 관련된 일들 중 실질적인 학문이 아닌 것이 없다. 만약 실제 일을 떠난 것을 학문이라고 여긴다면 이는 도리어 공허해지고 만다."

有一屬官, 因久聽講先生之學, 曰: 此學甚好, 只是簿書訟獄繁難, 不得爲學. 先生聞之曰: 我何嘗敎爾離了簿書訟獄, 懸空去講學? 爾旣有官司之事, 便從官司的事上爲學, 纔是眞格物. 如問一詞訟, 不可因其應對無狀, 起箇怒心, 不可因他言語圓轉, 生箇喜心, 不可惡其囑託, 加意治之, 不可因其請求, 屈意從之, 不可因自己事務煩冗, 隨意苟且斷之, 不可因旁人譖毁罗織, 隨人意思處之. 這許多意思皆私, 只爾自知, 須精細省察克治, 惟恐此心有一毫偏倚, 杜人是非, 這便是格物致知. 簿書訟獄之閒, 無非實學. 若離了事物爲學, 却是著空.

__ 왕수인, 『전습록』 하

隨時爲學
언제든
배우기

어떤 이가 말하길 바야흐로 천하가 어지러워졌으니 아무래도 학문할 여가가 없을 듯하다고 했다. 이에 내가 이렇게 말했다.

"천하는 저절로 어지러워졌지만, 내 마음은 내 스스로 다잡는다. 사람은 세상에 난리가 나면 스스로 세상에 아무런 뜻이 없다고 말하면서, 혹은 할 일이 없음에 비분강개하면서 아무런 일도 하지 않거나 혹은 미친 척하면서 시를 짓고 술을 마시는 것을 즐기는데, 이는 모두가 중용을 행하는 방도가 아니다. 세상이 저절로 태평하다고 해도, 오로지 현자만이 아무런 일도 하지 않고 시를 짓고 술을 마시며 유유자적한다. 그러므로 설령 오늘날 많은 난리가 났다지만, 이 모두가 학문을 하지 않는 해악에서 비롯된 것이다. 현자라면 바로 이러한 난리가 난 곳에서 응당 최선을 다해 스스로를 다그쳐서 학문을 궁구하여 혹은 벗들과 절차탁마하거나 혹은 후학들을 타일러 이끌어주거나 혹은 젊은이들을 가르쳐서, 사람들이 도리를 알고 정사政事를 알게 해야만 한다. 하루아침에 갑자기 하늘의 마음이 돌아서서 난리가 그치고 올바른 세상으로 돌아간다는 것은, 모두가 가슴 속에 평소에 담아둔 학문에서 나온 것이다. 이것이 바로 천지를 위해 마음을 다잡고 백성을 위해 생명을 돌보는 것이다.[1] 만약 현자가 너 나 할 것 없이 스스로 폐인이 돼버

---

1 이 말은 원래 『채근담』에 나오는 말이다.

린다면 학문의 싹을 죽이는 것이다. 이렇다면 장차 난리가 났을 때 어떻게 이 난리를 그치게 할 수 있겠는가?"

有言天下方亂, 恐無暇爲學者, 予曰: 天下自亂, 吾心自治. 人當喪亂之餘, 自謂無意於世, 或悲憤無聊, 無所事事. 或佯狂放誕, 適意詩酒, 俱非中行之道也. 世界自是太平, 只賢者無所事事. 詩酒自適, 便做就今日許多喪亂, 是皆不學問之害. 賢者處此, 正當刻意自勵, 窮極學問, 或切磋朋友, 或勸勉後學, 或敎誨子弟, 使之人人知道理, 人人知政事. 一旦天心若回, 撥亂反正, 皆出諸胸中素學, 此是爲天地立心, 爲生民立命. 若賢者人人自廢, 學問種子斷絶, 將來喪亂, 如何底止?

___ *육세의, 『청유학안淸儒學案』 「부정학안桴亭學案 · 사변록집요思辨錄輯要」

體認
체득하기

성현의 책을 읽는다는 것은 모두가 어짊, 의로움, 예의 바름, 슬기로움, 믿음 이 다섯 가지를 꼼꼼하게 체험하고 두루 깨닫는 것이다. 오래도록 이를 따르다보면, 이 다섯은 서로를 드러내 밝혀준다. 천하의 도리가 담긴 이름이 비록 많다한들 모두 이 다섯 가지를 벗어나지 않는다.

凡看聖賢書, 皆當以仁義禮智信五者, 細細體會旁通之, 久則彼此互相發明, 可以見天下道理之名雖多, 而皆不外此五者.

__설선, 『설문청공독서록』「체인」

覺悟
깨닫기

혹자가 물었다. "학문을 어찌해야 깨달음에 도달합니까?" 정이 선생은
이렇게 대답했다. "앎을 완성하는 것보다 먼저인 것이 없다. 앎을 완성
할 수 있으면, 하루 동안 궁리해 하루 궁리한 만큼 더 현명해진다. 이렇
게 오래 지내다보면 깨달음이 있을 것이다. 학문하면서 깨달음이 없다
면 아무런 소득이 없을 것이니 그렇다면 학문해서 무얼 한단 말인가?"
問: 學何以有至覺悟處? 曰: 莫先致知. 能致知, 則思一日而愈明一日,
久而後有覺也. 學無覺, 則何益矣, 又奚學爲?

__ *정이程頤, 『송원학안宋元學案』「이천학안伊川學案」

用心
온 마음을
기울이기

옛사람은 성인의 말씀 중 찌꺼기는 버렸으니[1] 찌꺼기는 계승할만한 진수眞髓가 아니기 때문일세.

너무나 보잘것없구나! 한 잔의 물이여! 그런데 이 물이 쌓이고 쌓여 큰 강물을 이루네!

쌓이지 않는 경우라 해도, 샘솟는 샘물만은 스스로 졸졸 흐르네.

지극한 없음이면서도 지극한 움직임이며, 지극히 가까운 일이면서도 지극히 신묘한 일일세.

그 쓰임은 더더욱 무궁무진해지고, 가슴에 담아 둔 바는 샘물의 원천까지 닿아 있네.

이런 도리의 기미를 파악할 수 있다면 어찌 굳이 옛사람들이 엮어놓은 글에 눈길 줄 필요가 있을까?

학문이란 온 마음을 기울이지 못하는 것을 걱정할 뿐이라지만, 온 마음을 기울일수록 더욱더 얽매이네.

본체가 텅 비어 있어야 형체가 충실하며, 근본을 세우는 데는 자연스러움을 귀하게 여기네.

눈에 보이지 않아도 조신하고 귀에 들리지 않아도 저어하라는 『중용』

---

1 『장자』「외편·천도天道」에 "桓公讀書於堂上, 輪扁斲輪於堂下, 釋椎鑿而上, 問桓公曰: 敢問, 公之所讀者何言邪? 公曰: 聖人之言也. 曰: 聖人在乎? 公曰: 已死矣. 曰: 然則君之所讀者,故人之糟魄已夫!"라고 했다. 여기서 '魄'은 '粕'의 가차假借다.

의 그 가르침[1]에도 한쪽으로 치우치라고 말씀하신 적은 없다네.

후세의 선비들은 이런 실상을 살피지 못하니, 당초엔 작은 어긋남이었지만 결국엔 크게 벌어져버렸네.[2]

지금 이 시를 통해 사람들에게 무덤덤하게 내 마음을 전하니, 꾸밈없는 소박한 거문고엔 원래 줄이 없는 법이라네.

古人棄糟粕, 糟粕非眞傳.

眇哉一勺水, 積累成大川!

亦有非積累, 源泉自涓涓.

至無有至動, 至近至神焉.

發用玆不窮, 緘藏極淵泉.

吾能握其機, 何必窺陳編?

學患不用心, 用心滋牽纏.

本虛形乃實, 立本貴自然.

戒愼與恐懼, 斯言未云偏.

後儒不省事, 差失毫釐間.

寄語了心人, 素琴本無弦.

___ 진헌장陳獻章, 『백사자전집白沙子全集』「답장내한정상서答張內翰廷祥書·괄이성시括

1 『중용』제1장에 "戒愼乎其所不睹, 恐懼乎其所不聞"이라고 했다.

2 『한서漢書』「예문지藝文志·육예략六藝略」"失之毫釐, 差之千里."

존경서원尊經書院의 제생이 물었다. "수업에 따라 공부하는데도 아무런 소득이 없는 이는 어째서입니까?" 나는 이렇게 답했다. "온 마음을 다하지 않은 탓이다. 평소에 희희낙락하다가 수업에 들어가서 아무것도 찾아내질 못한다면 매일 수업을 듣고 시험을 봐도 아무런 소득이 없는 셈이다. 책을 뒤적이며 중요한 부분을 베껴 모으는 것으로 잠시나마 자신의 이런 허물을 메우려 해도, 어디 있는지 찾지도 못하고, 구두句讀도 제대로 끊어 읽지 못하며, 그 시작과 끝을 추려내지도 못할 것이다. 그래서 무언가에 대해 고증을 한 책을 추려 베껴봤자 무엇이 인용해 고증한 말이고 무엇이 저자가 스스로 한 말인지를 분별하지 못하고, 어떤 사건에 대해 기술한 책을 추려 베껴봤자 그 사건의 발단과 결말을 확실히 알지 못한다. 이와 같다면 책을 추려 베끼더라도 번번이 잊어버리거나 인용을 하더라고 이해하지 못할 테니, 비록 날마다 책을 추려 베끼더라도 아무런 소득이 없다. 문장을 지을 땐, 남의 것을 베끼는 것을 편안함으로 여기고 재능 쌓는 것을 수고롭게 여기며, 요즘 사람들의 얄고 통속적인 문장 읽는 것만 좋아하고 옛사람들의 글들을 읽는 것은 신경이 많이 쓰인다며 싫어한다. 결국 지붕 위를 멍하니 쳐다보며 수업에 빠지길 즐기고 옛것을 배워서 영감을 얻기를 기꺼워하지 않으니, 비록 날마다 온갖 시문을 짓는다 해도 아무런 소득이 없다. 온 마음을 다하는 자세를 가지면, 비록 옛 책이 심오하더라도 반드시 통달하기를 구하기 마련이다. 그리고 통달하지 못한 부분이 있다면, 그 부분을 통달하기 위해 여러 책을 뒤지면서 그것이 번거롭다 원망하지 않고, 함께 수학하는 이들에게 물어보면서 그것을 부끄러워하지 않는다. 그리고 문장이 설령 난삽難澁하더라도, 남들처럼 이를 가리켜 옛것을 본 딴다고 비난하지 않으며, 요즘 유행하는 책에 아무런 영향도 받지 않는다. 이와 같이 학문하면서도 성취를 거두지 못한 적은 없었다."

諸生問曰: 有依課計功, 而無所得者, 何也? 曰: 不用心之咎也. 平日嬉娛, 臨課而搜索枯腹, 日日課試, 無益也. 繙書鈔撮, 姑以塞責, 檢之不能得. 讀之不能句, 摘之不得其起止. 鈔考據之書, 不能辨其孰爲引證語, 孰爲自下語也. 鈔記事之書, 不能瞭然此事之原委也. 如此則鈔之而仍忘, 引之而不解, 雖日日鈔書, 無益也. 作爲文章, 以剿襲爲逸, 以儲材爲勞, 讀近人淺俗之文則喜, 古集費神思則厭, 甘仰屋以課虛, 不肯學古而乞靈, 雖日日爲詞章, 無益也. 用心之狀, 古書雖奧, 必求其通. 不能通者, 考之群書, 勿病其繁. 問之同學, 不以爲恥. 文章縱苦澁, 勿因人縱蹈慕古之譏, 勿染時俗之書. 如此而不效, 未之有也.

__ 장지동張之洞, 「창건존경서원기創建尊經書院記·설용·심說用心 7」

用敬[1]
삼가기

'삼가다'라는 것은 처음부터 끝까지 빈틈없이 지켜야 할 공부다. 앎을 완성할 때도 삼가야 하며, 힘써 행할 때도 삼가야 한다. 덕을 완성한 경지에 다다른 이후에도 여전히 '삼가다'란 말을 빠트릴 수 없다.

敬字是徹上徹下工夫. 當致知之時, 要用敬. 當力行之時, 要用敬. 卽至成德之後, 仍少敬字不得.

___ *장백행, 『청유학안』「경암학안·곤학록困學錄」

---

1 『이정어록二程語錄』 권18을 보면 정이는 "涵養須用敬, 進學則在致知"라고 말했다.

居敬窮理
삼가면서
이치 궁구하기

처음 학문할 땐 삼가는 것과 이치를 궁구하는 것을 별개의 두 가지 일로 본다. 그러나 오래 학문하다보면 삼갈 때는 삼감으로 그 이치를 보존하고 이치를 궁구할 때는 삼감으로 그 이치를 살피기에, 비록 서로 다른 두 가지 일 같지만 사실은 한 가지 일임을 알 수 있다.

初學時見居敬窮理爲二事, 爲學之久, 則見得居敬時敬以存此理, 窮理時敬以察此理, 雖若二事, 而實則一矣.

__ *설선薛瑄, 『명유학안明儒學案』 「하동학안河東學案」

驟進
비약적으로
발전하기

학자가 책을 읽을 때는 반드시 무미건조한 부분에 대해 깊이 따져봐야만 한다. 그러한 부분에 대해 온갖 의문이 들면서 제대로 먹거나 자지도 못할 지경이 돼야, 비로소 학문이 비약적으로 발전할 것이다. 주희 선생께서는 이 말씀을 하시고는 찬탄하면서 다시 이렇게 말씀하셨다. "비약적으로 발전한다驟進는 말은 정말 적절한 표현이다. 반드시 이와 같아야만 한다. 만약 어느 정도 발전한 상태에서 그저 나아가기와 물러서기를 반복하고 잘 보존한 듯 안 한 듯 확실치가 않으면 아무런 성취도 없다. 이는 마치 병사들이 죽고 죽이며 싸워서 자질구레한 땅 10~20리 정도를 빼앗는 일이 아무런 쓸모가 없는 것과 마찬가지다. 반드시 크게 한번 살육전을 펼쳐야 비로소 제대로 된 승리를 얻을 수 있다. 학문하는 요체도 바로 이와 같다."

學者讀書, 須是於無味處當致思焉. 至於群疑並興, 寢食俱廢, 乃能驟進. 因歎: 驟進二字, 最下得好, 須是如此. 若進得些子, 或進或退, 若存若亡, 不濟事. 如用兵相殺, 爭得些兒小可一二十里地, 也不濟事. 須大殺一番, 方是善勝. 爲學之要, 亦是如此.

__주희, 『주자어류』 권10, 「학 4·독서법 상」

學不學
남들이 배우지 않는 것을
배우기

이 까닭에 성인은 바라지 않는 것을 바라며 구하기 힘든 보물을 귀하게

여기지 않고, 배우지 않는 것을 배워 사람들이 잘못한 바를 회복한다.

是以聖人欲不欲, 不貴難得之貨, 學不學, 復衆人之所過.

__ 노자, 『도덕경』 제64장

널리 배우고, 자세히 따지며, 신중하게 생각하고, 분명하게 판단하며,
충실하게 행하라. 배우지 않을 수는 있겠지만, 일단 배웠는데 제대로
못한다고 포기하지는 말라. 따져 묻지 않을 수는 있겠지만, 일단 따져
물었는데 이해하지 못한다고 포기하지는 말라. 생각하지 않을 수는 있
겠지만, 일단 생각을 했는데 터득하지 못한다고 포기하지는 말라. 판단
하지 않을 수는 있겠지만, 일단 판단하려는데 분명치 않다고 포기하지
는 말라. 행하지 않을 수는 있겠지만, 일단 행했다가 충실하게 하지 못
한다고 포기하지는 말라. 남이 한 번에 할 수 있다면 난 백 번을 하고,
남이 열 번에 할 수 있다면 난 천 번을 하면 된다. 정말 이 같은 방법을
따른다면 비록 어리석은 사람이라 할지라도 현명해지고, 비록 박약한
사람이라 할지라도 강해질 것이다.

博學之, 審問之, 愼思之, 明辨之, 篤行之. 有弗學, 學之弗能弗措也.
有弗問, 問之弗知弗措也. 有弗思, 思之弗得弗措也. 有弗辨, 辨之弗明
弗措也. 有弗行, 行之弗篤弗措也. 人一能之, 己百之, 人十能之, 己千
之. 果能此道矣, 雖愚必明, 雖柔必强.

＿ *공자, 『중용』 제20장

습관적으로 올바른 사람과 함께하면 올바르지 않을 수 없다. 이는 마
치 제나라에서 태어나 자라면 제나라 말을 하지 않을 수 없는 것과 마

찬가지다. 습관적으로 올바르지 않은 사람과 함께하면 올바르지 않을 수밖에 없다. 이는 마치 초나라에서 태어나고 자라나 초나라 말을 하지 않을 수 없는 것과 마찬가지다. 그래서 자신이 좋아하는 것을 선택하려면 반드시 먼저 학업을 전수받은 뒤에 자신이 좋아하는 것을 확인해볼 수 있다. 그리고 자신이 즐기는 것을 선택하는 데도 반드시 먼저 익힌 것이 있어야 그중에서 자신이 즐기는 것을 선택할 수 있다. 공자께서는 이렇게 말씀하셨다. "어려서 들인 습관은 마치 타고난 본성과도 같아서 그 습관이 자연스러운 법이다."[1] 이것이 바로 은나라와 주나라가 오래도록 도를 보존했던 까닭이다.

習與正人居之, 不能無正也, 猶生長於齊, 不能不齊言也. 習與不正人居之, 不能毋不正也, 猶生長於楚, 不能不楚言也. 故擇其所嗜, 必先受業, 乃得嘗之. 擇其所樂, 必先有習, 乃得爲之. 孔子曰: 少成若天性, 習貫如自然. 是殷周之所以長有道也.

___ 가의賈誼, 『신서新書』「보부保傅」

---

1 이 말은 『공자가어孔子家語』「칠십이제자해七十二弟子解」에 보인다.

學習與思考
배우기와
생각하기

공자께서 이렇게 말씀하셨다. "배우기만 하고 생각하지 않으면 아무 소득이 없고, 생각만 하고 배우지 않으면 위험해진다."

子曰: 學而不思則罔, 思而不學則殆.

__공자, 『논어』 「팔일八佾」

學問
학문하기

공자께서는 태묘太廟에 드시면 매사를 물으셨다. 그러자 어떤 사람이 이렇게 말했다. "누가 저 추鄹 땅 사람의 아들이 예에 대해 잘 안다고 말했는가? 저렇게 태묘에 들면 매사를 묻기만 하거늘!" 공자께서 이 말을 전해 들으시고는 이렇게 말씀하셨다. "그렇게 하는 것이 바로 예다."

子入太廟, 每事問. 或曰: 孰謂鄹人之子知禮乎? 入太廟, 每事問. 子聞之曰: 是禮也.

__ 공자, 『논어』 「팔일」

공자께서 말씀하셨다. "돌아가신 공어孔圉께서는 근면하고 배우길 좋아하며, 아랫사람에게 묻기를 부끄러워하지 않으셨다. 그래서 그분의 시호를 '문文'이라고 한 것이다."

子曰: 敏而好學, 不恥下問, 是以謂之文也.

__ 공자, 『논어』 「공야장」

제자가 증자에게 물었다. "선비는 어떻게 해야 통달할 수 있습니까?" 증자가 대답했다. "능통하지 못하겠으면 배우고, 의문이 있으면 물으며, 실천하고자 할 땐 현인을 본받으라. 비록 아무리 힘든 길이라도 이렇게만 하면 달통할 수 있다. 오늘날 너희는 남보다 뒤처지는 것을 싫어할 뿐 현인을 받들 줄 모르고, 자신이 모르는 것은 부끄러워하면서도 이를 남에게 묻지 않다가, 실천하고자 할 때 다다라서야 비로소 자신이 남만 못함을 알 것이다. 이 까닭에 오늘날의 제자들이 무지몽매해지는 것이다. 무지몽매한 채로 삶을 마칠 뿐이기에 이런 사람들을 '궁핍한 사람'이라고 하는 것이다.

弟子問於曾子曰: 夫士何如則可以爲達矣? 曾子曰: 不能則學, 疑則問, 欲行則比賢, 雖有險道循行達矣. 今之弟子, 病下人不知事賢, 恥不知而 又不問, 欲作則其知不如, 是以惑暗. 惑暗終其世而已矣, 是謂窮民也.
__증자曾子, 『증가가어曾子家語』 권4[1]

군자는 배우는 데 있어서 반드시 자신의 학업 성향에 근거하고, 묻는 데 있어서 반드시 자신의 학업 진도에 근거한다. 물어서도 의문이 풀리지 않으면 짐짓 답해주는 이의 안색을 살펴서 적절한 때 다시 묻는다. 얻은 답이 비록 마음에 들지 않더라도 억지로 다투려들지 않는다. 군자는 이미 배운 뒤에는 자신이 배운 바가 해박하지 않음을 걱정하고, 이미 해박해진 뒤에는 익숙해지지 않음을 걱정하며, 이미 익숙해진 뒤에는 제대로 알지 못함을 걱정하고, 이미 제대로 안 뒤에는 실천할 수

---

1 이 말은 원래 『대대례기』 「증자제언曾子制言 상」에 나오는 말이다. 『증가가어曾子家語』는 청 말에 왕안정王安定이 고적에서 증자 관련 내용을 뽑아서 『공자가어孔子家語』의 체제를 본 따 서 만든 책이다.

없음을 걱정한다. 이미 실천하고 난 뒤에는 겸양함을 귀하게 여긴다. 군
자의 학문이란 이 다섯 가지를 이룰 따름인 것이다.

君子學必由其業, 問必以其序, 問而不決, 承閑觀色而復之, 雖不說, 亦
不強爭也. 君子旣學之, 患其不博也. 旣博之, 患其不習也, 旣習之, 患
其無知也. 旣知之, 患其不能行也. 旣能行之, 貴其能讓也. 君子之學,
致此五者而已矣.

＿증자, 『증가가어』권3 「입사立事」[1]

증자가 이렇게 말했다. "유능한 사람이 무능한 사람에게 묻고 많이 아
는 사람이 적게 아는 사람에게 묻는다. 지니고 있으면서도 없는 듯하고
충실하면서도 텅 빈 듯하며, 남이 시비를 걸어와도 따지려 들지 않는
다. 옛날 내 벗은 이러한 태도로 일관했다."

曾子曰: 以能問於不能, 以多問於寡. 有若無, 實若虛, 犯而不校. 昔者
吾友從事於斯矣.

＿증자, 『증가가어』권6 「오우吾友」[2]

군자는 남에게 배우거나 묻는 것을 부끄러워하지 않는다. 남에게 묻는

---

1 원래는 『대대례기』「증자입사曾子立事」에 나오는 말이다.
2 원래는 『논어』「태백泰伯」제5장의 말이다.

것은 앎의 근본이고, 심사숙고하는 것은 앎의 방법이다. 이는 남이 알고 있는 것을 통해 자신의 앎이 더 깊어지는 것을 귀하게 여기지, 홀로 자신이 아는 것에만 근거해 아는 것을 귀하게 여기지 않는다는 말이다.

君子不羞學, 不羞問. 問訊者, 知之本. 念慮者, 知之道也. 此言貴因人知而加之. 不貴獨自用其知而知之.

___유향劉向, 『설원說苑』「담총談叢」

학문하는 방법은 타고난 재능이 있고 없고에 달린 것이 아니다. 그것은 스승의 의견에도 문제가 있으면 반박하고 도의를 잘 살피고 옳고 그름을 증명하여 확정짓는 것에 달려 있다. 논란하는 방법이 성인과 마주 대하거나 성인이 살던 시대에만 필요한 것이 아니다. 지금 성인의 말씀을 풀이하는 자들이 성인께서 가르침을 내리신 것만 말할 필요는 없다. 도저히 이해가 가지 않는 의문이 있으면 공자께라도 추궁하고 반문하더라도 도의에 무슨 손상이 있겠는가? 정말로 성인의 업적을 전승할 만한 지혜를 지녔다면 공자의 주장을 비판한들 무엇이 도리에 어긋나겠는가? 공자가 하신 말씀을 추궁하고 공자의 언행을 적은 글 중 이해가 가지 않는 부분에 대해 반박하더라도, 지금 세상에 큰 재주와 대단한 지혜를 지닌 이가 태어나, 내가 추궁하거나 반박을 가한 문제에 대답해 줄 수 있는 사람이 된다면, 그는 반드시 내가 추궁하거나 반박해서 시비를 가린 것을 칭찬해줄 것이다.

凡學問之法, 不爲無才, 難於距師, 核道實義, 證定是非也. 問難之道, 非必對聖人及生時也. 世之解說(說人者), 非必須聖人敎告乃敢言也. 苟有不曉解之問, 迢難孔子, 何傷於義? 誠有傳聖業之知, 伐孔子之說, 何逆於理? 謂(理)問孔子之言, 難其不解之文, 世間弘才大知生, 能答問解難之人, 必將賢吾(世間)難問之言是非.

＿왕충王充, 『논형論衡』 「문공問孔」

하늘과 땅이 귀하게 여기는 것은 사람이요, 성인이 숭상하는 것은 도의요, 덕과 도의가 완성시키는 것은 지혜요, 밝은 지혜가 추구하는 것은 학문이다.

天地之所貴者人也, 聖人之所尙者義也, 德義之所成者智也, 明智之所求者學問也.

＿왕부王符, 『잠부론潛夫論』 「찬학讚學」

학문이란 나라를 세우는 근본입니다. (…) 세계의 진화 발전은 학문을 따라 이뤄져왔습니다. 인류가 생겨난 이래 반드시 전문적인 대가들이 각종 전문적인 학설들을 만들어낸 이후에야 비로소 각종 정치나 산업이 자연스레 진화하고 발전할 것입니다.

蓋學問爲立國根本, (…) 世界進化, 隨學問爲轉移. 自有人類以來, 必有
專門名家發明各種專門學說, 然後有各種政治實業之天然進化.
__ 쑨원, 「새로운 건설을 위한 학문 추구는 전 국민의 책임이다求建設之學問爲全國人
民負責任」(민국 원년, 1911)[1]

새로운 것을 건설하기 위한 작업은 비단 기존의 것을 파괴하는 시기와
동일한 수준의 희생정신과 대단한 학문이 필요합니다. 이런 건설 작업
에 대한 학문을 추구하려면, 반드시 6∼7년이나 10년 정도 연구에 고
심하는 시간을 들여야만, 비로소 활용할 수 있는 것입니다. 기존의 것
을 파괴하는 작업과 달리, 새로운 건설 작업은 오로지 몸과 목숨을 돌
보지 않고 위험을 무릅쓰며 실천해야만 해낼 수 있는 것입니다. (…) 학
문과 의지가 병행돼야만 합니다. 학문만 있고 의지가 없으면 비단 아무
런 소득이 없을 뿐만 아니라 도리어 해악을 끼칠 뿐입니다. 유학생 여러
분은 여러분의 의지를 모든 사람의 이익을 추구하고 모든 사람을 위한
사업을 추진하는 데 둬야지, 개인의 사사로운 이해득실을 따지는 데 둬
서는 안 됩니다.

---

1 이 글은 「베이징北京 후광회관의 학계 환영회 연설在北京湖廣會館學界歡迎會的演說」(1912년 8월
30일)에 포함되어 있다. 저자 왕원우는 아마도 타이완에서 나온 『국부전집國父全集』을 근거
로 한 듯하다. 옮긴이는 중국에서 나온 『쑨중산 전집孫中山全集』에 근거했다.

建設事業, 不僅要與破壞時代持同一之犧牲主義, 並且要一絕大學問.
欲求此種建設的學問, 必須假以時期, 或十年, 或六七年之苦心研究,
方能應用. 不比破壞事業, 只要不顧身命, 冒險做去, 卽可以辦得到的.
(…) 學問志願, 兩種並行. 有學問而無志願, 不徒無益, 而反有害. 諸君
志願, 須求大家之利益, 辦大家之事業, 不必計較私人之利害.

__ 쑨원, 「학생들은 혁명정신으로 학문에 노력을 기울여야만 한다學生須以革命精神
努力學問」(민국 3년, 1914)[1]

세계의 학문은 소수의 사람들이 만들어낸 것입니다. 예나 지금이나, 중
국이나 외국이나, 대다수의 사람은 아무것도 스스로 깨닫지 못합니다.
그러나 세계의 진화 발전은 언제나 부지불식간에 이루어졌습니다.
世界上的學問, 是少數人發明的. 古今中外, 多數人總是不知不覺的. 但
是世界進化, 都是不知不覺做成的.

__ 쑨원, 「학생들은 혁명이라는 막중한 임무를 맡았음을 널리 알리는 데 힘써
야 한다學生要努力宣傳擔當革命的重任」(민국 12년, 1923)[2]

---

1 이 글은 「도쿄 중국 유학생 환영회 연설在東京中國留學生歡迎會的演說」(1913년 2월 23일)에 포
함되어 있다.
2 이 글은 「광저우 전국학생평의회 연설在廣州全國學生評議會的演說」(1923년 8월 15일)에 포함되
어 있다.

여러분이 오늘 밤 72명의 열사烈士[1]를 기념하기 위해 모인 것은 그들의
도덕관념을 배우기 위해서입니다. 그렇다면 여러분이 그들의 도덕관념
을 배우려면 어디서부터 배워야 하겠습니까? (…) 오늘밤부터 잠시의
틈조차 아끼며 분발해 책을 읽으면서, 인류에 기여할 수 있는 각종 학
문을 연구하시기 바랍니다.

諸君今晚來紀念七十二烈士, 要學他們的道德觀念! 諸君要學他們的
道德觀念, 是從什麼地方學起呢? 簡單的說, 就是要從學問上去學起.
(…) 今晚學起, 愛惜光陰, 發奮讀書, 研究爲人類服務的各種學問.
__ 쑨원, 「세계 도덕의 새로운 조류世界道德之新潮流」(민국 12년, 1923)[2]

지금은 학문을 추구하는 시대이므로, 배울 수 있는 만큼 배우면서 따
로 혁명정신을 더하기만 하면 활용할 수 있습니다. 만약 혁명정신이 없
다면 늙을 때까지 배워봤자 평생토록 머리가 터질듯 학문을 외워봤자

---

1 여기서 말하는 '72명의 열사'란 '황화강黃花崗의 72열사'를 가리킨다. 1911년 4월 27일
에 동맹회同盟會가 광저우에서 무장봉기를 일으켰다. 이때 황싱黃興 등이 이끄는 결사대
130명이 양광총독아문兩廣總督衙門을 습격해서 하루 밤낮을 싸웠으나 결국엔 엄청난 손실
을 입은 뒤 패퇴하고 말았다. 이때 죽은 이가 80여 명(혹설에는 100여 명)에 달했다. 이후
광저우의 사람들이 수습한 유해 72구를 황화강黃花崗에 장사지냈기에 이를 일러 '황화강
72열사'라고 부른다.
2 이 글은 「링난대학 황화강 기념회 연설在嶺南大學黃花崗紀念會的演說」(1924년 5월 2일)에 포함
되어 있다.

아무데도 쓸 곳이 없습니다. (…) 수준 높고 정심한 학문을 갖춰야 비로소 대담해질 수 있습니다. 대담해야만 비로소 혁명군 역할을 수행할 수 있습니다. 혁명군 역할을 하는 근본은 아무래도 수준 높고 정심한 학문에 있다고 해야 할 것입니다. 수준 높고 정심한 학문을 익히기 위해선 어떤 방법을 사용해야 할까요? 수준 높고 정심한 학문을 익히는 방법은 비단 매일 강당에서 선생님이 가르치는 학문을 배우는 것 말고도, 하나를 알려주면 이와 연관된 부분까지 유추하며 이를 넓혀가야만 합니다. 강당 밖에서는 수양하는 공부에 더욱 집중해야만 합니다.

現在求學的時代, 能夠學得多少便是多少, 只要另外加以革命精神, 便可以利用. 如果沒有革命精神, 就是一生學到老, 死記得滿腹的學問, 總是沒有用處. (…) 有了高深學問, 才有大膽量. 有了大膽量, 才可以做革命軍. 所以做革命軍的根本, 還是在高深學問. 要造就高深學問, 是用什麼方法呢? 造就高深學問的方法, 不但是每日在講堂之內, 要學先生所敎的學問, 還要擧一隅而三隅反, 自己去推廣. 在講堂之外, 更須注重自修的工夫.

__ 쑨원, 「혁명군의 기틀은 높고 깊은 학문에 있다革命軍的基礎在高深的學問」(민국 13년, 1924)[1]

---

1 이 글은 「황푸 군사학교 개교기념일 연설在黃埔軍校開學典禮的演說」(1924년 6월 16일)에 포함되어 있다.

學範
학문의 모범

공명선公明宣은 증자에게 배우면서 3년 동안 책을 읽지 않았다. 그러자
증자가 물었다.

"선宣아! 넌 내 문하에 머물면서 3년 동안이나 배우질 않으니 어째서
냐?" 공명선이 이렇게 대답했다. "제가 어찌 감히 배우지 않을 수 있겠
습니까? 저는 스승님이 집에 계실 때, 어버이가 집에 계시면 성난 목소
리를 개나 말에게조차 내시지 않는 것을 보고 좋아져서 이를 배우려
했지만 배울 수가 없었습니다. 저는 스승님께서 손님을 대접하실 때 공
손하면서 해이해지지 않는 것을 보고 좋아져서 이를 배우려 했지만 배
울 수가 없었습니다. 저는 스승님께서 조정에 나가셔서는 아랫사람을
엄격하게 대하면서도 함부로 다치게는 하지 않는 것을 보고 좋아져서
이를 배우려 했지만 배울 수가 없었습니다. 저는 스승님의 이런 세 가
지 태도를 좋아했지만 배우려 해도 배울 수가 없었던 것입니다. 제가 어
찌 감히 배우지도 않으면서 스승님의 문하에 머물겠습니까?"

이 말은 들은 증자는 자리에서 일어나 공명선에게 이렇게 사과했다.
"내가 네게 미치지 못하는 것이 배움뿐이라!"

公明宣學於曾子, 三年不讀書. 曾子曰: 宣! 而居參之門, 三年不學, 何
也? 公明宣曰: 安敢不學? 宣見夫子居宮庭, 親在, 叱吒之聲, 未嘗至於
犬馬, 宣說(悅)之, 學而未能. 宣見夫子之應賓客, 恭儉而不懈惰, 宣說
(悅)之, 學而未能. 宣見夫子之居朝廷, 嚴臨下而不毀傷, 宣說(悅)之, 學

而未能. 宣說(悅)此三者學而未能. 宣安敢不學而居夫子之門乎? 曾子
避席謝之曰: 參不及宣, 其學而已!

__ 증자, 『증가가어』 권6[1]

1 이 말은 원래 유향劉向의 『설원說苑』 「반질反質」에 보인다.

學悟
배움과
깨달음

깨달음은 모두가 생각에서 나오는 것이기에, 생각하지 않으면 깨달음을 얻을 방법이 없다. 생각이란 모두가 배움에서 비롯되는 것이기에, 배우질 않으면 생각할 바가 없다. 배움이란 깨달음을 구하는 것이고, 깨달음은 생각을 하다가 활연회통豁然會通하는 것이다. 그래서 공자께서는 "배우기만 하고 생각하지 않으면 아무 소득이 없을 것이고, 생각만 하고 배우지 않으면 위험해진다"[1]고 하셨고, 맹자께서도 "마음이란 기관은 생각을 하는 곳이다"[2]라고 말씀하셨던 것이다. 예부터 성현들 중 생각을 중시하지 않던 이가 없다. 생각이란 그저 이치를 궁구하는 것일 뿐이다.

悟處皆出於思, 不思無由得悟. 思處皆緣於學, 不學則無可思. 學者所以求悟也, 悟者思而得通也. 故孔子曰: 學而不思則罔, 思而不學則殆. 孟子亦曰: 心之官則思. 古來聖賢, 未有不重思者, 思只是窮理二字.

___ *육세의, 『청유학안』 「부정학안·사변록집요思辨錄輯要」

---

1 『논어』 「위정爲政」 제15장
2 『맹자』 「고자 상」 제15장

毋執有命
정해진 운명이 있다고
고집하지 말라

공맹자公孟子는 이렇게 말했다. "가난하거나 부유한 것, 장수하고 요절하는 것은 하늘에 달려 있는 것이라 인위적으로 더하거나 보탤 수 없다." 또 이렇게도 말했다. "군자는 반드시 배워야만 한다." 묵자께서는 이렇게 말씀하셨다. "사람에게 배우라고 가르치면서 운명이 있다고 고집을 피우는 것은, 마치 관을 쓰기 위해 머리카락을 감싸게 해놓고는, 정작 써야 할 관은 내다버리라고 하는 것과 매한가지다."

公孟子曰: 貧富壽夭, 齰然在天, 不可損益. 又曰: 君子必學. 子墨子曰: 敎人學而執有命, 是猶命人葆而去元冠也.

__묵자, 『묵자』「공맹」

毋好高
고답적인 것을
좋아하지 말라

주희는 이렇게 말했다. "요즘 학자들의 병폐는 고답적 것을 좋아하는 데 있다. 『논어』에서 '배우고 때때로 익힌다'[1]고 한 것에 대해 묻지도 않고 '일이관지一以貫之'[2]를 말하며, 『맹자』에서 양혜왕梁惠王이 무슨 이득이 있는지 묻는 부분을 언급하지도 않고[3] '마음을 다하는 것'[4]에 대해 말하며, 『주역』에서 64괘를 다 보지도 않고 「계사전繫辭傳」을 읽는다."[5] 이 모두가 학문의 순서를 함부로 어기는 잘못을 범한 것이다. 또 주희는 이렇게 말했다. "성현이 펼치는 주장은 본래가 평이한 법이거늘, 오늘날엔 이를 고답적인 것으로 추켜세우거나 심오한 것으로 끌어다 붙인다."

朱子曰: 近日學者病在好高. 『論語』末問學而時習, 便說一貫. 『孟子』末言梁惠王問利, 便說盡心. 『易』未看六十四卦, 便讀「繫辭」. 此皆躐等之病. 又曰: 聖賢立言, 本身平易. 今推之使高, 鑿之使深.

__ 고염무顧炎武, 『일지록日知錄』 권7 「부자지언성여천도夫子之言性與天道」

1 『논어』 「학이」 제1장 "學而時習之, 不亦說乎!"
2 『논어』 「이인」 제15장 "子曰: 參乎! 吾道一以貫之."
3 『맹자』 「양혜왕梁惠王 상」 제1장 "孟子見梁惠王. 王曰: 叟! 不遠千里而來, 亦將有以利吾國乎?"
4 『맹자』 「진심 상」 제1장 "盡其心者, 知其性也."
5 『주자어류』 권19. 단 『주자어류』에는 '論語' 앞에 '讀' 한 글자가 더 붙어 있다.

毋畏難忽易
어렵다고 두려워하거나
쉽다고 무시하지 말라

성인의 도는 지극히 정미精微한 부분과 지극히 천근淺近한 부분이 있다. 학자들은 정미한 부분에 있어서는 매번 알 수가 없다거나 실천할 수 없다고 핑계를 대고, 천근한 부분에 있어서는 매번 알 필요가 없다거나 실천할 필요가 없다며 무시한다. 이러니 그들이 도에서 점점 멀어지는 것이 전혀 이상할 것이 없다.

聖人之道有極精微處, 有極淺近處. 學者於精微處, 每諉爲不能知, 不能行, 而於淺近處, 又忽爲不必知, 不必行, 無怪乎其去道日遠也!

___ *장백행,『청유학안』「경암학안·곤학록」

毋等待
기다리려
하지 말라

요즘 사람들은 공부를 한다면서, 곧바로 시작하려 하지 않고 언제나 기다렸다가 한다. 오늘 아침에 일이 있고 낮에 일이 없다면 낮에 바로 시작할 수 있고, 낮에 일이 있다면 저녁에 바로 시작할 수 있건만, 굳이 내일까지 기다리려 한다. 이번 달에 아직 며칠이 남아 있건만 굳이 다음 달까지 기다리고, 올해에 아직 몇 달이 남아 있건만 공부는 하지 않고 굳이 "올해는 몇 달 남지 않았으니 내년부터 하자"라고 말한다. 이래서야 어떻게 장족의 발전이 있을 수 있겠는가!

今人做工夫, 不肯便下手, 皆是要等待. 如今日早間有事, 午間無事, 則午間便可下手; 午間有事, 晚間便可下手, 卻須要待明日. 今月若尙有數日, 必直待後月, 今年尙有數月, 不做工夫, 必曰: 今年歲月無幾, 直須來年. 如此, 何緣長進!

__주희, 『주자어류』 권8 「학 2·총론위학지방總論爲學之方」

問難
논란하기

한나라 때 박사관博士官에서는 스승과 제자가 서로 지적과 반박을 주고 받으며, 도의 정심한 핵심까지 도달해 옳고 그름의 이치를 드러내려 했다. 거침없는 논란이 없으면 올바른 주장을 얻을 수 없고, 지독하게 따지지 않으면 마음에 드는 대답을 듣지 못했다. 쌀을 까부르는 것은 피를 솎아내고자 함이다. 숫돌에 쇠붙이나 돌을 가는 것은 날카롭게 날을 세우고자 함이다. 『춘추』의 함의를 찾고 비 내리길 기원하는 우제雩祭에 대한 논의를 다루면서, 공자의 심사心思를 증명하고 동중서董仲舒의 의도를 살피려고 해도, 공자께서는 진즉에 돌아가셨고 동중서도 이미 죽었으니, 세상의 논자들은 또 누구에게 물어야 한단 말인가? 오로지나 왕충처럼 공자의 문도門徒이자 동중서의 무리에 속한 자만이 이를 설명할 수 있을 것이다.

漢立博士之官, 師弟子相訶難, 欲極道之深, 形是非之理也. 不出橫難, 不得從說. 不發苦詰, 不聞甘對. 導米低仰, 欲求粺也. 砥石劘厲, 欲求銛也. 推『春秋』之義, 求雩祭之說, 實孔子之心, 考仲舒之意. 孔子旣歿, 仲舒已死, 世之論者, 孰當復問? 唯若孔子之徒, 仲舒之黨, 爲能說之.

___왕충王充, 『논형論衡』 「명우明雩」

問對
묻기와
응대하기

어진 마음을 넓히고 지혜를 더하는 방법으로는 묻는 것보다 더 좋은 것이 없다. 어떤 일을 기회삼아 자신의 도를 펼치는 방법으로는 응대하는 것보다 더 좋은 것이 없다. 현명한 군주가 아니라면 어떻게 두루 물을 수 있겠는가? 달통한 신하가 아니라면 어떻게 홀로 응대할 수 있겠는가? 이 같은 물음과 응대를 상황에 따라 적절하게 취한다면, 대처하지 못할 일이 없지 않겠는가? 끝도 없이 펼쳐지는구나! 조조鼂錯, 동중서, 공손홍公孫弘의 응대여![1]

廣仁益智, 莫善於問. 乘事演道, 莫善於對. 非明君孰能廣問? 非達臣孰能專對乎? 其因宜取類, 無不經乎? 洋洋乎, 鼂董公孫之對!

___ 왕통王通, 『문중자중설文中子中說』 「문역問易」

---

1 조조鼂錯는 한漢나라 경제景帝 때 학자이고, 동중서董仲舒와 공손홍公孫弘은 한나라 무제武帝 때 학자인데, 모두 황제의 책문策問에 응해 개혁적인 대책對策을 올린 바 있다. 여기서의 '응대' 역시 이들이 올린 '대책'을 가리킨다.

門庭
자신만의
영역

정이程頤 선생이 말씀하셨다. "학자는 스스로 깨달아야만 한다. 육경六經의 내용은 너무 폭넓어서 짧은 시간 안에 다 알기가 어렵다. 깨달을 방법을 찾은 이후에, 각자의 영역을 구축해서 그 안에서 깨달음을 추구해야만 가능하다."

伊川先生曰: 學者要自得. 六經浩澣, 乍來難盡曉. 且見得路徑後, 各自立得一箇門庭, 歸而求之可矣.

__ *정이, 『근사록近思錄』권3, 「치지致知」

今人讀書
오늘날 사람들이
책을 읽는 방식

오늘날 사람들은 책을 읽으면서, 그저 매 구절의 뜻이나 확실히 알려고 하기에, 자신의 입장을 세울 만한 토대를 만들 수 없다. 그들은 뜻이 분명하지 않은 부분이 나오면 곧잘 따져보지만, 찬찬히 확인해보면 사실 그들은 매 글자의 뜻에 대해서조차도 확실히 알지 못한다.

今人讀書, 只爲句句明白, 所以無法可處. 若有不明白處, 好商量也. 然徐而叩之, 其實字字不明白.

__ *유종주劉宗周, 『명유학안』「즙산학안蕺山學案·회어會語」

入門工夫
입문 공부

"난 15살에 학문에 뜻을 두었다"[1]는 것은 공자의 입문 공부다. "학문으로 두루 넓히고 예로 간추리는 것"[2]은 안회의 입문 공부다. "날마다 반성하는 것"[3]은 증자의 입문 공부다. "늘 조신하고 저어하며, 혼자 있을 때도 삼가는 것"[4]은 자사의 입문 공부다. "정의로움을 모으는 것"[5]은 맹자의 입문 공부다. 이 밖에도 송나라의 주돈이周敦頤의 "고요함에 집중하는 것"[6], 장재張載의 "만물은 한 몸이라는 것"[7], 정이와 주회의 "삼가면서 이치를 궁구하는 것"[8], 호원胡瑗의 육경六經의 뜻과 실무를 아울러 다루는 것[9], 육구연이 뜻을 세우고 의리와 이득을 변별하

---

1 『논어』「위정」제4장
2 『논어』「자한」제10장
3 『논문』「학이」제4장 "나는 날마다 세 가지를 반성한다吾日三省……."
4 『중용』제1장 "군자는 눈에 보이지 않아도 조신하고 귀에 들리지 않아도 저어한다. 이는 숨겨놓은 것만큼 잘 나타나는 것이 없고, 미세한 것만큼 잘 드러나는 것이 없기 때문이다. 그래서 군자는 홀로 있을 때 스스로 삼가는 것이다君子戒慎乎其所不睹, 恐懼乎其所不聞, 莫見乎隱, 莫顯乎微, 故君子慎其獨也."
5 『맹자』「공손추 상」"호연지기란 정의로움이 모여 생겨나는 것이다浩然之氣, 是集義所生者."
6 『주자전서周子全書』「태극도설太極圖說」"성인이 이를 확정해 인의를 올바르게 바로잡고 고요함에 집중하여(사욕이 없기에 고요할 수 있는 것) 사람의 법칙을 세우셨다聖人定之以中正仁義而主靜(無欲故靜), 立人極焉."
7 『정몽正蒙』「태화太和」"造化所成, 無一物相肖者, 以是知萬物雖多, 其實一物."
8 『이정어록』권18을 보면 정이는 "涵養須用敬, 進學則在致知"라고 했는데 '用敬'이 '居敬'에 해당하고 '致知'가 '窮理'에 해당한다. 『주자어류』권9에서 주회는 "學者功夫唯在居敬窮理二事, 此二事互相發. 能窮理, 則居敬工夫日益進. 能居敬, 則窮理工夫日益密"라고 했다.
9 호원은 제자를 가르치면서, 육경의 뜻을 가르치는 경의재經義齋와 실무를 가르치는 치사재治事齋를 세워 동시에 이 두 가지를 가르쳤다.

는 것[1], 명나라 설선薛瑄과 호거인胡居仁의 삼감에 집중하는 것[2], 담약수의 "삶의 곳곳에서 천리를 체득하는 것"[3], 진헌장陳獻章의 자연스러움을 좇고 선한 기를 기르는 것[4], 왕수인의 "타고난 어진 앎을 완성하는 것"[5]은 모두가 이른바 입문 공부인데, 이로 말미암아야 비로소 도학에 다다를 수가 있는 것이다. 이를 자신의 마음에서 증명하지 않고 번번이 남에게 물으려 하니, 이를 어떻게 실제로 공부하려 노력을 기울이는 것이라고 말할 수 있겠는가.

吾十有五而志於學是孔子入門工夫. 博文約禮是顏子入門工夫. 日省是曾子入門工夫. 戒懼愼獨是子思入門工夫. 集義是孟子入門工夫. 他如

---

1 『상산어록』에 "傅子淵自此歸其家, 陳正己問之曰: 陸先生敎人何先? 對曰: 辨志. 正己復問曰: 何辨? 對曰: 義利之辨, 若子淵之對, 可謂切要"라고 했다. 여기서 '辨志'란 '입지'의 중요성을 지적한 것이다.

2 설선의 주장은 이 책 제150항 "삼가면서 이치를 궁구하기居敬窮理" 참고. 호거인은 『거업록居業錄』에서 "삼감이란 움직임과 고요함을 포괄하니, 근엄하게 정좌하는 것도 삼감이고, 맞닥뜨리는 일에 따라 엄격하게 살피는 것 역시 삼감이다. 삼감은 안팎을 아우르니, 용모 단정한 것도 삼감이고, 마음이 온통 순수하고 한결같은 것도 삼감이다敬該動靜, 靜坐端嚴, 敬也. 隨事檢點故謹, 亦敬也. 敬兼內外, 容貌端正, 敬也. 心地湛然純一, 敬也"라고 하면서 '삼감敬'을 최고의 덕목으로 삼았다.

3 이 책 제4항 "주재를 확립하기立主宰" 참고.

4 『진백사전집陳白沙全集』「여담민택與湛民澤」에서는 "學者以自然爲宗, 不可不著意理會"라고 했고 「논학서論學書」에서는 "所謂敬者, 豈非涵養此心, 使動而窮大理, 則有剛銳精明純一之氣, 靜而合大理, 又有高明廣大之量者乎?"라고 했다.

5 『전습록傳習錄』권중卷中「답구양숭答歐陽崇 1」에 "良知之外, 別無知矣, 故良知是學文大頭腦, 是聖人敎人第一義"라고 했다.

周子之主靜, 張子之萬物一體, 程★　朱之居敬窮理, 胡安定之經義治
事, 陸象山之立志辨義利, 有明薛文淸★　胡餘干之主敬, 湛甘泉之隨
處體認天理, 陳白沙之自然養氣, 王陽明之致良知, 皆所謂入門工夫, 而
由是可至於道學者. 不向自心證取, 而輒欲問之他人, 豈所謂實下工夫
者乎!

__ *육세의, 『청유학안』 「부정학안 상·사변록집요」

제자가 물었다. "입문의 요체를 들려주실 수 있겠습니까?" 이옹 선생께
서 말씀하셨다. "내가 여기서 학문을 논하는 데 본래가 아무 정해진 법
칙이 없고, 본래가 일정한 시작의 요체도 없다. 그저 각자 스스로 입문
할 방법을 찾아 스스로 시작할 뿐이다." 제자가 다시 물었다. "배우는
사람이 만약 스스로 입문할 방법을 찾을 줄 안다면 스스로 시작할 수
있을 것인데, 뭐 하러 이렇게 질문을 드리며 선생님을 번거롭게 하겠습
니까?" 이옹 선생께서 말씀하셨다. "내가 여기서 학문을 논함에 사람
들이 한가로이 지껄이는 일반론을 다루고 싶지는 않다. 그저 각자 스스
로를 돌이켜보면, 스스로 각자의 병폐가 어디에 있는지를 발견할 수 있
다. 무슨 병인지를 안다면 스스로 그 병을 치료할 방법을 생각하는데,
이것이 바로 입문이고, 이것이 바로 시작이다. 만약 입문을 시작하는
계획을 미리 확정해놓으면 그때그때 증상에 맞지 않기 마련이다. 비유

컨대 기가 허하고 몸이 찬 증상을 앓고 있다면 몸을 따뜻하게 하고 기를 보하는 약을 먹게 하겠지만, 이 약을 다짜고짜 기가 센 건장한 사람에게도 준다면 이는 심하게 사람을 망치는 것이다."

問: 入門下手之要, 可得聞乎? 先生曰: 我這裏論學, 本無定法, 本無一定下手之要, 惟要各人求入門, 自圖下手耳. 曰: 學人若知自求入門, 自能下手, 則何敢過問, 以滋煩聒. 先生曰: 我這裏論學, 卻不欲人閒講泛論, 只要各人迴光返照, 自覓各人受病之所在, 知有某病, 卽思自醫某病, 卽此便是入門, 便是下手. 若立定一箇入門下手之程, 便不對症矣. 譬猶所患在虛寒, 敎以服溫補之劑, 若卽以此槪投之强壯之人, 悞人不淺!

__이옹, 『이곡집二曲集』 권3, 「양상휘어兩庠彙語」

義命兼顧
정의로움과 운명을
동시에 고려하기

세상일에는 자기 뜻대로 되는 것과 자기 뜻대로 되지 않는 것, 이렇게 두 가지가 있다. 자기 뜻대로 되는 것에는 정의로움이 내재돼 있고 자기 뜻대로 되지 않는 것에는 운명이 내재되어 있으므로, 결국 세상일은 정의로움과 운명으로 귀결될 뿐이다. 다그치면서도 서두르려 하지는 말고, 차근차근하면서도 해이해지지 말아야 한다. 학문만 이러한 것이 아니라 일상생활의 모든 일이 이와 같아야 비로소 성취할 수 있다.

凡事物之際有兩件. 有由自己底, 有不由自己底. 由自己底, 有義在. 不由自己底, 有命在. 歸於義命而已. 汲汲焉毋欲速也, 循循焉毋敢惰也. 非止學問如此, 日用事物之間皆當如此, 乃能有成.

___ *허형許衡, 『송원학안』「노재학안魯齋學案」

善讀
제대로
읽기

정이 선생께서 이렇게 말씀하셨다. "오늘날 사람들은 책을 읽을 줄 모른다. 예를 들어 공자께서 말씀하셨듯이 『시』305편을 외우더라도, 정무政務를 맡겼을 때 능숙하지 못하고 어느 외국에서든 사신 노릇하면서 홀로 응대할 수 없다면, 외운 『시』의 편이 비록 많다한들 또 무슨 소용이 있겠는가?'[1] 모름지기 『시』를 읽기 전에는 정무에 능숙하지 못하고 외국에서 홀로 응대를 하지 못하는 법이지만, 이미 『시』를 읽은 후에는 바로 정무에 능숙해지고 어느 외국에서든 홀로 응대할 수 있어야만 진정 『시』를 읽은 것이다."

伊川先生曰: 今人不會讀書. 如誦『詩』三百, 授之以政, 不達, 使於四方, 不能專對, 雖多, 亦奚以爲? 須是未讀『詩』時, 不達於政, 不能專對. 既讀『詩』後, 便達於政, 能專對四方, 始是讀『詩』.

＿ *정이, 『근사록近思錄』 권3, 「치지致知」

윤돈尹焞이 처음 정이 선생의 문하에 들어왔을 때 학문하는 방법을 물었다. 그때 정이 선생은 이렇게 답하셨다. "그대가 학문하는 방법을 알고자 한다면 모름지기 책을 읽어야 합니다. 책을 많이 볼 필요는 없고, 책의 요점을 간추릴 줄 알아야 합니다. 많이 읽어도 요점을 간추릴

---

1 『논어』「자로」제5장

줄 모르면, 이는 책가게에 불과할 뿐입니다. 저는 어려서 책을 많이 보려 노력했지만, 그때 읽었던 책의 내용은 대부분 잊어버렸습니다. 모름지기 성인이 남기신 말씀을 두고두고 음미하면서 마음에 새겨놓은 이후에 이를 힘써서 실천해야 자연스레 얻는 바가 있는 것입니다."

焞初到, 問爲學之方, 先生曰: 公要知爲學, 須是讀書. 書不必多看, 要知其約. 多看而不知其約, 書肆耳. 頤緣少時讀書貪多, 如今多忘了. 須是將聖人言語玩味, 入心記著, 然後力去行之, 自有所得.

___ *정이, 『근사록』 권3, 「치지」

옛사람은 "작게 의문을 품으면 작게 깨닫고, 크게 의문을 품으면 크게 깨달으며, 의문을 품지 않으면 깨닫지 못한다"고 말했습니다. 돌아가신 제 스승인 유종주劉宗周 선생의 주장에 대한 노형老兄[1]의 의문은 본래가 유종주 선생의 주장을 깊이 믿기 위해서입니다. 아무렇게나 함부로 믿는 것은 믿을 수 있어서가 아니라 의문을 품지 못해서입니다. 과거 돌아가신 스승의 가르침이 지방에 전파됐던 것은 바로 노형 덕분이었습니

---

1 여기서 '노형'은 황종희의 제자 동원린董元瑞을 가리킨다. 황종희는 동원린이 비록 자신의 제자이지만 그를 '노형'이라 존대하고 스스로는 '아우弟'라고 칭하고 있다.(여기서는 '저'라는 비칭卑稱으로 옮겼다.) 아마도 동원린의 나이가 황종희보다 많았던 것 같다.

다.[1] 저 역시 어찌 감히 스승께 들은 바를 따져보지 않았겠습니까? 노형이 지은 「유자질의劉子質疑」[2]를 살펴보니 그 안에서 다룬 내용이 비록 광범위하지만, 대체적인 내용은 바로 (돌아가신 스승께서) 왕수인 선생의 사구교四句敎 즉 "선함도 없고 악함도 없는 것은 마음의 본체이고, 선함도 있고 악함도 있는 것이 의지의 움직임이며, 선함도 알고 악함도 아는 것은 '타고난 어진 앎良知'이라 하고, 선함을 행하고 악함을 버리는 것이 '마음 쓰는 일을 바로잡는 것格物'[3]"이라는 네 구절의 가르침을 강조했다는 것이고, 돌아가신 스승께서 말씀하신 "의지란 마음이 보존된 것이다"란 주장이 아무래도 이해가 되지 않는다는 것입니다.[4]

제가 그 이유를 헤아려보니, 노형이 미처 왕수인 선생의 총체적인 학술

---

1 황종희가 지은 「동오중묘지명董吳仲墓誌銘」을 보면, 당초 유종주의 학문이 월越 지역에서 배척받거나 왜곡되었는데, 동원린(오중吳仲은 그의 자字)이 분연히 나서서 바로잡았기에, 유종주가 죽은 뒤 유종주의 학술에 대한 비난이 그쳤다면서, 그를 공자를 모셨던 자로보다 용감한 자라고 칭송하고 있다. 여기서의 언급은 아마도 이를 말하는 것 같다.

2 「유자질의」는 동원린이 유종주劉宗周의 주장 중 의문이 있는 부분에 대해 묻기 위해 지은 글이다. 그리고 황종희의 이 편지는 동원린이 「유자질의」에서 제기한 질문에 대한 답변이다.

3 이는 '격물格物'을 왕수인의 해석에 따라 푼 것이다. 주희는 '격물'을 '사물의 이치를 끝까지 따져보는 것'이라고 풀었다.

4 다시 말해 동원린은 과거 유종주가 했던 주장, 즉 "의지란 마음이 보존된 것이니, 발현되는 것이 아니다意爲心之所存, 非所發"라는 주장과 왕수인의 사구교四句敎 중 "선함도 있고 악함도 있는 것이 의지의 움직임이다有善有惡意之動"라는 주장에서의 '의지意'에 대한 풀이가 서로 상반된다는 점에 의문을 제기했던 것이다.

종지學術宗旨가 어디에 있는지를 통달하지 못했기 때문에 돌아가신 스승의 말씀을 미심쩍어하는 것 같습니다. 만약 오로지 왕수인 선생이 말씀하신 네 구절의 가르침에만 집착한다면, 응당 돌아가신 스승님의 말씀보다도 먼저 왕수인 선생께서 하신 다른 말씀과 이 가르침이 서로 다르다는 점을 미심쩍어해야만 합니다. 그런 이후에야 그 미심쩍음이 돌아가신 스승에게까지 미치는 것입니다.

왕 선생이 말씀하신 이 네 구절의 가르침은『대학』본문과 부합하지 않는 것은 물론이거니와, 우선적으로 왕 선생의 "타고난 어진 앎을 완성한다致良知"는 주장과도 부합하지 않습니다. 왕 선생이 말씀하신 네 구절의 가르침이『대학』본문과 부합하지 않는 부분은 다음과 같습니다. 선함도 알고 악함도 안 이후에야 선함을 행하고 악함을 버리는데, 이는 선함을 행하고 악함을 버리려는 노력이 선함도 알고 악함도 아는 데 달려 있는 것입니다.

그러나『대학』에서는 오히려 "마음 쓰는 일을 바로잡는 것格物은 앎을 완성하는 것致知에 달려 있다"고 말하고 있습니다. 만약『대학』의 이 구절이 원래 "앎을 완성하는 것은 마음 쓰는 일을 바로잡는 것에 달려 있다"여야 하는 구절을 도치시켜놓은 것이 아니라면, 먼저 선함을 행하고 악함을 버린 후에야 선함과 악함이 무엇인지 알고자 하는 꼴이니 이게 말이나 되는 소리입니까? 그러나 이런 점은 글의 의미를 다룰

때 무시할 수도 있겠습니다. 왕 선생은 '타고난 어진 앎을 완성한다致
良知'라는 주장을 자신의 학술 종지로 내걸어서 비속한 학문의 병폐를
일소해버렸으니, 왕 선생이 자신의 힘을 남김없이 이 일에 쏟아 부었다
고 말할 수 있겠습니다. 만약 반드시 이 네 구절의 가르침을 최고의 원
칙으로 고수하려 한다면, 지각이 '타고난 어진 앎'이 되고 실천이 '앎을
완성하는 것'이 됩니다. 자신의 마음에서 발현하여 무엇이 선하고 무엇
이 악한지 증명한 이후에야, 선함에 다다르고 악함을 차단해버리기에,
마음속에서 증명하기 위해 계속 노력할 수밖에 없습니다. '타고난 어
진 앎'의 본체는 굳세며 올곧고 순수하며 꼼꼼한 것입니다. 오늘날 발현
된 의지는 선함만 있고 악함이 없을 수가 없기에, 이러한 '앎'은 아직 명
확한 것이 아니어서 '타고난 어짊'을 앞에 붙일 수 없습니다. 그러니 어
떻게 이러한 '앎'을 선함을 행하고 악함을 버리는 근본으로 삼을 수 있
겠습니까? 어떻게 움직임에 이미 마음이 하나 있고, 앎에 다른 마음이
또 하나 있어서, 이 두 마음이 공존하는 게 아무 상관이 없을 수 있겠
습니까? (…) 그래서 왕수인의 학술 종지를 온전하게 이해하고 싶다면,
돌아가신 스승께서 풀이하신 '의지'의 뜻을 따르지 않으면 안 됩니다.
만약 왕수인 선생이 말씀하신 네 구절의 가르침을 왕수인 선생의 학술
종지라고 단정해버린다면 도리어 왕수인 선생의 진정한 가르침을 잃고
맙니다.

그러나 돌아가신 스승의 이 말씀은 본래 왕수인 선생만을 겨냥해서 내놓으신 것이 아니었습니다. 이 부분은 줄곧 선비들이 학문하는 데 득실을 가늠하는 중요한 관건이건만 언급하는 사람이 없었습니다. 이제 야 노형이 의문을 품는 것을 보니, 노형은 진실로 책을 제대로 읽는 사람입니다.

昔人云: 小疑則小悟, 大疑則大悟, 不疑則不悟. 老兄之疑, 固將以求其深信也. 彼汎然而輕信之者, 非能信也, 乃是不能疑也. 異日者, 接先師之傳, 方於老兄是賴, 弟亦焉敢不以所聞者相質乎! 觀「質疑」中所言雖廣, 然其大指則主張陽明先生無善無惡心之體, 有善有惡意之動, 知善知惡是良知, 爲善去惡是格物四句, 而疑先師意爲心之所存, 未可得也. 弟推尋其故, 由老兄未達陽明始終宗旨所在, 因而疑先師之言. 若徒執此四句, 則當先疑陽明之言自相出入, 而後其疑可及於先師也. 夫此四句, 無論與『大學』本文不合, 而先與致良知宗旨不合. 其與『大學』本文不合者, 知善知惡而後爲善去惡, 是爲善去惡之工夫在知善知惡, 則『大學』當云格物在致知矣. 若『大學』非倒句, 則是先爲善去惡, 而後求知夫善惡也, 豈可通乎? 然此在文義之間猶可無論也. 陽明提致良知爲宗, 一洗俗學之弊, 可謂不遺餘力矣. 若必守此四句爲教法, 則是以知覺爲良知, 推行爲致知. 從其心之所發, 驗其孰爲善孰爲惡, 而後善者從而達之, 惡者從而塞之, 則方寸之間已不勝其憧憧之往來. 夫良知之體,剛健中正純粹精者也. 今所發之意, 不能有善而無惡, 則此知尙未光明, 不可謂良也. 何所藉以爲爲善去惡之本乎? 豈動者一心, 知者又一心, 不妨並行乎? (…) 故欲全陽明宗旨, 非先師之言意不可. 如以陽明之四句, 定陽明之宗旨, 則反失之矣. 然先師此言, 固不專爲陽明而發也. 從來儒者之得失, 此是一大節目, 無人說到此處. 老兄之疑, 眞善讀書者也.

___ *황종희黃宗羲, 『청유학안』 「남뢰학안南雷學案·답동오중논학서答董吳仲論學書」

善處順逆
삶의 부침에
잘 대처하기

삶이 매우 순조롭더라도 희희낙락하지 말라. 희희낙락하는 마음이 일단 생기면, 거만함이 그로부터 생겨난다. 삶이 팍팍하더라도 질색하지 말라. 질색하는 마음이 일단 생기면, 남을 탓하는 생각이 이로부터 생겨난다. 희희낙락하거나 질색하는 것은 모두 마음에 동요됨이 있기 때문이다. 성현의 마음은 고인 물과 같아서 삶이 순조롭든 팍팍하든 도리에 따라 살아갈 뿐이니, 어찌 외부에서 생긴 일 때문에 즐거워하거나 근심하겠는가!

大凡處順不可喜, 喜心一生, 驕侈之所由起. 處逆不可厭, 厭心一生, 怨尤之所由起. 一喜一厭, 皆有動於中也. 聖賢之心如止水, 或順或逆, 以理處之耳, 豈以自外至者爲憂樂哉!

___ *장백행,『청유학안』「경암학안 · 곤학록」

善反
제대로
반성하기

진덕수眞德秀는 이렇게 말했다. "장재張載 선생께서는 '학문하는 일의 가
장 큰 소득은 스스로 자신의 타고난 후천적인 기질을 바꾸려 하는 데
있다'고 말씀하셨다." 이것이 이른바 제대로 반성하는 자다.

眞西山曰: 張子有言, 爲學大益, 在自求變化氣質. 此卽所謂善反之者也.

__ *장재, 『송원학안』「횡거학안橫渠學案」

善學
제대로
배우기

지렁이는 날카로운 발톱과 이빨도 없고 강한 근육과 뼈도 없지만 위로는 흙을 먹고 아래로는 지하수를 마시는데, 이는 지렁이의 마음이 늘 한결같기 때문이다. 게는 여덟 개의 발과 두 개의 집게발이 있건만 모래무지나 드렁허리가 파놓은 구멍이 아니면 몸을 둘 곳조차 없는데, 이는 게의 마음이 지긋하지 못하기 때문이다. 이렇기에 묵묵히 전심전력하려는 의지가 없는 이는 두드러지는 명성이 없기 마련이고, 남몰래 전심전력하는 일이 없는 자는 대단한 공적이 없기 마련이다. 갈림길에서 헤매는 자는 목적지에 도달하지 못하고, 두 주군을 섬기는 자는 아무도 받아주지 않는다. 눈길을 주는 대상이 둘이 되면 제대로 볼 수 없고, 두 갈래 소리를 동시에 들으면 두 소리 다 정확하게 들을 수 없다. 덩굴뱀은 발이 없어 날아다니고[1], 날다람쥐는 다섯 가지나 되는 잔재주를 지녔으되[2] 궁핍하다.

---

1 원래 '등사螣蛇'는 하늘을 날아다니는 '신령스러운 뱀'으로 풀어서 긍정적으로 보고, 뒤에 나오는 날다람쥐는 부정적으로 이해해, 뜻이 상반되는 대구對句로 간주하는 것이 일반적이다. 하지만 뒤에 보이는 왕원우의 해설을 참고하면, 왕원우는 여기서 '등사' 역시 하찮은 동물로 간주하고 있다. 이에 '등사'를 '덩굴 뱀'으로 풀고 문맥도 부정적인 뜻의 병렬로 유지했다.

2 전해지는 말로 다섯 가지 잔재주와 그 한계는 다음과 같다. 바람을 타고 잠시 날 수도 있으나 지붕에 오르지도 못하고, 나무를 탈 수 있으나 나무 끝까지 오르진 못하고, 헤엄을 칠 줄 알지만 개울도 건너지는 못하고, 굴을 팔 수 있으나 몸을 다 숨길 정도도 아니고, 달릴 수 있으나 사람보다도 느리다.

『시』「조풍曹風·시구尸鳩」에서는 이렇게 노래했다. "뻐꾸기가 뽕나무에 사는데 새끼가 일곱 마리,[1] 어지신 군자이시여 그 거동이 한결같네. 그 거동이 한결같으니 마음은 확고하네." 그래서 군자는 한결같이 전심전력하는 데 확고한 것이다.

螾無瓜牙之利, 筋骨之強, 上食埃土, 下飲黃泉, 用心一也. 蟹八跪而二螯, 非蛇蟺之穴, 無可寄託者, 用心躁也. 是故無冥冥之志者, 無昭昭之明, 無惛惛之事者, 無赫赫之功. 行衢道者不至, 事兩君者不容. 目不能兩視而明, 耳不能兩聽而聰. 螣蛇無足而飛, 鼫鼠五技而窮. 『詩』曰: 尸鳩在桑, 其子七兮. 淑人君子, 其儀一兮. 其儀一兮, 心如結兮. 故君子結於一也.

___ 순자荀子, 『순자』「권학勸學」

마음이 외물에 얽매이지 않는 것이 바로 도다. 이 외에 따로 도를 구할 방법은 없다. 이 외에 도를 구하는 것은 망령된 짓이어서, 뭘 봐도 망령된 견해를 갖고, 뭘 생각해도 망령된 생각을 하기 마련이다. 이런 견해와 생각이 생기는 즉시 싸잡아 사그라지게 하는 것, 이것이 바로 제대로 학문하는 것이다.

---

1 전설傳說에 뻐꾸기는 새끼가 많아도 먹이를 주는 순서가 아침, 저녁으로 늘 한결같다고 한다. 그래서 한결같음을 노래하면서 먼저 뻐꾸기를 언급한 것이다.

心無物累, 便是道. 莫於此外更求道. 此外求道, 妄也. 見爲妄見, 思爲妄思, 有見與思, 卽與消融去, 卽此是善學.

＿유종주劉宗周, 『명유학안』「즙산학안蕺山學案·어록語錄」

會疑
의문을
품을 줄 알기

학자는 가장 먼저 의문을 품을 줄 알아야만 한다.

學者先要會疑.

___ *정이, 『송원학안宋元學案』 「이천학안伊川學案」

앞선 이가 말하길 "학문은 의심할 줄 아는 것을 귀하게 여긴다. 작게 의심하면 작게 발전하고 크게 의심하면 크게 발전한다"라고 했다. 여기서 의심이란 깨달음을 얻는 계기다. 깨달은 만큼 성장하고 발전한다. 이 밖에 다른 방법은 없다.

前輩謂: 學貴知疑, 小疑則小進, 大疑則大進. 疑者, 覺悟之機也. 一番覺悟, 一番長進. 更無別法也.

___ *진헌장陳獻章, 『명유학안明儒學案』 「백사학안白沙學案 · 도학전서道學傳序」

領會
잘 이해하기

맹자께서 말씀하셨다. "군자가 도로써 깊은 파고드는 것은 스스로 터득하기를 바라는 까닭이다. 스스로 터득하면 그 터득한 바가 착실해지고, 그 터득한 바가 착실해지면 자질資質이 깊어지고, 자질이 깊어지면 곳곳에서 깨달음을 얻는다. 그래서 군자는 스스로 터득하려 하는 것이다."

孟子曰: 君子深造之以道, 欲其自得之也. 自得之則居之安, 居之安則資之深, 資之深則取之左右逢其原. 故君子欲其自得之也.

__맹자, 『맹자』「이루 하離婁下」

知難行易
알기가 어렵지
실천하기는 쉽다

나는 오로지 "알기는 쉬우나 실천하기는 어렵다知易行難"는 말에 담긴 의미만을 수년의 시간을 들여 탐구한 뒤에야 비로소 옛사람들이 전한 바와 요즘 사람들이 믿는 바가 비슷해 보여도 사실은 다른 것임을 홀연히 깨달았다.

이 점에 대해서 문득 깨닫고는 기쁨이 밀려들었다. 왜냐하면 중국이 하는 일이 줄곧 지지부진했던 것이 실천할 수 없기 때문이 아니라 사실은 알지를 못하기 때문임을 깨달았기 때문이다. 이를 이미 알고 있으면서 실천하지 않는 사람은 아는 것은 쉽고 실천하기는 어렵다고 착각하고 만다. 만약 아는 것이 쉽지 않고 실천이 어렵지 않음을 증명할 수만 있다면 중국인들이 아무런 거리낌 없이 실천하기를 즐길 것이니, 중국이 하는 일에 있어서 큰 역할을 할 것이다. 그래서 이제 내가 사색하며 깨달은 열 가지 실례를 들어, "실천은 어렵지 않고, 오로지 아는 것이 어렵다"는 점을 증명하여 학자들이 연구하도록 제공하고, 동시에 세상 사람들의 미혹된 바를 일깨우려 한다.

專從事於知易行難一問題, 以研求其究竟. 幾費年月, 始恍然悟於古人之所傳今人之所信者, 實似是而非也. 乃爲之豁然有得, 欣然而喜, 知中國事向來之不振者, 非坐於不能行也, 實坐於不能知也. 及其旣知之而又不行者, 則誤於以知爲易, 以行爲難也. 倘能證明知非易而行非難也, 使中國人無所畏而樂於行, 則中國之事大有可爲矣. 於是以予構思所得

之十事, 以證明行之非艱, 而知之惟艱, 以供學者之研究, 而破世人之
迷惑焉.

___ 쑨원, 「쑨원학설孫文學說」 제1장[1]

"아는 것은 어렵지 않고, 오직 실천하는 것이 어렵다"는 말은 수천 년
동안 전해져 내려오면서, 4억 명이나 되는 중국 전 국민의 마음속에 익
숙해져버렸다. 오래전부터 이렇게 모든 것에 적용되는 최고의 도리로서
절대 바꿀 수 없는 것이라 여겨졌던 것이다. (…) 먹고 마시는 일이란 지
극히 일상적이고 실천하기 쉬운 일이면서, 사람에게 지극히 중요한 일
이라 하루라도 빠트릴 수 없다. 일체의 사람과 생물은 모두가 먹고 마
시는 일을 실천할 수 있다. 이는 갓난아기가 어머니의 탯줄을 끊고 나
오기만 하면 할 줄 아는 일이고, 병아리가 알을 깨고 나오기만 하면 할
줄 아는 일이기에, 따로 가르칠 필요가 없다. 그러나 먹고 마시는 일을
가지고 "도대체 먹고 마시는 일에 담긴 본질을 알 수 있을까?" 하고 자
기 자신에게 되물어보자. 비단 일반인들이 잘 알지 못할 뿐만 아니라,
근세近世에 과학이 이미 크게 발달하면서, 전문적인 생리학자, 의학자,

---

1 제174항 "알기가 어렵고 실천하기가 쉽다知難行易"에 인용된 쑨원의 글은 사실 모두 쑨
원의 『건국방략建國方略』 중 「행이지난심리건설行易知難心理建設」에 포함된다. 이 단락은 제1장
「이음식위증以飮食爲證」에서 나온 것이다.

약학자, 위생학자, 물리학자, 화학자 등이 전심전력하여 먹고 마시는 일을 연구했지만, 수백 년이 지난 오늘날에 이를 때까지도 여전히 궁극적인 본질을 다 밝혀내지 못하고 있다.

夫知之非艱, 行之惟艱一語, 傳之數千年, 習之遍全國四萬萬人心理中, 久已認爲天經地義而不可移易者矣. (…) 夫飮食者, 至尋常至易行之事也, 亦人生至重要之事而不可一日或缺者也. 凡一切人類物類, 皆能行之. 嬰孩一出母胎則能之, 雛雞一脫蛋殼則能之, 無待於敎者也. 然吾人試以飮食一事, 反躬自問: 究能知其底蘊者乎? 不獨普通一般人不能知之, 卽近代之科學已大有發明, 而專門之生理學家醫藥學家衛生學家物理家化學家, 有專心致志以硏究於飮食一道者, 至今已數百年來亦尙未能窮其究竟者也.

__ 쑨원, 「쑨원학설」 제1장[1]

인류 문화의 발전을 총괄적으로 살피지 않거나 재화의 연원을 상세히 고찰하지 않고는 돈의 쓰임을 알 수 없다. 또 경제학을 연구하지 않거나 공업과 상업의 역사, 은행 제도, 화폐 제도의 연혁을 상세히 고찰하지 않으면 돈의 현재 상태를 알 수 없다. 요컨대 오늘날 구미歐美의 일

---

1 『건국방략』 「행이지난심리건설」 제1장 「이음식위증」

반인이 돈에 대해 아는 바 역시 중국인처럼 돈이면 다 되는 줄 아는 정도에 불과할 뿐 따로 더 아는 바는 없다. 구미의 경제학자들은 그저 돈이 상품에 뿌리를 두고 있다는 것만 알 뿐이다. (…) 그래서 "세상 사람들은 그저 돈을 쓸 줄만 알뿐, 돈이 뭔지는 모른다"고 말한 것이다. 이는 "실천은 어렵지 않고, 오로지 아는 것이 어렵다"는 지적의 증거가 되기에 충분하다.

非綜覽人文之進化, 詳考財貨之源流, 不能知金錢之爲用也. 又非硏究經濟之學, 詳考工商歷史, 銀行制度, 幣制沿革, 不能知金錢之現狀也. 要之, 今日歐美普通之人, 其所知於金錢者, 亦不過如中國人士只識金錢萬能而已, 他無所知也. …… 故曰: 世人只能用錢, 而不知錢者也. 此足爲行之非艱, 知之惟艱之一證也.

__ 쑨원, 「쑨원학설」 제2장[1]

중국의 문장은 풍부하면서도 아름답고, 중국의 문인은 많고도 솜씨가 뛰어나다. (…) 그러나 수천 년 동안 중국의 문인들은 그저 문장을 지을 줄만 알았지 문장이 무엇인지는 몰랐기에 문법학과 논리학을 만들어낸 사람이 없었다. 그래서 외국인이 문법학과 논리학을 들여올 때까지 기

---

1 『건국방략』「행이지난심리건설」 제3장 「이작문위증以作文爲證」

다릴 수밖에 없었다. 그제서야 비로소 중국 문학에 줄곧 결핍되었던 바가 무엇인지 알았다. 이는 "실천은 어렵지 않고, 오로지 아는 것이 어렵다"는 지적의 증거가 되기에 충분하다. (…)

앞에서 3장에 걸쳐 인용한 알기가 어렵지 실천하기는 쉽다는 지적에 대한 증거들은, 첫 번째로 먹고 마시는 일 즉 전 인류가 실천하는 일이고, 두 번째로 돈 쓰는 일 즉 인류문명 중 일부가 실천하는 일이고, 세 번째로 글짓기 즉 인류 문명 중 일부 지식인이 실천하는 일이다. 이 세 가지 일은 인류가 실천해온 것으로, 오래되지 않은 일도 아니고 익숙해지지 않은 일도 아니지만, 그 실질을 고찰해보니 그저 실천할 줄만 알 뿐 무엇인지는 알지 못한다. 그리고 간간히 학문을 좋아하고 깊이 궁리하는 선비는 오로지 그 이치를 탐구하면서 모두들 자신의 모든 시간을 쏟아부어도, 알 수 없는 부분이 있다. "실천은 어렵지 않고, 사실 아는 것이 어렵다"는 말은 이 세 가지 일의 증명을 통해 이미 절대 흔들리지 않는 확고한 주장이 되었다.

夫中國之文章, 富矣麗矣. 中國之文人, 多矣能矣. (…) 然而數千年以來, 中國文人只能作文章, 而不能知文章, 所以無人發明文法之學與理則之學. 必待外人輸來, 而乃始知吾文學向來之缺憾. 此足證明"行之非艱, 而知之惟艱"也. (…)

前三章所引以爲知難行易之證者, 其一爲飮食, 則人類全部行之者. 其二爲用錢, 則人類之文明部分行之者. 其三爲作文, 則文明部分中之士人行之者. 此三事也, 人類之行之, 不爲不久矣, 不爲不習矣. 然考其實, 則只能行之, 而不能知之. 而間有好學深思之士, 專從事於硏求其理者, 每畢生窮年累月, 亦有所不能知. 是則"行之非艱, 而知之實艱", 以此三事證之, 已成爲鐵案不移矣.

__ 쑨원, 「쑨원학설」 제3장, 제4장[1]

1 『건국방략』 「행이지난심리건설」 제2장 「이용전위증以用錢爲證」

知不足
자신의
부족함을 알기

의리는 무궁무진하기에 배우고 난 뒤에야 자신의 부족함을 안다. 성인인 주 문왕周文王을 봐도 도를 바라는 태도가 마치 도를 아직 깨닫지 못한 듯 간절하셨다.[1] 공자께서도 "아직 제대로 하질 못 한다"[2]거나 "어찌 그런 능력을 지니고 있겠는가?"[3]라고 말씀하셨는데, 이는 겸손함을 내보이신 것이 아니다.[4] 그저 도의 무궁무진함을 보고 멈춰서는 안 된다는 의지를 드러내 보이신 것이다.

義理無窮, 學然後知不足. 試觀文王, 望道未見. 孔子曰: 未能. 曰: 何有? 非示謙也. 直見道量無盡, 歇脚不得之意.

── *장백행, 『청유학안』「경암학안·곤학록」

---

1 『맹자』「이루 하」제20장 "문왕께선 백성을 돌보시길 부상당한 사람 돌보듯 하시고, 도를 바라는 태도는 마치 아직 도를 깨닫지 못한 듯 간절하셨다文王視民如傷, 望道而未之見."
2 『논어』「선진」제11장에서는 "자로가 귀신을 섬기는 일에 대해 물었다. 공자는 이렇게 대답했다. '사람을 섬기는 일도 아직 제대로 하질 못하거늘, 어찌 귀신을 섬길 수 있겠는가'季路問事鬼神. 子曰: 未能事人, 焉能事鬼?"
3 『논어』「술이」제2장 "공자께서 말씀하셨다. '묵묵히 외우고, 배우면서 싫증내지 않으며, 남을 가르치는 데 게으르지 않을 수 있는 능력이 내게 어찌 있겠는가?'子曰: 黙而識之, 學而不厭, 誨人不倦, 何有於我哉?"『논어』「자한」제16장 "공자께서 말씀하셨다. '밖에 나가서 공경대부를 잘 섬기고, 집에 들어와 부모 형제를 잘 섬기며, 상례를 치르는 데 감히 게으름을 피우지 않으며 술 때문에 곤란해지지 않을 수 있는 능력이 어찌 내게 있겠는가?'子曰: 出則事公卿, 入則事父兄, 喪事不敢不勉, 不爲酒困, 何有於我哉?"
4 이 같이 "하유何有"를 "어찌 그런 능력을 지니고 있겠는가?"로 해석한 이는 주희인데, 그는 공자의 이러한 표현들이 그저 스스로를 낮추는 겸사일 뿐이라고 보았다. 장백행은 이를 부정한 것이다. 혹자는 "하유何有"를 "무슨 어려움이 있으랴!"라고 풀기도 하는데, 그러면 공자의 말과 정반대의 뜻이 된다.

知止
머물 줄
알기

사람의 마음은 종일토록 말의 발굽이나 수레의 바퀴처럼 바삐 움직이며 머물지를 않으니, 도대체 어떤 외물에게 얽매여버린 것일까? 만약 자신의 마음에 얽매여 있는 바를 제거할 수 있는 자라면 '진정한 머묾止'에 근접했다고 말할 수 있겠다. 이를 아는 것을 일러 "머물 줄 안다知止"고 하는 것이며, 이러한 경지에 머무는 것을 일러 "지극히 훌륭하다至善"고 하는 것이다.

人心終日如馬足車輪, 奔馳無止, 果係何物受累? 苟能去所累心者, 而於止也幾矣! 知此之謂知止, 止此之謂至善.

___ *유종주, 『명유학안』「즙산학안蕺山學案·대학잡변大學雜辨」

知過改過
허물을 깨닫고
허물을 고치기

성인은 정말 뭐든 나면서부터 알고, 뭐든 편하게 실천하는 것일까?[1] 그렇다면 공자는 어째서 분발하며 먹는 것을 잊었을까?[2] 주공周公은 어째서 밤새 앉아서 궁리하다 새벽을 맞이했을까?[3] 주 문왕은 어째서 근심에 빠져 『주역』을 지었을까?[4] 공자는 어째서 수명을 더 얻어서라도 『주역』을 배우고자 했을까?[5] 성인의 허물에 대해 성인은 깨닫지만 현인은

---

1 『중용』 제20장 "어떤 이는 태어나면서부터 알고, 어떤 이는 배워서 알며, 어떤 이는 애를 써야 알 수 있지만, 그 앎이란 결국 매한가지다. 어떤 이는 편하게 실천하고, 어떤 이는 이해를 따져서 실천하며, 어떤 이는 억지로 실천하지만, 그 성과는 결국 매한가지다或生而知之, 或學而知之, 或困而知之, 及其知之一也. 或安而行之, 或利而行之, 或勉强而行之, 及其成功一也."
2 『논어』 「술이」 제18장 "섭공이 공자에 대해 자로에게 물었으나, 자로는 대답하지 않았다. 나중에 이를 안 공자가 이렇게 말했다. '너는 어찌 이렇게 말하지 않았느냐? 공구孔丘란 사람은 분발하면 먹기를 잊고, 그 즐거움에 근심조차 잊어버리고 곧 늙을 것조차 깨닫지 못한다고 말이다.葉公問孔子於子路, 子路不對. 子曰: 女奚不曰: 其爲人也, 發憤忘食, 樂以忘憂, 不知老之將至云爾.'"
3 『맹자』 「이루 하」 제20장 "주공은 하夏나라 우왕禹王, 상商나라 탕왕湯王, 주周나라의 문왕文王과 무왕武王의 업적을 모두 고려해서 네 분의 왕이 하신대로 시행하되, 이에 부합되지 않는 일이 있으면 그 분들의 업적을 우러러 골똘히 생각하면서 밤을 지새우다가 다행히 깨달은 바가 있으면 앉은 채로 새벽을 맞았다周公思兼三王, 以施四事, 其有不合者, 仰而思之, 夜以繼日, 幸而得之, 坐以待旦."
4 『주역』 「계사전 하」 "『주역』을 지으신 분은 근심이 있으셨던 것이 아닐까作『易』者, 其有憂患乎?" 『사기史記』 「태사공자서太史公自序」 "옛날 서백 희창은 유리에 갇힌 뒤 팔괘를 겹쳐 64괘의 『주역』을 지었다昔西伯拘羑里, 演『周易』."
5 『논어』 「술이」 "공자께서 말씀하셨다. '내가 몇 년의 수명을 더 얻을 수만 있다면 결국 『주역』을 배워서 큰 허물이 없을 수 있을 텐데.'子曰: 加我數年, 五十以學『易』, 可以無大過矣." 주희는 '가加'를 '가假'의 오독誤讀으로, '오십五十'을 '졸卒'의 오기誤記로 보았는데, 여기서도 그 견해를 따랐다.

깨닫지 못한다. 현인의 허물에 대해 현인은 깨닫지만 일반 사람은 깨닫지 못한다. 공자가 말했듯 수명을 더 얻어서 『주역』을 배운다면 큰 허물이 없을 수 있다는 말을 뒤집어보면, 작은 허물은 공자 같은 성인조차 없을 수 없다는 말이 된다. 일반 사람의 허물이란 그 허물이 이미 확연히 드러난 경우이고, 성인의 허물이란 그 허물이 아직 드러나지 않은 경우다. 그래서 오로지 성인만이 그 허물됨을 미리 깨달아 그 허물을 고칠 수 있는 것이다.

聖其果生知乎? 安行乎? 孔何以發憤而忘食? 姬何以夜坐而待旦? 文何以憂患而作『易』? 孔何以假年而學『易』乎? 聖人之過, 聖人知之, 賢人不知也. 賢人之過, 賢人知之, 衆人不知也. 假年學『易』, 可無大過. 小過雖聖人不免焉. 衆人之過, 過於旣形. 聖人之過, 過於未形. 故惟聖人然後能知過, 惟聖然後能改過.

___ *위원魏源, 『청유학안淸儒學案』「고미학안古微學案·묵고 중默觚中·학편學篇 2」[1]

___

1 원래 『고미당내집』에서는 윗글이 「묵고 상」 「학편」 3에 들어 있다.

鑑道光身
도를 살펴서
자신을 빛내기

학문에 근거하지 않고 도를 살핀 경우나, 학문에 의지하지 않고 자신을 빛낸 경우는 아직까지 없다.

未有不因學而鑑道, 不假學而光身者也.

__ 시교尸佼, 『시자尸子』 권하卷下[1]

---

1 『시자』는 일실되어 이 구절은 『북당서초北堂書鈔』 「예의부禮儀部」와 『태평어람太平御覽』 「학부學部」에서 인용.

篤實
독실하기

"차라리 성인을 배우다가 성인의 경지에 다다르지 못할지언정, 한 가지 잘 한 일로 명성을 얻고자 하지는 않는다"고 했는데, 군자가 뜻을 확고히 세우는 일 역시 이러하다. "차라리 한 가지 잘한 일로 명성을 얻을지언정, 성인을 배우다가 성인의 경지에 다다르지 못하는 일은 하지 않겠다"[1]고 했는데, 군자가 일상적인 것으로부터 배우는 것 역시 이러하다. 그래서 맹자가 말씀하신 "한 말을 반드시 지키지도 않고 행동이 반드시 과감하지도 않는 대인"[2]의 경지에 오를 수 없다면, "고지식하게 말한 것은 반드시 지키고 행동을 과감하게 하는 소인"[3]을 함부로 무시해서는 안 된다. 말만 하고 실천하지 않거나 실천하면서 자신이 한 말을 지키지 않는 천둥벌거숭이 같은 선비 꼴이 되느니, 차라리 답답하리만치 독실한 군자가 되어야 한다.

寧學聖人而未至, 不欲以一善成名, 君子之立志也有然. 寧以一善成名,

---

1 유종주劉宗周의 『명유학안』 「즙산학안蕺山學案·회어會語」 "차라리 성인을 배우다가 성인의 경지에 다다르지 못할지언정, 한 가지 잘 한 일로 명성을 얻고자 하지는 않는다는 것은 군자가 확고히 뜻을 세울 때의 주장이다. 차라리 한 가지 잘한 일로 명성을 얻을지언정, 성인을 배우다가 성인의 경지에 다다르지 못하지는 않겠다는 것은 군자가 스스로 반성한다는 의미다寧學聖人而未至, 無以一善成名者, 士君子立志之說也. 寧以一善成名, 無學聖人而未至者, 士君子返躬之義也."
2 『맹자』 「이루 하」 제11장 "맹자가 말했다. '대인大人이란 한 말을 반드시 지키지도 않고 행동이 반드시 과감하지도 않다. 오로지 정의로움이 어디에 있는가를 따질 뿐이다孟子曰: 大人者, 言不必信, 行不必果, 惟義所在.'"
3 『논어』 「자로」 제20장 "말한 것은 반드시 지키고 실천을 과감하게 하는 사람은 고지식한 소인이로다言必信, 行必果, 硜硜然小人哉!"

母學聖人而未至, 君子之下學也有然. 故未能爲言不必信, 行不必果之

大人, 未可輕礪礪信果之小人. 與貌爲言不顧行, 行不顧言之狂士, 寧爲

慥慥篤實之君子.

___ *위원,『청유학안』「고미학안·묵고 중·학편 12」[1]

1 원래『고미당내집古微堂內集』에서는 윗글이 「묵고 상默觚上」「학편學篇」13에 들어 있다.

愼獨
홀로 삼가기

인생이란 그저 신명神明을 저버리지 않을 수만 있다면, 삶과 죽음을 통달해 죽든 살든 아쉽지 않을 것이다. 이와 같기를 바란다면, 오로지 홀로 있으며 삼갈 뿐이다. 동중서는 이렇게 말했다. "사람의 행동은 그 선악이 극에 달하면 하늘, 땅과 소통하면서 주거나 받거니 감응합니다."[1] 아아! 하늘과 사람이 소통하는 접점이라니, 정말로 두렵구나!

人生但能不負神明, 則窮通死生, 皆不足惜矣. 欲求如是, 其惟愼獨乎! 董子云: 人之所爲, 其美惡之極, 乃與天地流通, 往來相應. 噫! 天人相與之際, 可畏哉!

___ *오여필吳與弼, 『명유학안明儒學案』 「숭인학안崇仁學案·오강재선생어吳康齋先生語」

---

1 동중서의 인용문은 『한서漢書』 「동중서전董仲舒傳」에 실린 '천인삼책天人三策'에 나오는 문장이다. 이 뒤의 문장도 사실 이 글에서 인용한 것이다.

愼思近思
신중히 생각하고
주변 일부터 생각하기

학문이란 앎을 완성하는 길이다. 마음 밖에는 앎이 없기에 '타고난 어진 앎良知'이라고 한다. 앎 밖에는 배움이 없기에 '앎을 완성한다'고 한다. 또 "생각하면 얻어지는 것"[1]이란 바로 '앎을 완성한다'란 말의 다른 표현이다. 사실 이것이 바로 본체本體이자 공부工夫인 것이다. 또 "신중하게 생각한다"[2]는 것은 자신의 마음을 잃어버릴까 걱정하는 것이다. 또 "자신의 주변 일부터 생각한다"[3]는 것은 자신의 마음을 잃고 아예 밖으로 나가버릴까 걱정하는 것이다. 옛사람이 주장을 세울 때는, 한 글자 한 글자에 자신의 속내를 담아두었는데, 그 요지는 머물 곳을 아는 것에 귀결될 따름이었다.

學問者, 致知之路也. 心外無知, 故曰良知. 知外無學, 故曰致知. 又曰思則得之, 卽致知之別名. 元來卽本體, 卽工夫也. 又曰愼思, 懼其放也. 又曰近思, 懼其放而外也. 古人立言, 字字鞭入底裏, 其要歸於知止耳.

___ *유종주, 『명유학안』「즙산학안蕺山學案·내객문답來客問答·답심중주答沈中柱」

---

1 『맹자』「고자 상」 제15장 "心之官則思, 思則得之, 不思則不得也."
2 『중용』 제20장 "博學之, 審問之, 愼思之, 明辨之, 篤行之."
3 『논어』「자장」 제6장 "子夏曰: 博學而篤志, 切問而近思, 仁在其中矣."

결론

앞에 소개한 181개 항목을 총괄적으로 살펴보면서 얻은 느낌을 차분하게 분석해보니, 다음과 같은 열네 가지의 결론을 도출할 수 있다.

1.

중국 옛 철인哲人들은 늘 학문이란 '마음속 뜻心志'을 우선적으로 다잡아야 한다고 여겼다. '마음'에 관해 보자면, 제106항의 "잃어버린 마음을 찾기求放心"란 풀어놓아 잃어버린 자신의 마음을 되찾아온다는 의미고, 제35항의 "꿈쩍없는 마음不動心"이란 난관을 두려워하지 않는다는 말과 같은 의미며, 제83항의 "마음이 밖으로 치달리게 하지 않기心不外馳"란 제119항의 "전심전력하기專心"와 같은 의미고, 제78항의 "실질적인 학문을 전심전력 연구하기究心實學"란 실질적인 학문에 온 마음을 기울이는 것과 같은 의미다. 제111항의 "애태우며 힘써 찾기苦心力索"란 온 마음과 힘을 다해 구한다는 말과 같은 의미다. 제60항 "마음 비우기虛心"는 바로 자만하지 않고 언제든 좋은 말을 받아들인다는 의미다. '뜻志'에 관해 보자면, 제6항의 "뜻을 확고히 세우기立志"와 제101항의 "뜻을 군세게 하기志堅"란 모두 뜻한 바가 확고해 절대 흔들리지 않는다는 의미다. 제94항의 "뜻을 한결같이 하고 정신을 집중하기壹志凝神"란 "뜻한 바에 전심전력하고, 온 정신을 기울인다專心致志, 貫注精神"는 의미다. 제100항의 "뜻에 전심전력하고 수양을 도탑게 하기志專養厚"란 "사람이 처음 학문을 시작할 때는 가지런하고 엄숙한 마음가짐을 크게 가져야만 비로소 뜻을 확립하는 데 전심전력하고, 학문이 이루어졌으면 서글서글하고 평온한 마음가짐을 크게 가져야만 비로소 수양하는 데 도타워지게 됨"[1]을 말하고 있는 것이다. 이상의 여러 주장은 모두가 '마음속 뜻'에 편중되어 있다. 여러 책을 쭉 둘러보니, 청대 안원顏元의 『습재어요習齋語要』에 나온 "공자 문하의 여섯 가지 재주六藝(예법禮, 음악樂, 활쏘기射, 수레몰기御, 글쓰기書, 셈하기數)는, 벼슬자리에 나아갔을 땐 봉록俸祿을 얻을 수 있고, 벼슬자리에서 물러났을 땐 자기 힘으로 살아갈 수 있는 방법[2] 이었다"[3]라는 지적처럼 유독 학문과 생계를 중시하여, 생계 때문에 부득이하게 현실에 나설 때를 제외하고는 학문하는 자가 직접 현실에 나서는 경우는 드물었다. 이는 현대 교육이 실기와 이론을 병행하는 원칙과 크게 다른 것이다.

2.

앞 절에서 학문이란 '마음속 뜻'을 우선적으로 다잡아야 한다고 여겼다. 그러려면 먼저 '마음속 생각'을 움직여야만 한다. 중국에선 일찍이

---

1 人之初學, 要整齊嚴肅之意多, 方見得立志之專. 學之既成, 要溫厚和平之意多, 方見得所養之厚.
2 孔門六藝, 進可以獲祿, 退可以食力.
3 이 구절은 『안습재선생언행록顏習齋先生言行錄』 권하卷下 「교급문교及門」 제14에 실려 있다.

"마음이란 기관은 생각을 하는 곳"[1]라는 주장이 있었는데, 현대 생리학자들은 뇌가 인체의 사고를 관장하는 장기라고 여겼다. 양자의 명칭은 비록 다르지만 결국 뜻은 매한가지다. 앞서 소개한 자료 중 제137항의 "사색하기"와 제138항의 "생각하기"는 실질은 같지만 명칭이 다른 것이다. 또 제52항 "끝까지 생각하기致思"와 제181항의 "신중히 생각하고, 자신의 주변 일부터 생각하기愼思近思"는 모두 사고가 작용한 것이다. 제146항의 "체득하기體認", 제147항의 "깨닫기覺悟", 제173항의 "잘 이해하기領會"는 모두 사고한 결과다. 제48항의 "꼼꼼히 음미하기子細玩味"는 사고의 별칭이다. 제122항의 "미루어 헤아리기推演"는 사고의 확장이다. 또 제154항의 "배우기와 생각하기學習與思考"는 배움에 온 마음을 다하지 않을 수 없기에, 결국 생각과도 떼려야 뗄 수 없음을 말하고 있다. 사색은 비록 완전히 이성에 근거하고 있긴 하지만, 결국 개인의 주관을 벗어날 수 없다. 이는 현대의 학문이 언제나 객관적인 사물로 이론을 검증하는 것과 다른 부분이다.

3.
　학문의 시작은 의심할 줄 아는 것에 있다. 정이는 제172항의 "의문

---

1 『맹자』「고자 상」 제15장 "心之官則思, 思則得之, 不思則不得也."

을 품을 줄 알기會疑"에서 "학자는 가장 먼저 의문을 품을 줄 알아야만 한다"[1]고 말했다. 진헌장陳獻章은 같은 항목에서 "앞선 이가 말하길 '학문은 의심할 줄 아는 것을 귀하게 여긴다. 작게 의심하면 작게 발전하고 크게 의심하면 크게 발전한다'라고 했다"[2]라고 말했다. 방효유方孝孺는 제9항의 "의심되는 바를 따지기辨疑"에서 의심의 양 측면을 함께 지적했다. "학문에 능하지 못한 사람은 의심을 품지 못하기에, 옛것은 모두 옳다고 여기고는 이에 끼워다 맞춘 억지 주장을 한다. 약삭빠른 사람은 각종 의심이 너무 많아 옛것을 비난하고 잘못된 바를 끌어온다. 학문함에 있어서 의심하지 않으면 밝혀지를 못하거늘, 의심하는 것이 어찌 억지로 흠을 잡는 것이겠는가? 의심을 하고서 이를 따질 수 있는 것, 이것이 바로 학문에 능한 것이다."[3] 의심을 품지 않을 수는 없지만 동시에 너무 과도하게 의심해서도 안 되며, 적당한 선에서 멈춰야 한다는 뜻일 것이다. 방효유가 같은 항목 다른 인용문에서 "처음엔 의심을 품었다가, 결국엔 아무 의심스러운 바가 없어야"[4] 한다고 말했다. 이는 의심되는 바를 따져서 그것을 스스로 풀어내는 것의 중요성을 말하

---

1 學者先要會疑.

2 前輩謂: 學貴知疑, 小疑則小進, 大疑則大進, 疑者, 覺悟之機也.

3 不善學之人, 不能有疑, 謂古皆是, 曲爲之辭. 過乎智者疑端百出, 詆呵前古, 摭其遺失. 學匪疑不明, 而疑惡乎鑿. 疑而能辨, 斯爲善學.

4 始於有疑, 而終於無所疑.

고 있다. 제76항의 "의문 품기疑問"에서 왕부王符는 "의문이 있으면 곧바로 남에게 물으려 했기에, 성인聖人들은 지식을 성취했던 것이다"[1]라고 말했다. 또 진헌장은 『백사어록白沙語錄』에서 "의문을 품은 후에야 묻고, 물어야 알 수 있고, 앎이 진실해지면 믿을 수 있다. 그래서 의문이란 도로 나아가는 실마리가 되는 것이다"[2]라고 했다.

4.

학문함에 있어서는 경험도 함께 중시해야 한다. 주로 타인이나 옛사람의 경험을 활용하는데 그 방법은 다음 두 가지다. 첫째, 예나 지금 사람의 저작을 읽고 그 사람의 경험을 아는 것이다. 앞에 소개한 자료 중제12항의 "책 읽기讀書"와 제13항의 "책 읽는 방법讀書法"이 있는데, 이중전자는 인용문이 둘이고 후자는 인용문이 아홉인데, 논술하고 있는 바가 매우 상세하다. 주희朱熹는 "학문의 핵심은 본래 책 읽기에 있지 않지만, 책을 읽지 않으면 의리를 밝힐 길이 없다"[3]라고 말했다. 이는 책읽기의 필요성을 말하고 있는 것이다. 진굉모陳宏謀는 "요즘 공명功名과 미사여구를 따지는 풍조가 만연해 돌이킬 수가 없을 지경이다. 책을 읽

---

1 疑則思問, 智明所成.
2 疑而後問, 問而後知, 知之眞則信矣. 故疑者進道之萌芽也.
3 學固不在乎讀書, 然不讀書, 則義理無由明.

는 사람은 곳곳에 있지만 그저 '책은 책이고, 나나 나다'라고만 여기고 있다. 매번 책 읽는 사람을 보지만 도통 책을 읽지 않는 사람과 구분이 가지 않으며, 책을 읽은 뒤에도 책을 읽기 전과 아무런 차이가 없다"[1]라고 말했다. 이는 책 읽기가 지식을 추구하는 측면에서는 비록 보탬이 있긴 하지만, 덕을 늘려가는 면에서는 꼭 효과가 있는 것을 아니라는 것이다. 책 읽는 방법에 대해서는 여러 학자가 주장하는 바의 상략詳略이 일정치 않은데, 예를 들어 제114항의 "산에 오르는 것과 같다如登山"에서 정이는 "오늘날 학문하는 자들은 마치 산기슭을 오를 때처럼, 모두 비스듬한 기슭을 성큼성큼 오르다가도, 가파른 곳에 다다르기만 하면 바로 주춤거리고 만다"[2]라고 말했다. 이는 끝까지 노력하지 않을 수 없음을 말하고 있는 것이다. 또 제115항의 "탑을 오르는 것과 같다如登塔"에서 주희는 한 층 한 층 착실하게 밟아 올라가야지 허황된 망상에 빠져져서는 안 된다고 주장했다. 대체적으로 뒤에 나온 주장일수록 더 상세한 편이다. 요즘 사람인 량치차오, 차이위안페이, 후스는 모두 비교적 상세한 책 읽는 방법을 제시했다. 나는 이들보다 늦게 태어났으므로 이런 여러 학자의 주장을 귀납한 뒤 내 얕은 견해까지 보태어 「독서

---

1 近來功利詞章之習, 流而不反, 讀書者所在不乏, 顧書自書而我自我. 每見讀書之人, 與未讀書者無以異.

2 今之爲學者, 如登山麓, 方其迤邐, 莫不闊步, 及到峻處, 便逡巡.

십사법讀書十四法」을 지었다. 가장 뒤에 나왔기에 거의 포함하지 않는 주장이 없다. 이 글을 읽고 도를 깨달은 사람을 만나 틀린 부분을 바로잡을 수 있기를 기대한다. 둘째, 직접 동시대 사람에게 도움을 요청하는 것이다. 제117항의 "묻기를 좋아하기好問"에서 안지추顔之推는 『예기』「학기學記」에는 '혼자만 공부하며 함께하는 벗이 없으면 고루과문孤陋寡聞해진다'라고 했다. 학문이란 절차탁마하며 서로 일깨워줘야 하는 것이 분명하다'[1]라고 말했다. 또 제155항의 "학문하기學問"에서는 『논어』의 "공자께서는 태묘太廟에 드시면 매사를 물으셨다"[2]라는 구절을 인용했다. 또 제162항의 "논란하기問難"에서는 왕충王充이 "한나라 때 박사관博士官에서는 스승과 제자가 서로 지적과 반박을 주고받으며, 도의 정심한 핵심까지 도달해 옳고 그름의 이치를 드러내려 했다"[3]고 했다. 또 제163항의 "묻기와 응대하기問對"에서 문중자文中子 왕통王通이 "어진 마음을 넓히고 지혜를 더하는 방법으로는 묻는 것보다 더 좋은 것이 없다. 어떤 일을 기회삼아 자신의 도를 펼치는 방법으로는 응대하는 것보다 더 좋은 것이 없다"[4]라고 했다. 모두 묻기와 응대를 빌어 다른 사람

---

1 獨學而無友, 則孤陋而寡聞, 蓋須切磋相起明也.

2 子入太廟, 每事問.

3 漢立博士之官, 師弟子相詰難, 欲極道之深, 形是非之理也.

4 廣仁益智, 莫善於問. 乘事演道, 莫善於對.

의 경험과 의견을 얻을 수 있다는 것을 밝히고 있다.

5.

학문이란 지식을 추구하는 것 외에도 실천을 중시한다. 앞에서 소개한 자료 중 제55항의 "앎을 완성하고 힘써 실천하기致知力行"의 내용이 바로 이에 대한 개요다. 주희는 "고증에만 전심전력한다면 근본을 놓치고 제 마음조차 잃을 위험이 있다. 너무 고답적인 것만 추구하다보면 차근차근 밟아야할 단계를 뛰어넘다가 공허해질 우려가 있다. 이 두 가지 모두 학문하는 데 정심精深하지 못해서 생기는 폐단이다. 성인聖人의 가르침을 살펴보니, 본래 앎을 완성하고 힘써 실천함을 넘어서지 않았다"[1]라고 말했다. 바꿔 말하자면, 공허하게 고증만 하는 폐단을 고칠 수 있느냐는 앎을 완성할 수 있느냐 여부에 달려 있고, 너무 고답적인 것만 추구하고 차근차근 밟아야 할 단계를 뛰어넘는 폐단을 고칠 수 있느냐는 힘써 실천할 수 있느냐 여부에 달려 있다는 말이다. 왕수인은 지행합일설을 주장했는데 그 요점은 "아는 즉시 실천한다. 알았는데도 실천하지 않는다면 그것은 사실 모르는 것"[2]이라는 데 있다. 그 안에

---

1 專于考索, 則有遺本溺心之患, 而驚于高遠, 則有躐等憑虛之憂. 二者皆其弊也. 考聖人之教, 固不越乎致知力行……

2 卽知卽行, 知而不行, 是爲不知.

는 "아는 것은 어렵지 않고, 오로지 실천하는 것이 어려우며"[1] 남에게 착한 일을 하라고 권하면서 스스로 실천하는 데 힘쓴다면, 비록 어렵지만 거리낄 것이 없다는 뜻이 담겨져 있다.

6.

"아는 것은 어렵지 않고, 실천하는 것이 어렵다"는 주장은 중국에서 오래전부터 전해 내려오는 바다. 쑨원 선생만이 홀로 "알기가 어렵지 실천하기는 쉽다知難行易"는 주장을 펼쳤는데, 그 요지는 "중국이 하는 일이 줄곧 지지부진했던 것이 실천할 수 없기 때문이 아니라 사실은 알지를 못하기 때문이다. 이를 이미 알고 있으면서 실천하지 않는 사람은 아는 것은 쉽고 실천하기는 어렵다고 착각하고 만다"[2]라는 표현에 담겨 있다. 쑨원 선생은 사색하며 깨달은 열 가지 실례를 들어 "실천은 어렵지 않고, 오로지 아는 것이 어렵다"[3]는 점을 증명함으로써 세상 사람들의 미혹된 바를 일깨웠다. 이 책에서는 열 가지 실례 중에 먹고 마시는 일, 돈을 쓰는 일, 글을 짓는 일 세 가지를 소개했다. 이 모두가

---

1 知之非艱, 行之惟艱.
2 中國事向來之不振者, 非坐於不能行也, 實坐於不能知也. 及其既知之而又不行者, 則誤於以知爲易, 以行爲難也.
3 行之非艱, 知之惟艱.

사람들이 실천할 수 있고 또 쉽게 실천하는 일이지만, 실천하는 그 일의 이유와 진상은 알기 쉽지 않음을 잘 증명하고 있다. 쑨원은 이를 근거로 먼저 훨씬 어려운 '앎'을 해결한다면, 사람들이 꺼려하지 않는 '실천'이 큰 역할을 할 것이라고 주장했다.

7.

공부한다는 것은 가장 먼저 자기 자신의 노력에 의지해야 한다. 그래서 스스로 수양하고, 스스로 깨닫고, 자득하고, 스스로 반성하고, 스스로 새로워지고, 스스로 살피면서 찾고, 스스로 체득한다는 여러 주장들은, 비단 아주 오랫동안 전해 내려온 가르침일 뿐만 아니라, 실제로 체현되는 경우도 흔히 보인다. 이른바 제66항의 "스스로 수양하기"는 장구령張九齡이 인용했던 "추위를 막는 데 두꺼운 가죽 옷만 한 것이 없고, 남의 비방을 그치게 하는 데 스스로 수양하는 것만 한 것이 없다"[1]란 속담에 근거하고 있는데, 사실 학문을 닦는 것修學과 몸과 마음을 닦는 것修身이란 두 가지의 뜻이 담겨 있지만, 이 둘은 상관이 없는 것이 아니다. 몸과 마음을 닦는 사람이라면 마땅히 해야 할 일을 찾아 해야 하기 때문이다. 마땅히 해야 할 일을 안다는 것은 바로 학문

---

[1] 禦寒莫若重裘, 止謗莫如自修.

을 닦으면서 터득하는 바이고, 그 일을 실제로 하는 것은 몸과 마음을 닦는 일의 실천이다. 이는 지식이 바로 도덕이라고 말하는 것과 같은 의미다. 제67항의 "스스로 깨닫기"란, 마음을 비우고 학문하면서 스스로 자신의 단점을 알고는 시도 때도 없이 앞으로 나아가기 위해 노력한다는 의미다. 그래서 "자신의 재주가 퇴보했음을 스스로 깨닫는 것이 바로 전진이고, 자신의 재주에 문제가 있음을 스스로 깨닫는 것이 바로 좋은 약이 된다"[1]는 지적이 있는 것이다. 제68항의 "스스로 반성하기"란, 학문에 뜻을 둔 사람은 반드시 "현명한 사람을 보면 그와 같아질 것을 생각해야 한다"는 의미다. 바꿔 말하자면, 현명한 사람을 보면 물러날 생각을 하지 말고 부지런히 노력해서 그 사람과 같아져야 한다는 말이다. 이와 동시에 현명하지 못한 사람을 보더라도, 이를 자기 자신을 성찰할 기회로 삼아 자신도 현명하지 못한 점이 있는지 찾아보면서 다른 나쁜 점들을 무시해야 한다.

8.

공부의 효율이 서로 다른 것은 공부법의 차이 때문이다. 역사적으로 가장 오래된 우수한 학습법은 응당 제153항의 "배우고 익히기學習"

---

1 才覺退, 便是進也. 才覺病, 便是藥也.

를 꼽아야 할 것이다. 『중용』 제20장의 "널리 배우고, 자세히 따지고, 신중하게 생각하고, 분명하게 판단하고, 충실하게 행하라"[1]라는 표현에 근거해 보면 "널리 배우고 분명하게 판단하고"까지의 네 구절은 과학적 요소를 함축하고 있다. 이른바 '널리 배운다博學'는 것은 관찰과 실험의 뜻이 있다. 연구 주제에 대해 두루 믿을 만한 자료를 수집하여 사용하면서, 그중 자연스레 도출되기 쉽지 않은 자료에 대해서는 인위적인 처리를 가해서 결과 도출을 촉진하여 연구에 사용하는 것이다. '자세히 따진다審問'는 것은 분석, 종합, 분류, 비교 등의 방법으로 처리한다는 의미가 있다. '신중하게 생각한다愼思'는 것은 사유를 통해 처리한다는 의미다. 즉 가설을 추리하고 상상하는 등의 방법을 말한다. '분명하게 판단한다明辨'는 것은 결론을 내리는 일이다. 제89항의 "청대 학자들의 학문하는 방법淸代學者治學方法"은 객관적인 고증을 중시하고, 더 나아가 상술했던 학습법들을 더욱 구체화시켜준다. 나 역시 부족하나마 제112항의 "옛 학문을 새롭게 살펴보기舊學新探"에서 방법의 중요성을 특별히 강조했다.

---

1 博學之, 審問之, 愼思之, 明辨之, 篤行之.

9.

학문함에 있어서 성취가 있고자 한다면, 전적으로 제120항에서 말한 "전심전력 정신을 집중하기專精"에 의지해야만 한다. 유가의 책에서, "동중서가 『춘추』를 읽을 때, 전심전력 『춘추』에 정신을 집중하면서 다른 것에 뜻을 두지 않다보니 3년 동안 채마밭에조차 눈길 한 번 주지 않았다"고 한 일화가 비록 사리에 완전히 맞는 것이 아니고, 그 표현도 과장되었지만 정신을 집중했었다는 점만은 의심할 여지가 없다. "전심전력 정신을 집중하기"와 상대되는 것이 "두루 배워 많이 알기博學"다. 제121항의 "전심전력 한 가지에 정신을 집중하기와 두루 배워 많이 알기專精與博學"에서, 후스는 학 분야의 학문에 천착하는 전문가들은 대부분 다른 분야에도 두루 능통하다는 사실을 보여줬다. 즉 전심전력 집중하는 것이 두루 많이 아는 것에 손상을 가하지 않는다는 말이다. 교육의 목적은 사람으로 하여금 하나의 사물이 모든 사물이고 모든 사물이 하나의 사물임을 깨닫게 하는 데 있기 때문이다. 전심전력 정신을 집중한 결과, 제90항에서 말하는 "깊이 파고들어가기深入"가 가능해진다. 이른바 "깊이 파고들어가기"란 주희가 말한 "책을 읽다가 견해를 갖췄다 해도, 그것이 반드시 옳은 것은 아니기에 그것에 집착해서는 안 된다. 그 견해를 옆에 미뤄두고 더 책을 읽다보면 새로운 견해가 나오기 마련이다. 만약 한 가지 견해에만 집착하면 자신의 마음이 자신의 그 견해에 뒤덮이고 만다. 오로지 많은 책을 읽어야만, 서로 계발시켜주면서 매사에 지극한 부분까지 궁구할 수 있다"란 의미다. 제136항의 "날마다 새로워지기日新"도 바로 이러한 의미다. 정이程頤는 "군자의 학문은 반드시 날마다 새로워야만 한다. 날마다 새로워진다는 것은 날마다 발전한다는 뜻이다. 날마다 새로워지지 않는 자는 반드시 날마다 퇴보할 수밖에 없다. 발전하지 않으면서 퇴보하지 않는 자는 없었다"1라고 말했다. 왕수인은 제37항의 "앞으로 나가지 않으면 퇴보다不進卽退"에서 "사사로운 욕망은 나날이 생겨나는 것이 마치 땅에 쌓이는 먼지와 같다. 하루만 쓸어내지 않아도 바로 한 겹이 쌓인다"2라고 여겼다. 전심전력 정신을 집중하는 자는 장소도 가리지 않고 때도 가리지 않고 일도 가리지 않는다. 제142항의 "어디서라도 배우기隨地爲學"에서 여조겸은 이를 "학자는 비단 강의와 토론을 통해 학문을 시작할 뿐만 아니라, 길거리에서 돌고 도는 말도 들어보면 구구절절 모두 귀담아 둘 부분이 있고, 미천한 하인이나 몸종을 살펴봐도 모두 배울 면이 있다"3라고 표현했다. 또 제145항의 "언제든 배우기隨時爲學"에서 육세의는, 바야흐로 천하가 어지러워지다보니 사람들 중 어떤 이들은 학문할 여가가 없을까

---

1 君子之學必日新. 日新者, 日進也. 不日新者必日退. 未有不進而不退者.
2 私欲日生, 如地上塵. 一日不掃, 便又有一層.
3 學者非特講論之際, 始是爲學.

저어했지만, 사실 천하는 저절로 어지러워졌고, 자신의 마음은 스스로 다잡는 것이며, 현자라면 바로 이러한 난리가 난 곳에서도 응당 최선을 다해 학문을 해야만 한다고 말했다. 또 제144항의 "무슨 일에 대해서든 배우기隨事爲學"에서 오징吳澄은, 성현이 사람을 가르칠 적에 각기 자신이 하는 일에 맞춰 힘을 기울였고, 그렇게 힘을 기울인 결과, 그 어떤 일에도 완벽하지 못한 경우가 없었다고 말했다. 마지막으로 왕수인은 제42항의 "결과를 따지지 않기不問結果"에서 이렇게 말했다. "뜻을 확고히 세워 열심히 공부하는 것은 마치 나무를 심는 것과 같다. 처음 뿌리에서 싹이 날 땐 아직 줄기가 없다. 줄기를 갖췄어도 아직 가지가 없다. 가지가 난 뒤에 잎사귀가 자라고 잎사귀가 자란 뒤에야 꽃이 피고 열매가 열린다. 당초 뿌리를 심을 때는 그저 잘 심고 물을 주는 것만 신경 써야지, 가지를 떠올리거나 잎사귀를 떠올리거나 꽃을 떠올리거나 열매를 떠올려서는 안 된다. 그런 것들을 떠올려봤자 무슨 보탬이 있겠는가! 그저 잘 심으려는 노력을 잊지 말아야지, 어찌하여 가지나 잎사귀, 꽃, 열매가 없을까봐 걱정한단 말인가!"[1] 이 말씀이 참되구나!

---

[1] 立志用功, 如種樹然. 方其根芽, 猶未有幹. 及其有幹, 尙未有枝. 枝而後葉, 葉而後花實. 初種根時, 只管栽培灌漑, 勿作枝想, 勿作葉想, 勿作花想, 勿作實想. 懸想何益? 但不忘栽培之功, 怕沒有枝叶花實?

10.

학문함에 성취가 있으려면 태도도 함께 중시해야 한다. 태도는 어떠해야 하는가? 적극적으로는 "삼가고 경외하기謹畏"를 중시하고, 소극적으로는 "자신의 부족함을 알아야知不足"한다. 제10항의 "삼가고 경외하기謹畏"부터 제149항의 "삼가기用敬"와 제150항의 "삼가면서 이치를 궁구窮究하기居敬窮理"까지는 모두 하나의 같은 동기에서 나온 것이다. 제175항의 "자신의 부족함을 알기知不足"에서 제127항의 "스스로 옳다고 여기는 것을 경계하기戒自是"까지도 일관된 발전과정이다. 이른바 "삼가고 경외하기謹畏"란 설선薛瑄의 말에 근거해보면 "학문함에 있어서 언제든 어디서든 노력을 기울여야 한다. 비록 몹시 형편없는 곳에서라도 늘 삼가고 경외하는 마음을 보존하며 소홀히 해서는 안 된다."[1] 삼감이란 공손하고 정중하단 뜻이고, 경외畏란 두려워하며 조심한다는 뜻이다. 사람이 이같이 마음을 보존한다면 절대 소홀함에 빠지지 않는다. 장백행은 "'삼가다'라는 것은 처음부터 끝까지 빈틈없이 지켜야 할 공부다. 앎을 완성할 때도 삼가야 하며, 힘써 행할 때도 삼가야 한다. 덕을 완성한 경지에 다다른 이후에도 여전히 '삼가다'란 말을 빠트릴 수 없다"[2]라

---

1 爲學時時處處是做工夫處, 雖至陋至鄙處, 皆當存謹畏之心而不可忽.

2 敬字是徹上徹下工夫. 當致知之時, 要用敬. 當力行之時, 要用敬. 卽至成德之後, 仍少敬字不得.

고 했다. "삼가면서 이치를 궁구하기居敬窮理"란 얼핏 봤을 땐 두 가지 별개의 일 같지만, 사실 삼감은 매우 정중하다는 것이니 사람이 이런 태도로 일을 처리한다면 그 이치를 보존하고 살필 수 있다. 그래서 삼가는 것과 이치를 궁구하는 것은 사실 한 가지인 것이다. 이 역시 설선의 주장이다. 소극적인 측면에서 이른바 "자신의 부족함을 알기知不足"은 장백행의 말이 잘 전하고 있다. "의리는 무궁무진하기에 배우고 난 뒤에야 자신의 부족함을 안다. 성인인 주 문왕周文王을 봐도 도를 바라는 태도가 마치 도를 아직 깨닫지 못한 듯 간절하셨다. 공자께서도 "아직 제대로 하질 못 한다"거나 "어찌 그런 능력을 지니고 있겠는가?"라고 말씀하셨는데, 이는 겸손함을 내보이신 것이 아니다. 그저 도의 무궁무진함을 보고 멈춰서는 안 된다는 의지를 드러내 보이신 것이다."[1] "스스로 옳다고 여기는 것을 경계하기戒自是"란 유종주의 말에 따르면 "스스로 옳지 않은 점이 없다고 여기면 점점 멋대로 굴며 퇴보하다가, 결국엔 범부로 전락하고 만다. 스스로 옳지 않은 점이 있다고 인정하면 점점 통달하며 발전하다가 성인이 된다."[2] 마음을 비우고 추구해야만 비로소 발전이 있다는 사실을 알 수 있다.

---

[1] 義理無窮. 學然後知不足. 試觀文王, 望道未見. 孔子曰: 未能. 曰: 何有? 非示謙也, 直見道量無盡, 歇脚不得之意.

[2] 纔認己無不是處, 愈流愈下, 終成凡夫. 纔認己有不是處, 愈達愈上, 便是聖人.

11.

　과거의 학문은 줄곧 옛것 본받기를 위주로 했다. 이 같이 고대의 경험이 오래도록 멀리까지 전해질 수 있었던 것은 필시 그것이 잘 갖춰진 경험이었기 때문이다. 쑨원 선생은 제73항의 "옛것을 부릴 뿐 옛것에 부림을 당하지 않기役古而不爲古役"와 제174항의 "알기가 어렵지 실천하기는 쉽다知難行易"라는 독창적인 주장을 제기했는데, 둘 다 지극히 귀중한 주장이다. 「쑨원학설孫文學說」 제3장에 근거해보면 "만약 옛사람을 활용하되 옛사람에게 미혹당하지 않고 옛사람을 부리되 옛사람에 의해 부림을 당하지 않는다면, 다양한 책의 내용은 마치 나를 위해 조사해준 결과처럼 여겨지고 옛사람은 마치 나의 개인 서기書記라도 된 것처럼 느껴질 것이니, 책이 많을수록 더더욱 도움이 될 것이다."[1] 이는 학문에 능수능란한 사람이란 옛사람이 전해준 지식 경험에 대해 응당 능동적으로 질문을 던지며 활용해야지, 그에 구애되거나 미혹돼서는 안 된다는 의미다. 바꿔 말하자면, 옛사람을 필요에 따라 활용할 수 있어야지, 옛사람에게 충성하고 그가 시키는 대로만 말을 외워서는 안 된다는 말이다.

1　如能用古人而不爲古人所惑, 能役古人而不爲古人所奴, 則載籍皆似爲我調查, 而使古人爲我書記, 多多益善矣.

12.

학문이란 본래 스스로의 힘으로 이루는 것을 귀하게 여기지만, 다른 사람과의 협력도 필요하다. 제113항의 "함께 배우기共學"와 제49항의 "모여 살면서 배우기群居爲學"는 벗도 없이 독학하는 것보다 훨씬 공부에 도움이 된다. "같이 배우기共學"에는 두 가지 주장이 담겨 있다. 첫째, 『논어』「자한」편을 보면 "공자께서 말씀하셨다. '더불어 배울 수 있다고 더불어 도로 나갈 수 있는 것은 아니다. 더불어 도로 나갈 수 있다고 더불어 입장을 확고히 할 수 있는 것은 아니다. 더불어 입장을 확고히 할 수 있다고 더불어 임기응변까지 같을 수 있는 것은 아니다'"[1]라고 했는데, 함께 학문을 하더라도 방법과 노력이 달라 각자의 성취는 다르다는 뜻이다. 둘째, 한나라 유향劉向의 『설원說苑』에서는 "공자께서 말씀하셨다. '그 사람에 대해 모르겠거든 그 사람의 벗을 보면 되고, 그 주인을 모르겠거든 그 주인이 부리는 사람을 보면 된다.' 또 이렇게 말씀하셨다. '착한 사람과 함께 있는 것은 마치 난초와 구릿대가 있는 방에 들어가 오래 지나면 그 향기를 못 맡는 것과 같으니, 이는 동화되었기 때문이다. 나쁜 사람과 함께 있는 것은 소금에 절인 어물을 파는 가게에 들어가 오래 지나면 그 비린내를 못 맡는 것과 같으니, 이 역시 동

---

1 子曰: 可與共學, 未可與適道. 可與適道, 未可與立. 可與立, 未可與權.

화되었기 때문이다'"[1]라고 했는데, 이는 벗이나 부리는 사람에게 받는 영향이 지극히 크다는 것이다. "모여 살면서 배우기群居爲學"란 육세의의 말에 따르면 다음과 같다. "옛날 관중이 선비, 농부, 장인, 상인을 따로 거처하게 하는 일에 대해 이렇게 주장했다. 선비 노릇 하는 자들은 반드시 따로 모아 고을을 만들어 살고자 한다. 이렇게 되면 한가할 때 아비들끼리는 자애를 얘기할 것이고 자식들끼리는 효도를 얘기하기 마련이다. 그래서 아비나 형의 가르침이 엄격하지 않아도 자식이나 아우는 저절로 성취를 얻고, 자식이나 아우의 학문 역시 별다른 노력을 기울이지 않아도 잘할 수 있다."[2] 이는 사방의 이웃이 모두 같은 길을 걷는 사람이라면 서로 좋은 영향을 주고받기 때문에, 무리 짓지 않고 사방에 흩어져 사는 사람에 비해서 분명히 수양에 도움이 된다는 말이다. 이로 보아, 같이 배우고 함께 살면서 서로 절차탁마切磋琢磨하고 영향을 주고받을 수 있음을 알 수 있다.

---

1 孔子曰: 不知其子, 視其所友, 不知其君, 視其所使. 又曰: 與善人居, 如入蘭芷之室, 久而不聞其香, 則與之化矣. 與惡人居, 如入鮑魚之肆, 久而不聞其臭, 亦與之化矣.

2 昔管仲論處四民, 凡爲士者, 必欲其羣萃州處, 暇則父與父言慈, 子與子言孝, 故其父兄之敎不肅而成, 其子弟之學不勞而能.

13.

학문은 응당 "학문으로 두루 넓히고 예로 간추려야博文約禮"하며, 분발하여 앞선 이를 바짝 따라잡아야만 한다. 그러므로 "일찍 일어나夙起"면서 시일을 다퉈야 하며 "앞으로 나아가고上進" "비약적으로 발전하고驟進" "기다리려 하지 않고毋等待" "책임을 미루는 것을 경계戒推諉"하는 것은, 조속하게 성취하기를 바라는 것이다. 앞에서 소개한 자료 중 제103항의 "학문으로 두루 넓히고 예로 간추리기博文約禮"를 보자. 『논어』에서 안회가 탄식하며 말한 "학문으로 나를 넓히고 예로 나를 간추린다"[1]란 구절에 대해 주희는 『주자어류』에서 이렇게 해석했다. "학문하는 데는 반드시 먼저 큰 근본을 세워야 한다. 처음엔 매우 단출하겠지만 중간에 매우 커지고, 마지막에 다다라서는 다시 간추릴 수 있다. 맹자는 '널리 공부하고 상세히 풀이하는 것은 반대로 간추리는 것을 풀이하기 위해서다'라고 말했다. 요즘 학자들은 대부분 간추리는 것만 좋아하고 넓히는 것을 추구하지 않는다. 그러나 넓히는 것을 추구하지 않고서 어떻게 그것을 간추렸음을 증명할 수 있단 말인가! 또 오로지 넓히는 것만 추구하고 간추림을 돌아보지 않는다면, 오늘 하나의 제도

---

1 博我以文, 約我以禮.

를 살펴보고 내일 또 다른 제도를 살펴보는 것에 불과하다."[1] 이로 보아 넓히는 것과 간추리는 것은 상호보완적이다. 오늘날 학문은 전문화되는 추세이지만, 전문적인 재능은 보편적인 재능을 포함하지 않을 수 없고, 보편적인 재능 역시 전문적인 재능을 아우르지 않을 수 없다. 이는 예부터 지금까지 한결같았다. 분발하여 앞선 이를 바짝 따라잡는 요지는 제46항 "서둘러 하기에 힘쓰기務速"에 있다. 주희는 말했다. "『논어』「태백」에서 공자께서는 이렇게 말씀하셨다. '학문이란 따라잡지 못하는 듯 안타까워하면서도, 여전히 익힐 때를 놓칠까 두려워하라.' 그런데 오늘날 학자들은 도리어 이처럼 게으르다. 예컨대 이는 도둑을 잡는 것과 비슷하다. 도둑을 잡으려면 한껏 정신과 기력을 북돋아서는 온갖 방법을 동원해 그 도둑을 잡으러 쫓아가야만 한다. 그리고 이와 같이 하더라도 여전히 그 도둑을 잡지 못할까 걱정해야 한다. 그런데 오늘날엔 오히려 그저 있던 자리에 편히 앉아서 도둑을 눈여겨 쳐다볼 뿐 상관하질 않으니, 이래서야 어떻게 도둑을 잡을 수 있겠는가!"[2] 이 때문에 학문을 한다면 제140항에서 말한 것처럼 "일찍 일어나서早起" "맑고

---

1 爲學須是先立大本, 其初甚約, 中間一節甚廣大, 到末梢又約. 孟子曰: 博學而詳說之, 將以反說約也. (…) 近日學者多喜從約, 而不於博求之. 不知不求於博, 何以考驗其約! (…) 又有專於博上求之, 而不反約. (…) 其病又甚於約而不博者.

2 學如不及, 猶恐失之.(『논어』「태백」제8장) 如今學者却恁地慢了. 譬如捉賊相似, 須是着起氣力精神, 千方百計去趕捉他. 如此猶恐不獲, 今却只在此安坐, 熟視他, 不管他, 如何奈得他何!

밝은 기운淸明之氣"을 이용해야 할 뿐만 아니라, 동시에 시일을 다투기도 해야 한다. 또 제151항의 "비약적으로 발전한다"는 것은 "서둘러 하기에 힘쓴" 결과다. 제58항처럼 "앞으로 나아가고上進" 제161항처럼 "기다리려 하지 않고毋等待" 제129항처럼 "책임을 미루는 것을 경계戒推諉"하는 것은 "앞으로 나가지 않으면 퇴보하고不進則退" "순식간에 지나쳐버리는稍縱卽逝" 폐단을 저어하기 때문이다.

14.

학문이란 앎을 추구하는 것 외에 덕을 늘려가는 것을 중시한다. 이 책은 전문적으로 학문의 방법을 논했다. 도덕 문제에 대해서는 비록 언급이 적지만 제177항의 "허물을 깨닫고, 허물을 고치기知過改過", 제180항의 "홀로 삼가기愼獨"는 모두 도덕적인 행위를 논하고 있다. 예를 들어 "허물을 깨닫고, 허물을 고치기知過改過"에서 위원魏源은 "성인의 허물에 대해 성인은 깨닫지만 현인은 깨닫지 못한다. 현인의 허물에 대해 현인은 깨닫지만 일반 사람은 깨닫지 못한다. 공자가 말했듯 수명을 더 얻어서 『주역』을 배운다면 큰 허물이 없을 수 있다는 말을 뒤집어 보면, 작은 허물은 공자 같은 성인조차 없을 수 없다는 말이 된다. 일반 사람의 허물이란 그 허물이 이미 확연히 드러난 경우이고, 성인의 허물이란 그 허물이 아직 드러나지 않은 경우다. 그래서 오로지 성인만

이 그 허물됨을 미리 깨달아, 그 허물을 고칠 수 있는 것이다"[1]라고 말했다. 이를 보면 성인이 스스로의 몸가짐을 얼마나 삼갔는지를 미루어 짐작할 수 있다. 또 "홀로 삼가기愼獨"에서 오여필吳與弼은 말했다. "인생이란 그저 신명神明을 저버리지 않을 수만 있다면, 삶과 죽음을 통달해 죽든 살든 아쉽지 않을 것이다. 이와 같기를 바란다면, 오로지 홀로 있으며 삼갈 뿐이다. 동중서는 이렇게 말했다. '사람의 행동은 그 선악이 극에 달하면 하늘, 땅과 소통하면서 주거나 받거니 감응합니다.'"

---

1 聖人之過, 聖人知之, 賢人不知也. 賢人之過, 賢人知之, 衆人不知也. 假年學『易』, 可無大過. 小過雖聖人不免焉. 衆人之過, 過於旣形. 聖人之過, 過於未形. 故惟聖人然後能知過, 惟聖然後能改過.

옮긴이 후기

1.

조금 전문적으로 얘기해보면, 이 책은 중국 학술사에 있어서도 매우 흥미로운 관점을 제시해주고 있다. 이 책은 비록 선진 시기부터 근대에 이르는 여러 학자의 주장을 두루 인용하고 있지만, 기본적으로 이른바 신유학Neo Confucianism, 즉 송명이학宋明理學을 근간으로 삼고 있다. 그리고 송명이학 안에서 주자학자와 양명학자의 논의가 아무렇지도 않게 뒤섞여 있다. 조선조 500년 내내 유아독존의 지위를 누렸던 주자학의 권위가 아직까지도 남아 있는 한국에서 보기엔, 이학理學의 정통인 주자학을 이단異端인 양명학과 뒤섞어 얘기한다는 것은 천부당만부당한 일이겠지만, 사실 주자학과 양명학은 결국엔 이학이라는 테두리에 오롯이 갈무리되며, 차집합보다 교집합인 부분이 훨씬 많다. 언뜻 보면 상충하는 주장이 병존하는 것 같은 부분도 있지만, 사실 알고 보면 다른 문맥에서 나온 주장의 지향점이 다른 것뿐으로, 근본적으로 상충되는 바는 없다.

이 밖에도 기술에 있어서, 청대 고증학考證學의 전통을 계승해 지엽적인 부분을 무미건조하게 따지고 드는 부분도 있다. 하지만 중국이 근대에 서구의 과학에 압도되어 엄청난 콤플렉스를 느끼고 있을 때, 건륭제이래 청대 학술의 주류 방법론으로 자리 잡았던 고증학이 중국 자생의 과학적 방법론으로 간주되며 숨통을 터주는 역할을 했음을 상기할 필요가 있다. 고증학이란 방법론이야말로 중국인이 스스로 확보했던 근대화의 씨앗(최소한 마중물)으로 간주되었던 것이다. 주류 학술담론으로 직접 계승되었으면서, 시대적인 의미까지 가지고 있었던 고증학은 당시 지식인들의 필수적인 덕목이었다.

2.

그리고 책을 어떻게 검색해 찾을 것인가를 설명하는 제112항 "옛 학문을 새롭게 살펴보기舊學新探"에 대해, 컴퓨터 세대는 잘 이해가 가지 않을 수도 있다. 믿어지지 않겠지만, 1990년대 초만 해도 도서관에 가면 앞면에 서랍이 다닥다닥 달린 큰 나무 박스가 놓여 있었다. 한글 자모순으로 배열된 서랍 중 하나를 쭉 뽑아내서, 도서 정보를 육필로 기입해놓은 목록 카드를 한 장 한 장 뒤져서 책의 위치를 찾는 모습은 당시만 해도 친숙한 풍경이었다. 서명 박스와 인명 박스가 따로 분리되어 있었고, 책 본문은 검색이 아예 불가능했다. 주제어로 관련 책이나 논문을 추려내는 것은 상상도 못할 일이었다. 그러니 어떻게 필요한 책을 제대로 찾아낼 것인가는, 많은 시행착오와 연구를 거쳐 경험과 요령으로 습득할 수 있는 종류의 것이었고 효율적으로 지식을 넓히기 위한 중요한 관건이었다. 이러한 시대적 맥락을 감안하고 이 부분을 읽는 다면, 비록 목록 카드를 통한 검색 방법은 진작 역사의 뒤안길로 사라

졌지만, 지식 보급에 대한 당시 지식인의 열정만큼은 여전히 느낄 수 있을 것이다.

3.

아무래도 다채롭게 인용된 학자들이 누가 누군지를 몰라 궁금해 하는 독자가 있을 수도 있겠다 싶어서, 이 책에 인용된 학자에 대한 간략한 소개를 뒤에 부록으로 덧붙여둔다. 이 책의 내용과 연계해 최소한의 정보만 수록해놓았으니 관심이 있는 독자는 참고하기 바란다.

책에 인용된 학자들에 대한 간략한 소개

① 편의상 선진先秦 시기의 인물은 제외했다. 공자孔子나 묵자墨子 등은 한국에서도 쉽게 검색해 그 정보를 확인할 수 있을 것이다.

② 생몰연대가 빠져 있는 경우는 생몰연대가 미상未詳이라는 뜻이다. 연도 대신 물음표(?)가 있는 경우도 해당연도가 미상이라는 뜻이다. 연도 앞에 물음표가 덧붙여진 경우는 연도에 논쟁의 여지가 있어 미정未定이란 뜻이다.

• **갈홍**葛洪(284~364)은 동진東晉 시기 학자로, 주로 도교道敎, 연단술錬丹術, 의학醫學에 조예가 깊은 것으로 유명하지만, 사실 유교나 다른 학문에도 두루 정통한 학자였다. 저서로는 『포박자抱朴子』가 유명한데, 내편內篇은 연단술 같이 도교적 내용이지만, 외편外篇은 유교적 입장에서 세상의 득실을 논하고 있다.

• **건륭제**乾隆帝(1711~1799)는 누르하치 이래 청나라 제6대 황제다. 본명은 '아이신지로 홍리'이고 묘호廟號는 고종高宗이다. 옹정제雍正帝의 넷째 아들로 1735년에 황위에 올랐다. 건륭제는 천하의 책을 두루 모아 『사고전서四庫全書』라는 대규모 총서叢書를 제작했다. 총서 자체도 유명하지만, 이 총서에 수록된 책들에 대해, 각 책의 앞부분에 '제요提要'란 이름으로 그 책의 요점을 정리해두었는데, 이후 이를 따로 모아 『사고전서총목제요四庫全書總目提要』라는 별도의 책을 만들어 출간하기도 했다. 이 책은 너무나 많은 중국 고서古書를 효율적으로 살펴보는

데 좋은 가이드북으로 손꼽힌다.

• **고수**顧修는 청대 말엽의 학자로, 『휘각서목초편彙刻書目初編』이란 총서목
록을 만들었는데, 송나라 이래로 만들어진 261종 총서의 목록을 수
록하고 있다.

• **고염무**顧炎武(1613~1682)는 명나라 말엽에 태어났는데, 만주족滿洲族의
청나라가 중원을 차지한 이후 명나라의 회복을 위해 이른바 '반청복
명反淸復明'운동을 적극적으로 전개했다. 이윽고 국운國運을 되돌릴 수
없음을 깨달은 뒤에는 두문불출하며 저술에 진력했다. 박학다식했던
그는 유가경전儒家經傳부터 제자백가에 천문역법天文曆法까지 거의 모든
영역에 걸쳐 다양한 저술을 남겼는데, 특히 꾸준히 축적해온 심득心得
을 틈틈이 모아 완성한 찰기札記의 일종인 『일지록日知錄』이 가장 유명
하다. 황종희黃宗羲·왕부지王夫之와 함께 명말明末 삼대유로三大遺老로 추
앙받고 있다.

• **고유**高誘는 주로 삼국시대 위나라에서 활동한 학자로, 여러 경서經書
나 제자서諸子書에 주석을 달았는데 특히 『회남자淮南子』의 주석이 유
명하다.

• **공손홍**公孫弘(기원전 200~기원전 121)은 전한 초엽의 저명한 금문경학
가今文經學家이자, 승상까지 지낸 고관이다. 그는 천자의 질문에 답하는
대책對策에서 인의仁義를 통한 치도治道에 대해 유려하게 답변한 적이

있다.

- **공영달**孔穎達(574~648)은 공자孔子의 31대손으로, 당나라 초엽의 유학자다. 특히 당 태종太宗의 명을 받아 경서의 중요한 주석들을 집대성하여 『오경정의五經正義』를 편찬했다.

- **구제강**顧頡剛(1893~1980)은 근대에 중국 고대 학술과 역사에 대한 대대적인 반성과 검토를 이끈 의고학파疑古學派(일명 고사변학파古史辨學派)의 대표적 학자다. 중국 역사와 신화, 민속에 대한 학술적인 반성과 재정비에서 성취가 컸다.

- **나흠순**羅欽順(1465~1547)는 명나라 때 저명한 주자학자朱子學者로, 특히 주기론主氣論을 주장했다. 명대明代는 양명학이 성행하던 시기였는데, 주자학자로서 양명학을 반박하고 주자학을 재정비하는 데에 공헌했다. 저술로는 『곤지기困知記』가 가장 유명하다.

- **낭규금**郎奎金은 명나라 때 학자로 『이아爾雅』 계열의 책 5종을 모아 『오아전서五雅全書』라는 소학小學 혹은 훈고訓詁 분야의 총서를 펴냈다.

- **노문초**盧文弨(1717~1795)는 청나라 때 저명한 학자로, 특히 꼼꼼한 교감校勘으로 이름이 높았다. 17종의 책을 모아 『포경당총서抱經堂叢書』를 펴냈다.

- **담약수**湛若水(1466~1560)은 명대 저명한 유학자로, 송대宋代 심학心學의 전통을 계승해 양명학을 완성하는 데에 있어서 선구적 역할을 했던

진헌장陳獻章에게 배웠다. 왕수인과도 벗하며 함께 심학의 영역을 확장했는데, 왕수인의 '치량지致良知' 학설에 대해서는 끝까지 비판적인 태도를 견지했다.

• **도연명陶淵明**(?352~427)는 동진東晉 시기의 문학가로 특히 평담하고 소탈한 시로 이름이 높았다. 생전에는 그다지 시단詩壇의 인정을 받지 못했지만, 사후에 특히 송대 이학이 성행하면서 크게 인정을 받게 되었다.

• **동중서董仲舒**(기원전 179~기원전 104)는 전한 시기 금문경학가로, 특히 『춘추공양전春秋公羊傳』에 밝았다. 금문경학의 학설에 근거해 천인감응天人感應이나 대일통大一統 학설을 제시하고, 유교를 한나라의 국교로 삼아 다른 학문들을 축출했다. 특히 하늘과 사람의 관계를 묻는 천자의 질문에 거침없이 답한 「천인삼책天人三策」은 명문으로 손꼽힌다.

• **두사경杜思敬**(1235~1320)은 원나라 때 학자로, 이후 허형許衡에게 배웠다. 그는 금나라와 원나라 때 의서醫書 19종을 묶어 『제생발췌濟生拔萃』란 총서를 펴냈다. 이 책은 의학을 주제로 한 총서라고 할 수 있다.

• **두예杜預**(222~285)는 위진魏晉 시기의 저명한 학자로 특히 『춘추좌씨전春秋左氏傳』에 밝았다. 현재까지 『춘추좌씨전』을 이해하는 데 가장 기본 주석서가 되는 『춘추좌씨전집해春秋左氏傳集解』를 지었다.

• **딩푸바오丁福保**(1874~1952)는 중국 근대의 저명한 장서가이자 학자다.

의학에 정통해 『딩씨의학총서丁氏醫學叢書』를 편찬하기도 했고, 중국 문자학의 정수라고 할 수 있는 『설문해자說文解字』의 역대 주석을 모두모아 『설문해자고림說文解字詁林』을 편찬하기도 했다. 이 외에도 저술이나 편찬서가 무척 많은데, 『사부총록四部總錄』은 생전에 미처 출판하지 못했다가 제자의 정리를 통해 사후에 출판되었다.

- **량스이梁士詒**(1869~1933)는 근대의 정치가로, 청대 말엽부터 민국 초기에 정치 요직을 두루 거치며 활약했다. 특히 위안스카이를 압박해 청 황실 퇴위 운동에 참가한 적도 잇고 이후 위안스카이의 비서장祕書長을 역임하기도 했다. 그의 삶이 기록된 『싼수이 량옌쑨 선생 연보三水梁燕蓀先生年譜』를 보면 위안스카이와의 일들이 자세히 기록되어 있다.

- **량치차오梁啓超**(1873~1929)는 중국 근대의 저명한 학자이자 사회운동가다. 캉유웨이康有爲의 제자로 중국 각 방면의 개혁을 위해 노력을 경주하면서도, 틈틈이 부지런히 저술 작업을 병행했다. 이후 그의 다양한 저술들은 그 성격에 따라 각기 『음빙실문집飮冰室文集』과 『음빙실전집飮冰室專集』으로 나뉘어 정리되었고, 이를 합쳐 『음빙실합집飮冰室合集』으로 명명되었다.

- **뤄전위羅振玉**(1866~1940)는 청나라 말엽의 저명한 학자로, 고수顧修의 『휘각서목초편彙刻書目初編』에 빠진 총서 목록을 나름 모아서 300여 종이 넘는 총서의 목록을 수록한 『속휘각서목續彙刻書目』을 펴냈다. 부운

룽傅雲龍의『속휘각서목續彙刻書目』과 이름은 같지만 다른 책이다.

• **매문정**梅文鼎(1633~1721)는 청나라 초엽의 저명한 학자로, 특히 천문역법天文曆法과 수학에 대한 연구로 이름이 높았다. 그는 중국의 전통적인 천문역법과 수학을 기반으로 당시 청나라에 전해진 서양의 천문역법과 수학을 흡수해 새로운 경지를 개척했다.

• **모헌**毛憲(1469~1535)은 명나라 때 주자학자였지만, 심학 계열인 왕수인이나 담약수에게도 배웠고 절충적인 자세를 취했다.

• **반시거**潘時擧는 남송南宋 시기 주희朱熹의 제자다. 주희와 제자들의 대화인『주자어류朱子語類』를 보면, 주희에게 인정을 받고 있다.

• **방효유**方孝孺(1357~1402)는 명나라 초엽의 유학자로, 진작부터 뛰어난 학문으로 명성이 자자했다. 이에 태조太祖 주원장朱元璋이 죽으면서 고명대신顧命大臣으로 삼아 어린 아들 건문제建文帝 주윤문朱允炆을 맡겼다. 어린 동생이 황제가 된 것에 불만을 품은 연왕燕王 주체朱棣가 정난靖難을 일으켜 영락제永樂帝가 되자, 명성이 자자한 방효유를 회유하기 위해 노력했지만, 방효유는 끝까지 거부했고 결국 능지처참을 당하고 말았다.

• **백거이**白居易(772~846)는 당나라 중엽의 저명한 시인이자 학자로, 특히 평이하고 서민적인 시작詩作으로 유명했다.

• **번유성**樊維城은 명나라 말엽의 관리다. 해염현海鹽縣의 지현知縣을 지낼

때, 해염현의 역대 저술 41종을 모아 『염읍지림鹽邑志林』이란 총서를 펴 냈다. 이 책은 지역을 기준으로 한 중국 최초의 총서라고 할 수 있다.

• **범중엄范仲淹**(989~1052)는 북송北宋 시기 저명한 정치가이자 학자다. 쇠약해진 북송을 강대하게 만들기 위해 정치적 혁신을 시도했지만 모 두 실패로 돌아가자, 지방의 관리로 떠돌았다. 특히 선비로서 무엇보 다 먼저 천하를 염려하는 우환의식憂患意識을 강조한 것으로 유명하다.

• **부운룡傅雲龍**(1840~1900)은 청대 말엽의 학자로, 고수의 『휘각서목초 편』을 본 따, 거기에 수록되지 않은 500여 종의 목록을 수록한 『속 휘각서목續彙刻書目』을 펴냈다.

• **사마천司馬遷**(?기원전 145~?) 전한前漢 시기 학자로 아버지의 유언을 받 들어 가문 대대로 정리해오던 중국의 역사를 정리하여 『사기史記』(원래 서명은 『태사공서太史公書』)를 지었다. 이 책은 이후 중국 정통 역사서의 표준이 되었을 뿐만 아니라, 그 안의 문학적 수식 역시 최고의 서사 문학으로 숭상된다. 하지만 정작 사마천은 『사기』를 완성하기 전에 무 제武帝에게 직간直諫하다가 미움을 사 궁형宮刑에 처해지고 만다. 당시 궁형을 당하게 되면 많은 돈을 내고 대속代贖하거나 명예를 위해 자 살하는 것이 일반적이었지만, 가난한 사마천은 대속할 돈도 없었고, 아버지의 유지를 완성하기 위해 자살할 수도 없었다. 그는 이때의 울 분을 과거 성인聖人들이 엄청난 고난을 당한 뒤에야 길이 남을 명저名

著를 남겼음을 떠올리며 견뎠다. 그리고 결국 사람들의 손가락질을 견디며 120권에 이르는 『사기』를 완성했다. 사마천은 여러 가지 이유로 『사기』를 완성한 뒤 명산名山에 숨겨두었고, 조정에 이 책을 바친 것은 그의 외손자였다.

• **서간徐幹**은 후한後漢 말엽의 학자이자 문학가로, 대표적인 저술로 『중론中論』이 있는데 원본은 전하지 않고, 집일본輯佚本으로 전한다. 내용은 주로 유가의 학문적 길과 정치적 이상을 주장하고 당시 세태에 대한 비판이 담겨 있다.

• **설선薛瑄**(1389~1464)은 명나라 초엽의 저명한 학자로, 당시 북방 이학理學을 대표하는 하동학파河東學派의 비조鼻祖가 되었다. 그의 학문적 기반은 주자학으로부터 비롯되었지만, 궁리窮理보다 실천을 강조했는데, 역설적으로 이러한 성향은 이후 양명학의 추동推動에 깊은 영향을 끼쳤다.

• **섭적葉適**(1150~1223)은 남송 시기 저명한 학자이자 정치가다. 정치적으로도 나라의 재정과 군대를 튼튼히 하는 실리적 자세를 견지했고, 학술적으로도 공허한 논의를 거부하고 현실 상황과 실리 추구를 중시했다. 이 같은 성향으로, 진량陳亮과 함께 영가학파永嘉學派를 구축했는데, 이는 주희의 주자학파, 육구연陸九淵의 심학파心學派과 함께 당시 삼대학파의 하나로 간주되기도 한다.

- **소식**蘇軾(1037~1101)은 북송 중엽의 저명한 정치가이자 문인으로, 곧잘 외호外號인 동파거사東坡居士를 끌어와 '소동파'라고 불린다. 그는 학문에 있어서 박학다식했고 유불도儒佛道를 두루 섭렵했을 뿐만 아니라, 각종 시사詩詞나 문장뿐만 아니라 그림이나 서예에도 능했고, 심지어 건축이나 요리에도 조예가 있었다. 아버지 소순蘇洵, 아우 소철蘇轍과 함께 '삼소三蘇'라고 불리기도 했다.

- **소옹**邵雍(1012~1077)은 북송 시기의 저명한 학자로, 주돈이周敦頤·장재張載·정호程顥·정이程頤와 이학理學의 기초를 다진 학자로 간주되어, 함께 '북송오자北宋五子'라고 불리기도 한다. 특히 그는 『주역』과 『하도낙서河圖洛書』를 중심으로 현실을 해석하고 미래를 점치는 상수역학象數易學을 확립했는데, 주로 정이程頤를 계승한 주희가 『주역』에 대해서만큼은 소옹의 학풍을 그대로 계승했다. 그의 학설은 주요 저술인 『황극경세서皇極經世書』에 여실히 보인다.

- **손성연**孫星衍(1753~1818)은 청나라 때 저명한 학자로, 장서가이자 목록학자로도 유명했다. 『대남각총서岱南閣叢書』는 자신의 시문집에 다른 책들까지 모아 총 16종의 책을 총서로 펴낸 것이다.(따로 4종의 책을 담은 또 다른 『대남각총서』도 전해진다.)

- **쉬디산**許地山(1894~1941)은 주로 근대 시기에 활동한 문학가로, 본명은 짠쿤贊堃이고, 디산地山은 그의 자字다.(뤄화성落花生이란 필명을 사용

하기도 했다.) 일반적으로 문학가로만 알려져 있지만, 민속학자로도 많은 성취를 이뤘다.

- **서윤**徐潤(1838~1911)은 근대의 상인으로, 당시 유일한 개방항인 광저우廣州에서 무역하여 큰돈을 벌었다. 이후로 계속 사업을 확장해서, 당시에 중국 최대 차 수출업자, 최대 부동산업자, 중국 최초의 주식회사, 최초의 보험회사, 최초의 기계인쇄공장, 최초의 선박운수회사, 최초의 기계화된 탄광 창설자로 추앙받았다. 그는『쉬위자이 자서연보徐愚齋自敍年譜』라는 자신의 연보를 지었는데, 전통적인 방식으로 쓴 자서전이라고 말할 수 있다.

- **심율**沈律은 명대 중엽의 학자로, 골동이나 잡기 등에 대한 여러 서적을 모아『흔상편欣賞編』이란 총서를 펴냈다.

- **쑨원**孫文(1866~1925)은 청말淸末에 태어나 줄기차게 혁명을 시도하다가, 결국 신해혁명辛亥革命의 성공으로 중국 최초의 민주공화정인 중화민국中華民國을 건국했다. 저술도 매우 풍부한데 특히『건국방략建國方略』『건국대강建國大綱』『삼민주의三民主義』등이 유명하다.

- **안원**顏元(1635~1704)은 명말청초明末淸初에 활동한 저명한 학자로, 과격해 보일 정도로 경세치용經世致用 및 학문과 현실의 일치를 강조하면서 공허한 학설들을 맹공했다. 주요 저술로『사존편四存編』이 있다.

- **안지추**顏之推(531~602)는 북조北朝 북제北齊 시기의 저명한 학자로, 특

허 박학다식함으로 이름을 떨쳤다. 저술로는 『안씨가훈顔氏家訓』이 가장 유명하다.

- **양수경**楊守敬(1839~1915)은 청대 말엽의 저명한 학자로, 지리학, 목록학, 고문자학 등 여러 학문에 두루 능했다. 그는 『총서거요叢書擧要』란 총서목록을 기획했지만 3분의 1 정도 작업을 진행했을 때 부득이한 사정이 생겨 벗 이지정李之鼎에게 넘겨주었다. 이지정은 양수경에게 20권 정도의 원고를 받아 60권의 거작으로 완성시켰고, 이후 80권까지 증보했다.

- **양웅**揚雄(기원전 53~기원후 18)는 전한 시기의 저명한 학자로 저술로는 『논어論語』를 본딴 『법언法言』과 『주역』을 본딴 『태현太玄』이 가장 유명하다. 원래는 어려서는 사부辭賦를 잘 짓기로도 유명했으나, 이후 단순한 글재주 뽐내기는 잔재주에 불과하다며 더 이상 짓지 않았다.

- **여조겸**呂祖謙(1137~1181)은 남송 시기 저명한 학자다. 그의 학술 성향은 복잡해서, 본체론적으로는 육구연의 심학에 가까웠지만, 방법론은 주희의 주자학을 받아들였다. 그리고 실천 방면에 있어서는 실리를 중시하던 진량과 섭적의 영가학파를 따랐다. 이 때문에 주희와 육구연의 주장이 첨예하게 대립하자, 둘의 만남을 주도해 이른바 '아호사鵝湖寺의 만남'을 성사시키기도 했다. 주희와 함께 북송 이학가들의 어록을 뽑아서 주제별로 엮은 『근사록近思錄』을 편찬하기도 했다.

- **오성란**吳省蘭(1738~1810)은 청나라 때 저명한 장서가로, 163종의 책을 모아 『예해주진藝海珠塵』이란 총서를 펴냈다.

- **오숭요**伍崇曜(1810~1863)는 청나라 때 상인으로, 아버지 오병감伍秉鑑의 뒤를 이어 당시 유일한 개방항인 광저우廣州에서 무역을 해 큰돈을 벌었다. 아버지 때부터 장서藏書로 이름이 났으며 『월아당총서粵雅堂叢書』 간행에 자금을 댔다.

- **오여필**吳與弼(1391~1469)은 명나라 때 학자로, 설선과 마찬가지로 기본적으로는 주자학을 기반으로 하면서도 궁리보다는 실천을 중시했고, 이후 양명학 출현에도 일정한 영향을 끼쳤다.

- **오징**吳澄(1249~1333)은 원나라 때 저명한 학자로, 주자학과 심학을 절충한 이른바 '주륙화회론朱陸和會論'을 주장했다. 당시 남방 유학계에서 으뜸으로 꼽혔던 오징은 북방의 허형許衡과 함께 '북허남오北許南吳'라고 불리며 원대元代 유학의 태두로 추앙되었다.

- **완원**阮元(1764~1849)은 청나라 때 저명한 관리이자 학자로, 고증학을 주류 학술 담론으로 만드는 데 큰 역할을 했다. 특히 지방의 순무巡撫나 도독都督으로 갔을 때 교육기관을 세워 고증학을 지방 학술계에 적극 전파했다. 이러한 노력의 일환으로 청나라 중요 경학 저서를 모아 총서를 만들었는데, 그것이 바로 『황청경해皇淸經解』다. 청대 학자 73명의 183종의 저술을 수록한 총서다.

- **왕간**王艮(1483~1541)은 명나라 때 양명학자로, 왕수인의 직계제자다. 학문으로 일가를 이루어 태주학파泰州学派를 만들었다.

- **왕긍당**王肯堂(?1552~1638)은 명나라 때 학자로, 44종의 의서醫書를 모아 『고금의통정맥전서古今醫統正脈全書』란 총서를 펴냈다. 이 책은 의학을 주제로 한 총서라고 할 수 있다.

- **왕념손**王念孫(1744~1832)은 청나라 때 저명한 학자로, 특히 고증학에 능했다. 저술도 아주 많은데, 그중에서도 『독서잡지讀書雜志』는 여러 제자서의 자구에 대한 꼼꼼한 고증으로 유명하다.

- **왕망**王莽(기원전 45~기원후 23)은 전한 말 황제의 외척으로 정권을 쥐고 전횡을 일삼다가 결국 한나라를 무너뜨리고 신新나라를 세워 황제로 등극한다. 하지만 고문경학古文經學을 근거로 펼친 성급한 개혁정책이 실패로 돌아가면서 결국 신나라는 15년 만에 멸망했고, 왕망은 살해당했다.

- **왕모**王謨(?1731~1817)는 청나라 때 학자로 고증학에 능했다. 저술이 아주 많은데 그중 『독서인讀書引』은 책 자체가 흩어진 책, 너무 희귀한 책, 너무 길어 제대로 다 보기가 어려운 책 200여 종의 서문을 뽑아 만든 것이다.

- **왕부**王符(?85~?163)는 후한 시기의 학자로, 은거하며 정치의 득실을 따진 『잠부론潛夫論』이 저술로 전한다.

- **왕부지**王夫之(1619~1692)는 고염무와 마찬가지로 명나라 말엽에 태어나 '반청복명反淸復明' 운동에 적극 참여했지만, 이후 은거하며 저술에 진력했다. 저술이 무척 많은데, 『사문록思問錄』은 내편에서 주로 학술 사상에 대해 논하고, 외편에서 천문역법·의술醫術·악률樂律 등을 다루었다.

- **왕사진**王士禛(1634~1711)는 청나라 때 저명한 문학가로 그의 사후死後 등극한 옹정제의 이름에 '진禛'자가 있어서 이를 피휘하여 이름을 '사정士禎'으로 고쳤다. 다양한 방면의 문학 창작에 능했으며 시詩로 명성을 날렸다.

- **왕수인**王守仁(1472~1529)은 명나라 때 저명한 학자로, 외호外號인 양명陽明을 사용해 주로 '왕양명'이라고 불린다. 그는 당초 주자학을 따랐으나 이후 나름의 깨달음을 얻은 뒤 송대 육구연의 심학을 계승해 송명이학의 양대지파兩大支派 중 하나인 양명학을 완성했다.

- **왕안석**王安石(1021~1086)은 북송 시기 저명한 정치가이자 학자다. 그는 신종神宗의 신임을 얻어 적폐가 심각했던 당시 정치제도를 일신一新하는 변법變法을 시행했다. 이는 기존 정책으로 큰 이득을 보고 있던 기득권 관료들의 극심한 반대에 부딪쳤고, 우여곡절 끝에 결국 변법은 유야무야 종결을 고하고 말았다. 그는 정치뿐만 아니라 문학 방면으로도 상당한 성취를 이루었는데, 시詩로도 일가를 이루었지만 고문

古文으로는 당송팔대가唐宋八大家의 한 명으로 꼽힐 정도였다.

- **왕응린**王應麟(1223~1296)은 남송 시기 학자로, 주자학을 추종하면서도 거의 모든 분야의 학문을 두루 섭렵했다. 저술도 아주 많으며 박학다식함과 정심한 고증考證이 잘 드러난『곤학기문困學紀聞』이 유명하다.

- **왕충**王充(27~97)은 후한 시기 학자로, 당시 횡행하던 참위讖緯나 귀신 같은 미신에 대해 거침없이 비판하면서, 유물론적唯物論的이고 객관적인 입장을 견지했다. 이러한 그의 주장들은 저술『논형論衡』에 담겨 있다.

- **왕통**王通(584~617)은 수隋나라 때 저명한 학자로, 유교를 기초로 하여 모든 학문을 두루 절충했다. 많은 저술을 남겼으나 거의 다 일실되었고, 단지 제자들과 문답을 나눈『중설中說』(일명『문중자文中子』혹은『문중자중설』)만 전할 뿐이다. 당초 수나라 문제文帝에게 개혁책을 올렸으나 채택되지 않자 고향으로 돌아가 1000명이 넘는 제자를 키웠고, 그중 적지 않은 이가 당나라에서 관직에 올랐는데, 세상 사람들은 이들을 하분문하河汾門下라고 불렀다.

- **왕필**王弼(226~249)은 삼국시대 위魏나라의 학자로, 그가 스무 살 전후에 지은『노자주老子注』와『주역주周易注』는 아직까지도 부동의 권위를 가지고 있다. 하지만 스물을 갓 넘어 요절하고 말았다.

- **요제항**姚際恒(1647~1715)은 청나라 초엽의 학자로 경학經學에 정통했으며, 특히 옛 서적의 진위 여부를 고증을 통해 판단하는 변위학辨僞學

에 능했다. 그의 변위학적 성과는 『고금위서고古今僞書考』에 담겼고, 이 책은 이후 중국 근대에 구제강이나 후스胡適 등에 의해 그 가치가 재발견되면서 옛 역사나 서적의 진위를 따지는 의고학풍疑古學風을 일으켰다.

- **위안스카이**袁世凱(1859~1916)는 근대 베이양北洋 군벌의 영수로 청조의 마지막 황제인 선통제宣統帝 푸이를 퇴위시키고 청나라를 멸망시켰다. 중화민국 초대 총통이 되었다가, 다시 왕조를 부활시키고 스스로 황제가 되기를 시도했지만 황제가 된 지 83일 만에 사망했다.

- **위원**魏源(1794~1857)은 청나라 때 저명한 금문경학가로, 금문경학을 근거로 적극적인 국가 체제와 제도의 개혁을 이끌었고, 서둘러 서양 기술을 배워 서양인들을 제압해야 한다고 주장했다. 그러나 이러한 시도가 결국 실패로 돌아가자 은거하며 불교에 귀의했다.

- **유석**劉奭(기원전 74~기원전 33)은 전한 제11대 황제로 묘호廟號는 원제元帝다. 유교를 좋아하여 진흥에 힘썼으나 성격이 유약했고, 연이은 재정 정책의 실패로 전한 몰락의 원인을 제공하고 말았다.

- **유수**劉秀(기원전 5~기원후 57)는 광무제光武帝로 왕망王莽에 의해 멸망한 전한前漢을 이어 후한後漢을 개국했다. 왕망의 실정으로 혼란해진 천하를 평정하고 유학을 크게 장려했다.

- **유수옥**鈕樹玉(1760~1827)은 청나라 때 학자로 소학小學에 정통했는데,

특히 문자학文字學에 능했다.

- **유안**劉安(기원전 179~기원전 122)은 한나라를 세운 고조 유방의 손자로 회남왕에 봉해졌다. 그는 자신이 거느린 수많은 식객으로 하여금 세상의 지식을 모은 책을 만들게 하니 그것이 바로 『회남자淮南子』다. 『회남자』의 가장 보편적인 주석서는 근대 학자 류원톈劉文典의 『회남홍렬집해淮南鴻烈集解』를 꼽는다.

- **유정손**兪鼎孫은 남송 시기 학자로, 13세기에 6종의 책을 하나로 묶어 『유학경오儒學警悟』라는 중국 최초의 총서를 만들었다.

- **유종주**劉宗周(1578~1645)는 명나라 말엽의 저명한 양명학자로, 명말 삼대유로三大遺老 중 한 명인 황종희의 스승이기도 하다. 명나라 때 조정에 출사하여 나라를 좀먹는 엄당閹黨, 즉 내시들을 비판했다. 이후 명나라가 완전히 멸망하자 곡기를 끊어 생을 마쳤다.

- **유향**劉向(기원전 77~기원전 6)은 전한 시기 저명한 학자다. 황친皇親이면서도 박학다식하여, 아들 유흠劉歆이나 다른 학자들과 황궁 도서관의 여러 책을 정리 및 분류하고 그 목록을 만들었다. 직접 편찬한 저술로는 『설원說苑』이나 『신서新序』 등이 있다.

- **유협**劉勰(?465~?520)은 남조南朝 양梁나라 때 학자로 유불도儒佛道에 모두 정통했다. 유명한 저술로는 당시 성행하던 문학비평론을 집대성한 『문심조룡文心雕龍』이 있다.

- **육구몽**陸龜蒙(?~881)는 당나라 때 문학가로, 특히 소품문小品文에 능했고, 저술로는 『입택총서笠澤叢書』가 가장 유명하다.

- **육구연**陸九淵(1139~1193)은 남송 시기 저명한 학자로 주자학과 짝하여 쌍벽을 이루는 심학心學을 수립했다. 외호外號인 상산象山을 붙여 곧잘 '육상산'이라고 칭하기도 한다.

- **육농기**陸隴其(1630~1692)는 청나라 때 주자학자로, 강희제康熙帝가 주자학을 이용해 자신의 정통성을 강화하기 위해 등용한 이른바 '이학명신理學名臣' 중 한 명이었다.

- **육세의**陸世儀(1611~1672)는 명말청초 때 주자학자로, 명나라가 멸망하자 청나라에서는 벼슬을 하지 않았다. 비록 주자학을 추종했지만 경세치용經世致用을 중시했고 공허한 이학의 풍조를 비판했다. 주요 저술로 자신의 심득을 잡기 형식으로 두서없이 기술한 『사변록思辨錄』이 있는데, 이후 그의 벗들이 주제별로 내용을 정리하고 추려서 『사변록집요思辨錄輯要』로 재편했다.

- **육징**陸澄(425~494)은 명나라 때 양명학자로 왕수인의 직계제자다. 왕수인과 제자들의 문답을 수록한 『전습록傳習錄』을 보면, 왕수인과 육징의 문답이 보인다.

- **윤돈**尹焞은 송나라 때 학자로 북송오자 중 한 명인 정이程頤의 제자다.

- **이광지**李光地(1642~1718)는 청나라 때 주자학자로, 육농기와 마찬가지

로 '이학명신'이었다.

- **이동**李侗(1093~1163)은 남송 시기 학자로, 북송오자 중 한 명인 정이程頤의 학맥을 이었으며, 주자학을 완성한 주희의 스승으로 유명하다.

- **이소**李蘇는 명나라 때 학자로 알려진 바는 별로 없다. 여러 동물과 곤충을 분류, 정리한 『견물見物』이 전한다.

- **이옹**李顒(1627~1705)은 명말청초 시기 주자학자였지만, 동시에 경세치용을 중시했다. 이러한 그의 사상은 『이곡집二曲集』에 담겨 있다.

- **이융기**李隆基(685~762)는 당나라의 황제로 묘호는 현종玄宗이다. 여러 가지 문제로 쇠퇴했던 나라를 바로잡아 중흥을 이루었다. 이 시기를 현종의 연호를 따 '개원성세開元盛世'라고 칭한다. 하지만 말년에는 정치적으로 여러 실책을 거듭하다 결국 안녹산의 난으로 다시 나라가 크게 쇠락하는 결과를 초래했다.

- **이지정**李之鼎(1865~1925)은 청대 말엽의 저명한 장서가로 양수경楊守敬이 편찬하던 『총서거요叢書擧要』의 작업을 이어받아 60권 편폭의 책으로 완성시켰다. 이후 『총서거요』를 증보해 80권의 『증정총서거요增訂叢書擧要』를 펴냈는데, 수록된 총서가 1605종에 달했다.

- **자오위안런**趙元任(1892~1982)은 근대의 저명한 언어학자로, 특히 음운학에서 성취가 두드러졌으며, 중화민국이 타이완으로 물러난 이후로는 도미하여 줄곧 하버드대, 예일대, UC버클리 등의 명문대에서 교

편을 잡았다.

- **장거정**張居正(1525~1582)은 명나라 때 저명한 정치가로, 만력제萬曆帝 때 내각의 수장이 되어 적폐가 만연한 당시의 국가 체제와 제도를 혁신해 성과를 거뒀다.

- **장광후**蔣光煦(1813~1860)는 청나라 때의 저명한 장서가로, 27종의 책을 모아 『별하재총서別下齋叢書』를 펴냈다.

- **장구령**張九齡(673~740)은 당나라 때 저명한 문인으로 특히 오언고시五言古詩에 능했다. 정치적으로도 현종玄宗을 보필해 성공적으로 국정을 이끌고 국가를 번성케 했다.

- **장백행**張伯行(1651~1725)은 청나라 때 주자학자다. 벼슬도 예부상서禮部尙書까지 올랐지만, 문하의 제자가 수천 명에 달할 정도로 주자학 발전에도 기여했다.

- **장병상**張炳翔은 청나라 때 학자로, 중국 최초의 문자 해설서인 『설문해자說文解字』에 관한 저술 14종을 모아 『허학총서許學叢書』를 펴냈다. 『설문해자』의 지은이가 허신許愼이기에 『설문해자』를 다루는 학문은 '허학許學'이라고 부른다.

- **장수영**張壽榮은 청나라 때 학자로, 여덟 조대의 사서史書에 실린 「예문지藝文志」나 「경적지經籍志」 10종을 모아 『팔사경적지八史經籍志』란 총서를 만들었다.

- **장웨이차오**蔣維喬(1873~1958)는 학자이자 교육가로, 중국 전통 학문을 익히다가 서학西學에 관심을 두고 연구하기 시작했다. 이후 출판사에 들어가 학생들의 교과서나 사전을 편찬했고, 신해혁명 이후로 중화민국 교육부에서도 일했고, 학교를 운영하거나 교편을 잡기도 했다. 중화인민공화국 건국 이래 공산당 간부를 지내기도 했으나 결국 우파로 몰려 핍박을 받다가 자살하고 말았다.

- **장위안지**張元濟(1867~1959)는 근대의 저명한 학자로, 주로 출판 사업에 종사하면서 중국의 중요 고적古籍을 정리해 출간하는 데 큰 공을 세웠다.

- **장재**張載(1020~1077)는 북송 시기 학자로, 북송오자 중 한 명이다. 특히 주기론적主氣論的인 성향이 강했는데, 그 내용은 『정몽正蒙』에 가장 잘 설명되어 있다.

- **장지동**張之洞(1837~1909)는 청말 양무파洋務派의 대표적 정치가다. 중국의 정신은 지키되 서양의 기술은 배워야 한다는 중체서용中體西用의 입장에서 새로운 교육 체제를 정립하기 위해 노력했다.

- **장해붕**張海鵬(1755~1816)은 청나라 때의 저명한 장서가로, 173종의 책을 모아 『학진토원學津討原』이란 총서를 펴냈다.

- **장후**張詡(1456~1515)는 명나라 때 심학 계열의 학자로, 진헌장陳獻章의 제자다.

- **전의길錢儀吉**(1783~1850)은 청나라 때 학자로 관리로도 두각을 드러 냈지만, 말년엔 서원에서 강의하는 것을 주업으로 삼았다. 『경원經苑』 은 경학 관련 책들의 총서로 별칭이 『대량서원경해大梁書院經解』인 것을 보면 그가 말년에 강의했던 대량서원大梁書院에서 펴낸 것임을 알 수 있다. 청대의 유명한 『통지당경해通志堂經解』에서 빠진 경서 주석서들을 모은 경학 총서로 당초 계획은 41종의 책을 담을 계획이었으나 실제 간행된 것은 25종이다.

- **전희조錢熙祚**(1800~1844)는 청나라 때의 저명한 장서가로, 그가 착수 하고 아들 전배양錢培讓, 전배걸錢培傑 등이 이어받아 144종의 책을 모 은 총서 『지해指海』를 펴냈다.

- **정경로鄭畊老**(1108~1172)는 주로 남송 때 활동한 학자로, 특히 경학經 學에 정통하여 각종 경서經書에 주석을 달았다고 하는데, 아쉽게도 현 재 전해지지 않는다.

- **정공저丁公著**(762~826)는 당나라 때 학자로 『맹자』에 주석을 단 『맹자 수음孟子手音』이란 저술이 있다.

- **정단례程端禮**는 원나라 때 학자로, 자신의 수양을 위한 공부와 과거科 擧시험 준비 과정의 일치를 중시했다. 이 같은 이상을 구체적으로 제 시한 것이 그의 저술인 『독서분년일정讀書分年日程』(원래 서명은 『정씨가숙 독서분년일정程氏家塾讀書分年日程』)이다.

- **정영**程榮은 명나라 때 학자로, 한漢나라와 위魏나라 시기의 패관소설이나 야사를 중심으로 38종의 책을 모아『한위총서漢魏叢書』를 펴냈다.

- **정원**程元은 왕통王通의 제자로,『문중자중설』에 자주 등장한다.

- **정이**程頤(1033~1107)는 북송 시기 학자로 형인 정호와 함께 북송오자의 한 명으로 북송 시기 이학理學의 기초를 다졌다. 북송오자 중에서도 주희에 대한 영향이 가장 컸기에 주자학을 아예 정주학程朱學이라고 부르기도 한다.

- **정호**程顥(1032~1085)는 북송 시기 저명한 학자로 아우 정이程頤와 함께 북송오자 중 한 명이다. 곧잘 아우와 함께 '이정二程'이라고 불리기도 한다.

- **조기**趙岐(?~201)는 후한 말엽의 학자로, 그가 지은 『맹자장구孟子章句』는 이후『맹자』이해의 가장 기본 주석서로 손꼽힌다.

- **조조**鼂錯(기원전 200~기원전 154)는 전한 초엽의 학자로 원래 법가法家를 배웠으나 이후 조정의 명을 받아 진시황 이전에『상서尚書』를 배웠던 복생伏生이란 학자를 찾아가 이른바『금문상서今文尚書』를 전수받는다. 성격이 강직했지만 융통성이 부족해, 과격한 제도 개혁책을 시도하다가 기득권층의 미움을 받아 참수당하고 만다. 천자의 질문에 답하는 대책에서 왕도王道를 논한 것이 유명하다.

- **종겸균**鍾謙鈞(1803~1874)은 청나라 때 학자로, 송대 이전의 경학 관련

저술 16종을 모아 『고경해휘함古經解彙函』이란 총서를 펴내고, 송대 이전의 소학小學 관련 저술 14종을 모아 『소학휘함小學彙函』을 펴냈다.

- **좌규**左圭는 남송 시기 학자로 13세기 말엽에 100종의 책을 하나로 묶어 『백천학해百川學海』를 펴냈다. 『백천학해』는 비록 중국 최초의 총서인 유정손의 『유학경오』보다 70여 년 늦지만 그 편폭이나 영향력은 훨씬 컸다.

- **주돈이**周敦頤(1017~1073)는 북송 시기 학자로, 이학理學을 본격적으로 구축하기 시작한 학자로 추앙받고 있다. 소옹邵雍·장재張載·정호程顥·정이程頤와 함께 북송오자北宋五子의 첫째로 손꼽힌다.

- **주충**周衝(1485~1532)은 명나라 때 학자로, 같은 심학 계열이면서 각자 일가를 이루었던 왕수인과 담약수에게 모두 배웠으며 두 스승의 학설에 대한 절충을 시도했다.

- **주학근**朱學勤(1823~1875)은 청대 말엽의 학자로, 아들 주청朱澄과 고수顧修의 『휘각서목초편彙刻書目初編』에서 567종을 증보增補하여 『증정휘각서목增訂彙刻書目』을 펴냈다.

- **증국번**曾國藩(1811~1872)은 청나라 말엽의 정치가이자 학자로, 주자학을 근본으로 하되 개방적인 자세로 모든 학문의 절충을 시도했으며, 중체서용의 입장에서 서양 기술의 도입에도 관심을 보였다. 정치적으로는 태평천국太平天國의 난을 진압해 청나라가 절체절명의 위기를 모

면하는 데 큰 공을 세우기도 했다.

- **진굉모**陳宏謀(1696~1771)는 청나라 때 정치가로, 다양한 지방의 고관高官으로 파견되어 물길을 정비하고 제도를 개혁하는 등 많은 공적을 이루어 조정으로부터 인정을 받았다. 이와 동시에 운남雲南 등지에서 소수민족에게 한화漢化 교육을 적극적으로 시행했다. 학문에 있어서도 저명한 주자학자로서 '이학명신理學名臣' 중 한 명으로 손꼽힌다.

- **진덕수**眞德秀(1178~1235)는 남송 시기 주자학자로, 정치적 이유로 위학僞學이라 탄압받던 주자학이야말로 진정한 가르침이라고 주장하고, 사서四書의 첫 번째 책인 『대학大學』을 근거로 주자학에 근거한 제왕학을 제시한 『대학연의大學衍義』를 저술했다.

- **진사도**陳師道(1053~1102)는 북송 시기 저명한 문학가로, 소식蘇軾의 제자로서 특히 시를 잘 지었으며 강서시파江西詩派의 대표적 시인으로 손꼽힌다.

- **진열**陳烈은 송나라 때 학자로, 어려서부터 효성스러웠으며 예법에 밝았다. 학식이 높아 많은 제자를 거느렸다고 전한다.

- **진진손**陳振孫(1179~?1261)은 남송 시기 저명한 장서가이자 박학다식한 학자로, 자신의 많은 장서藏書를 근거로 『직재서록해제直齋書錄解題』란 도서 분류 및 해제집을 편찬했다.

- **진헌장**陳獻章(1428~1500)은 명나라 때의 저명한 심학 계열의 학자로,

왕수인이 양명학을 수립하는 데에 큰 역할을 했다.

- **차이위안페이**蔡元培(1868~1940)은 근대 시기 학자이자 교육가로, 특히 10여 년간 베이징대 총장을 역임하면서, 공평한 자세로 다양한 학파의 학자를 모두 받아들여 학문의 자유를 구가하게 한 공로가 컸다. 학문적으로는 주로 철학과 미학美學을 연구했고 이를 교육에 직접 적용하려 노력했다.

- **최술**崔述(1740~1816)은 청나라 때 학자로, 특히 옛 서적의 기술에 대한 진위 여부를 고증하는 데에 능했다. 생전에는 그다지 알려지지 못했지만, 근대에 이르러 구제강과 후스 등이 의고학풍을 주도하면서, 요제항과 함께 최술의 성과를 모범으로 추앙했다. 그의 저술 중에는 이러한 성과가 집적되어 있는 『고신록考信錄』이 가장 유명하다.

- **탕빈**湯斌(1627~1687)은 청나라 때 주자학자로, 대표적인 이학명신 중한 명이다.

- **태종**太宗(598~649)은 당나라의 태종, 즉 이세민李世民을 가리킨다. 당나라를 세운 고조高祖 이연李淵의 아들로 갓 세워진 당나라의 기초를 다지는 데 큰 역할을 했다.

- **포정박**鮑廷博(1728~1814)은 청나라 때의 장서가로, 『지부족재총서知不足齋叢書』는 그가 펴낸 총서인데 아들 포사공鮑士恭이 속집續集을 지어 증보했다. 총 208종의 책이 수록되었다.

- **하거비**何去非는 북송 시기 무관으로 병법에 밝았다. 조정의 명으로『손자병법』등 중요한 병법서를 묶어낸『무경칠서武經七書』편찬에 참여했다.

- **하상공**河上公은 전한 문제文帝(기원전 180~기원전 157) 때 황하 유역에서 은거하던 학자로 여겨지며 황로지술黃老之術에 정통했다. 그가『노자』에 주를 단『노자하상공장구老子河上公章句』는 한대에 가장 영향력 있는 주석서로 자리 잡았다가, 이후 왕필의『노자주』가 나오면서『노자』에 대한 양대 주석서 중 하나가 되었다.

- **한유**韓愈(768~824)는 당나라 중엽의 저명한 학자이자 문학가로, 고문古文에 있어서는 이른바 당송팔대가 중 첫 번째 인물이기도 하다. 문장에도 유교의 도道가 함축되어야만 한다고 주장하며 엄정하면서도 평이한 글쓰기를 주장하고 실천했다. 또한 학문에 있어서는 송대 이학의 추형雛形을 이미 함축하고 있었다.

- **허형**許衡(1209~1281)은 주로 원나라 때 활동한 주자학자로, 우리나라에 수입된 주자학의 원형을 세운 인물이다. 북방에서 주자학의 태두로 자리 잡은 허형은 남방에서 주자학과 심학의 절충을 시도하던 오징吳澄과 함께 '북허남오北許南吳'라고 불렸다.

- **호거인**胡居仁(1434~1484)은 명나라 때 주자학자로 궁리와 독서를 모두 중시했다. 본인은 주자학을 추종했지만, 같은 오여필吳與弼 계보에서 나와 심학에 매진한 진헌장과도 교분을 유지했다.

- **호사경**胡思敬(1869~1922)은 청대 말엽의 학자로 지리를 다룬 저술 15종을 모아『문영루여지총서問影樓輿地叢書』를 펴냈다.

- **호안국**胡安國(1074~1138)은 북송 시기 학자이며『춘추春秋』연구로 이름이 높았다. 가장 유명한 저술로는『춘추호전春秋胡傳』이 있다.

- **호원**胡瑗(993~1059)은 북송 시기의 학자로 이학의 선구先驅로 추앙받는다.

- **호정**胡珽(1822~1861)은 청나라 때의 장서가로 30종의 책을 모아『임랑비실총서琳瑯秘室叢書』를 펴냈다.

- **황간**皇侃(488~545)은 남조南朝 양梁나라 때 학자로,『논어의소論語義疏』란 주석서로 유명하다. 특히 유가의 경전을 해석하면서 현학玄學이나 불교佛敎의 학설까지 많이 포함시켰다.

- **황비열**黃丕烈(1763~1825)은 청나라 때의 장서가이자 교감학자, 목록학자로 유명하다.『사례거황씨총서士禮居黃氏叢書』는 그가 20종의 책을 묶어 펴낸 총서다.

- **황종희**黃宗羲(1610~1695)는 명말청초의 저명한 양명학자로, 고염무·왕부지와 함께 명말明末 삼대유로로 손꼽히며, 그들처럼 '반청복명反淸復明' 운동에 적극 참여했지만 이후 은거하며 저술에 진력했다. 근대 이래로 특히 황제 1인 위주의 전제專制 정치를 비판한『명이대방록明夷待訪錄』이 세간의 주목을 받았지만, 이 외에도 많은 저술이 있다. 특히

이 책에서 자주 인용되는 『명유학안明儒學案』을 편찬했고 『송원학안宋元學案』역시 당초 그가 편찬하다가 완성치 못하자 그의 아들이나 후학들이 보충해 완성한 책으로, 송대부터 명대에 이르는 이학 계열의 학자들을 살펴보는 데에 아주 유용한 자료다.

- **후스**胡適(1891~1962)는 근대의 저명한 학자이자 계몽가로, 미국에서 유학한 뒤 중국에 돌아와 철학·문학 등 다방면에 있어서 서양의 성과를 소개하고 중국의 옛 틀을 새롭게 정비하는 데에 노력을 경주했다. 중화민국이 타이완으로 철수한 뒤에, 도미했다가 몇 년 뒤에 타이완에 정착해 생을 마쳤다.

- **홍예**洪業(1893~1980)는 저명한 중국학자로, 일찍이 옌징燕京대 교수와 도서관장을 역임하면서 도서관의 장서 체계를 구축하고 미국 하버드대와 함께 중국 주요 전적의 일자색인一字索引을 기획해 편찬했다. 중화민국이 타이완으로 철수한 뒤 도미해 줄곧 하버드대에서 중국학을 가르쳤으며, 하버드대 중국학의 기초를 다진 중요 학자 중 한 명으로 손꼽힌다.

학문에
관하여

공부하는 삶에 관한
동양의 지혜

초판인쇄 2020년 3월 2일
초판발행 2020년 3월 9일

엮은이 왕원우 **옮긴이** 이영섭 **펴낸이** 강성민
기획 노승현 **편집장** 이은혜 **마케팅** 정민호 김도윤 고희수
홍보 김희숙 김상만 오혜림 지문희 우상희 김현지

펴낸곳 (주)글항아리 | 출판등록 2009년 1월 19일 제406-2009-000002호
주소 10881 경기도 파주시 회동길 210
전자우편 bookpot@hanmail.net
전화번호 031-955-2696(마케팅) 031-955-8897(편집부)
팩스 031-955-2557

ISBN 978-89-6735-761-0 03150

∘ 이 도서의 국립중앙도서관 출판예정도서목록(CIP)은 서지정보유통지원시스템 홈페이지
 (http://seoji.nl.go.kr)와 국가자료종합목록시스템(http://www.nl.go.kr/kolisnet)에서 이용하실
 수 있습니다. (CIP제어번호: CIP2020008461)
∘ 잘못된 책은 구입하신 서점에서 교환해드립니다.
 기타 교환 문의 031-955-2661, 3580

geulhangari.com